ARMÉNIO
VOCABULÁRIO

PALAVRAS MAIS ÚTEIS

PORTUGUÊS ARMÉNIO

Para alargar o seu léxico e apurar as suas competências linguísticas

9000 palavras

Vocabulário Português-Arménio - 9000 palavras

Por Andrey Taranov

Os vocabulários da T&P Books destinam-se a ajudar a aprender, a memorizar, e a rever palavras estrangeiras. O dicionário é dividido em temas, cobrindo todas as principais esferas de atividades quotidianas, negócios, ciência, cultura, etc.

O processo de aprendizagem, utilizando os dicionários baseados em temáticas da T&P Books dá-lhe as seguintes vantagens:

- Informação de origem corretamente agrupada predetermina o sucesso em fases subsequentes da memorização de palavras
- Disponibilização de palavras derivadas da mesma raiz, o que permite a memorização de unidades de texto (em vez de palavras separadas)
- Pequenas unidades de palavras facilitam o processo de estabelecimento de vínculos associativos necessários para a consolidação do vocabulário
- O nível de conhecimento da língua pode ser estimado pelo número de palavras aprendidas

T&P Books Publishing
www.tpbooks.com

ISBN: 978-1-78400-844-4

Este livro também está disponível em formato E-book.
Por favor visite www.tpbooks.com ou as principais livrarias on-line.

VOCABULÁRIO ARMÉNIO
palavras mais úteis

Os vocabulários da T&P Books destinam-se a ajudar a aprender, a memorizar, e a rever palavras estrangeiras. O vocabulário contém mais de 9000 palavras de uso comum organizadas tematicamente.

O vocabulário contém as palavras mais comummente usadas
Recomendado como adicional para qualquer curso de línguas
Satisfaz as necessidades dos iniciados e dos alunos avançados de línguas estrangeiras
Conveniente para o uso diário, sessões de revisão e atividades de auto-teste
Permite avaliar o seu vocabulário

Características especias do vocabulário

- As palavras estão organizadas de acordo com o seu significado, e não por ordem alfabética
- As palavras são apresentadas em três colunas para facilitar os processos de revisão e auto-teste
- As palavras compostas são divididas em pequenos blocos para facilitar o processo de aprendizagem
- O vocabulário oferece uma transcrição simples e adequada de cada palavra estrangeira

O vocabulário contém 256 tópicos incluindo:

Conceitos básicos, Números, Cores, Meses, Estações do ano, Unidades de medida, Roupas & Acessórios, Alimentos & Nutrição, Restaurante, Membros da Família, Parentes, Caráter, Sentimentos, Emoções, Doenças, Cidade, Passeios, Compras, Dinheiro, Casa, Lar, Escritório, Trabalho no Escritório, Importação & Exportação, Marketing, Pesquisa de Emprego, Desportos, Educação, Computador, Internet, Ferramentas, Natureza, Países, Nacionalidades e muito mais ...

TABELA DE CONTEÚDOS

Guia de pronunciação 11
Abreviaturas 12

CONCEITOS BÁSICOS 13
Conceitos básicos. Parte 1 13

1. Pronomes 13
2. Cumprimentos. Saudações. Despedidas 13
3. Como se dirigir a alguém 14
4. Números cardinais. Parte 1 14
5. Números cardinais. Parte 2 15
6. Números ordinais 16
7. Números. Frações 16
8. Números. Operações básicas 16
9. Números. Diversos 16
10. Os verbos mais importantes. Parte 1 17
11. Os verbos mais importantes. Parte 2 18
12. Os verbos mais importantes. Parte 3 19
13. Os verbos mais importantes. Parte 4 20
14. Cores 20
15. Questões 21
16. Preposições 22
17. Palavras funcionais. Advérbios. Parte 1 22
18. Palavras funcionais. Advérbios. Parte 2 24

Conceitos básicos. Parte 2 25

19. Opostos 25
20. Dias da semana 27
21. Horas. Dia e noite 27
22. Meses. Estações 28
23. Tempo. Diversos 29
24. Linhas e formas 30
25. Unidades de medida 31
26. Recipientes 32
27. Materiais 33
28. Metais 34

O SER HUMANO 35
O ser humano. O corpo 35

29. Humanos. Conceitos básicos 35
30. Anatomia humana 35

31. Cabeça 36
32. Corpo humano 37

Vestuário & Acessórios 38

33. Roupa exterior. Casacos 38
34. Vestuário de homem & mulher 38
35. Vestuário. Roupa interior 39
36. Adereços de cabeça 39
37. Calçado 39
38. Têxtil. Tecidos 40
39. Acessórios pessoais 40
40. Vestuário. Diversos 41
41. Cuidados pessoais. Cosméticos 41
42. Joalheria 42
43. Relógios de pulso. Relógios 43

Alimentação. Nutrição 44

44. Comida 44
45. Bebidas 45
46. Vegetais 46
47. Frutos. Nozes 47
48. Pão. Bolaria 48
49. Pratos cozinhados 48
50. Especiarias 49
51. Refeições 50
52. Por a mesa 50
53. Restaurante 51

Família, parentes e amigos 52

54. Informação pessoal. Formulários 52
55. Membros da família. Parentes 52
56. Amigos. Colegas de trabalho 53
57. Homem. Mulher 54
58. Idade 54
59. Crianças 55
60. Casais. Vida de família 55

Caráter. Sentimentos. Emoções 57

61. Sentimentos. Emoções 57
62. Caráter. Personalidade 58
63. O sono. Sonhos 59
64. Humor. Riso. Alegria 60
65. Discussão, conversação. Parte 1 60
66. Discussão, conversação. Parte 2 61
67. Discussão, conversação. Parte 3 63
68. Acordo. Recusa 63
69. Sucesso. Boa sorte. Insucesso 64
70. Conflitos. Emoções negativas 64

Medicina 67

71. Doenças 67
72. Sintomas. Tratamentos. Parte 1 68
73. Sintomas. Tratamentos. Parte 2 69
74. Sintomas. Tratamentos. Parte 3 70
75. Médicos 71
76. Medicina. Drogas. Acessórios 71
77. Fumar. Produtos tabágicos 72

HABITAT HUMANO 73
Cidade 73

78. Cidade. Vida na cidade 73
79. Instituições urbanas 74
80. Sinais 75
81. Transportes urbanos 76
82. Turismo 77
83. Compras 78
84. Dinheiro 79
85. Correios. Serviço postal 80

Moradia. Casa. Lar 81

86. Casa. Habitação 81
87. Casa. Entrada. Elevador 82
88. Casa. Eletricidade 82
89. Casa. Portas. Fechaduras 82
90. Casa de campo 83
91. Moradia. Mansão 83
92. Castelo. Palácio 84
93. Apartamento 84
94. Apartamento. Limpeza 85
95. Mobiliário. Interior 85
96. Quarto de dormir 86
97. Cozinha 86
98. Casa de banho 87
99. Eletrodomésticos 88
100. Reparações. Renovação 88
101. Canalizações 89
102. Fogo. Deflagração 89

ATIVIDADES HUMANAS 91
Emprego. Negócios. Parte 1 91

103. Escritório. O trabalho no escritório 91
104. Processos negociais. Parte 1 92
105. Processos negociais. Parte 2 93
106. Produção. Trabalhos 94
107. Contrato. Acordo 95
108. Importação & Exportação 96

109. Finanças 96
110. Marketing 97
111. Publicidade 97
112. Banca 98
113. Telefone. Conversação telefónica 99
114. Telefone móvel 99
115. Estacionário 100
116. Vários tipos de documentos 100
117. Tipos de negócios 101

Emprego. Negócios. Parte 2 104

118. Espetáculo. Feira 104
119. Media 105
120. Agricultura 106
121. Construção. Processo de construção 107
122. Ciência. Investigação. Cientistas 108

Profissões e ocupações 109

123. Procura de emprego. Demissão 109
124. Gente de negócios 109
125. Profissões de serviços 110
126. Profissões militares e postos 111
127. Oficiais. Padres 112
128. Profissões agrícolas 112
129. Profissões artísticas 113
130. Várias profissões 113
131. Ocupações. Estatuto social 115

Desportos 116

132. Tipos de desportos. Desportistas 116
133. Tipos de desportos. Diversos 117
134. Ginásio 117
135. Hóquei 118
136. Futebol 118
137. Esqui alpino 120
138. Ténis. Golfe 120
139. Xadrez 121
140. Boxe 121
141. Desportos. Diversos 122

Educação 124

142. Escola 124
143. Colégio. Universidade 125
144. Ciências. Disciplinas 126
145. Sistema de escrita. Ortografia 126
146. Línguas estrangeiras 127

147. Personagens de contos de fadas 128
148. Signos do Zodíaco 129

Artes 130

149. Teatro 130
150. Cinema 131
151. Pintura 132
152. Literatura & Poesia 133
153. Circo 133
154. Música. Música popular 134

Descanso. Entretenimento. Viagens 136

155. Viagens 136
156. Hotel 136
157. Livros. Leitura 137
158. Caça. Pesca 139
159. Jogos. Bilhar 139
160. Jogos. Jogar cartas 140
161. Casino. Roleta 140
162. Descanso. Jogos. Diversos 141
163. Fotografia 141
164. Praia. Natação 142

EQUIPAMENTO TÉCNICO. TRANSPORTES 144
Equipamento técnico. Transportes 144

165. Computador 144
166. Internet. E-mail 145
167. Eletricidade 146
168. Ferramentas 146

Transportes 149

169. Avião 149
170. Comboio 150
171. Barco 151
172. Aeroporto 152
173. Bicicleta. Motocicleta 153

Carros 154

174. Tipos de carros 154
175. Carros. Carroçaria 154
176. Carros. Habitáculo 155
177. Carros. Motor 156
178. Carros. Batidas. Reparação 157
179. Carros. Estrada 158
180. Sinais de trânsito 159

PESSOAS. EVENTOS 160
Eventos 160

181. Férias. Evento 160
182. Funerais. Enterro 161
183. Guerra. Soldados 161
184. Guerra. Ações militares. Parte 1 162
185. Guerra. Ações militares. Parte 2 164
186. Armas 165
187. Povos da antiguidade 167
188. Idade média 167
189. Líder. Chefe. Autoridades 169
190. Estrada. Caminho. Direções 170
191. Viloação da lei. Criminosos. Parte 1 171
192. Viloação da lei. Criminosos. Parte 2 172
193. Polícia. Lei. Parte 1 173
194. Polícia. Lei. Parte 2 174

NATUREZA 176
A Terra. Parte 1 176

195. Espaço sideral 176
196. A Terra 177
197. Pontos cardeais 178
198. Mar. Oceano 178
199. Nomes de Mares e Oceanos 179
200. Montanhas 180
201. Nomes de montanhas 181
202. Rios 181
203. Nomes de rios 182
204. Floresta 182
205. Recursos naturais 183

A Terra. Parte 2 185

206. Tempo 185
207. Tempo extremo. Catástrofes naturais 186
208. Ruídos. Sons 186
209. Inverno 187

Fauna 189

210. Mamíferos. Predadores 189
211. Animais selvagens 189
212. Animais domésticos 190
213. Cães. Raças de cães 191
214. Sons produzidos pelos animais 192
215. Animais jovens 192
216. Pássaros 193
217. Pássaros. Canto e sons 194
218. Peixes. Animais marinhos 194
219. Amfíbios. Répteis 195

220. Insetos 196
221. Animais. Partes do corpo 196
222. Ações dos animais 197
223. Animais. Habitats 197
224. Cuidados com os animais 198
225. Animais. Diversos 199
226. Cavalos 199

Flora 201

227. Árvores 201
228. Arbustos 201
229. Cogumelos 202
230. Frutos. Bagas 202
231. Flores. Plantas 203
232. Cereais, grãos 204
233. Vegetais. Verduras 205

GEOGRAFIA REGIONAL 206
Países. Nacionalidades 206

234. Europa Ocidental 206
235. Europa Central e de Leste 208
236. Países da ex-URSS 209
237. Asia 210
238. América do Norte 212
239. América Central do Sul 212
240. Africa 213
241. Austrália. Oceania 214
242. Cidades 214
243. Política. Governo. Parte 1 216
244. Política. Governo. Parte 2 217
245. Países. Diversos 218
246. Grupos religiosos mais importantes. Confissões 219
247. Religiões. Padres 220
248. Fé. Cristianismo. Islão 220

TEMAS DIVERSOS 223

249. Várias palavras úteis 223
250. Modificadores. Adjetivos. Parte 1 224
251. Modificadores. Adjetivos. Parte 2 226

500 VERBOS PRINCIPAIS 229

252. Verbos A-B 229
253. Verbos C-D 230
254. Verbos E-J 233
255. Verbos L-P 235
256. Verbos Q-Z 237

GUIA DE PRONUNCIAÇÃO

Alfabeto fonético T&P	Exemplo Arménio	Exemplo Português
[a]	ճանաչել [čanačél]	chamar
[ə]	փսփսալ [p^{h}əsp^{h}əsál]	milagre
[e]	հեկտար [hektár]	metal
[ē]	էկրան [ēkrán]	mesquita
[i]	ֆիզիկոս [fizikós]	sinónimo
[o]	շոկոլադ [šokolád]	lobo
[u]	հույնուհի [hujnuhí]	bonita
[b]	բամբակ [bambák]	barril
[d]	դադար [dadár]	dentista
[f]	ֆաբրիկա [fábrika]	safári
[g]	գանգ [gang]	gosto
[j]	դյույմ [djujm]	géiser
[h]	հայուհի [hajuhí]	[h] aspirada
[χ]	խախտել [χaχtél]	fricativa uvular surda
[k]	կոճակ [kočák]	kiwi
[l]	փլվել [p^{h}lvel]	libra
[m]	մտածել [mtaʦél]	magnólia
[t]	տակսի [taksí]	tulipa
[n]	նրանք [nrank^{h}]	natureza
[r]	լար [lar]	riscar
[p]	պոմպ [pomp]	presente
[ġ]	տղամարդ [tġamárd]	[r] vibrante
[s]	սոուս [soús]	sanita
[ʦ]	ծանոթ [ʦanót^{h}]	tsé-tsé
[v]	ոստիկան [vostikán]	fava
[z]	զանգ [zang]	sésamo
[k^{h}]	երեք [erék^{h}]	[k] aspirada
[p^{h}]	փրկել [p^{h}rkel]	[p] aspirada
[t^{h}]	թատրոն [t^{h}atrón]	[t] aspirada
[ʦ^{h}]	ակնոց [aknóʦ^{h}]	[ts] aspirado
[ʒ]	ժամանակ [ʒamanák]	talvez
[ʣ]	օձիք [oʣík^{h}]	pizza
[ʤ]	հաջող [haʤóġ]	adjetivo
[č]	վիճել [vičél]	Tchau!
[š]	շահույթ [šahújt^{h}]	mês
[′]	բաժակ [baʒák]	acento principal

ABREVIATURAS
usadas no vocabulário

Abreviaturas do Português

adj	-	adjetivo
adv	-	advérbio
anim.	-	animado
conj.	-	conjunção
desp.	-	desporto
etc.	-	etecetra
ex.	-	por exemplo
f	-	nome feminino
f pl	-	feminino plural
fem.	-	feminino
inanim.	-	inanimado
m	-	nome masculino
m pl	-	masculino plural
m, f	-	masculino, feminino
masc.	-	masculino
mat.	-	matemática
mil.	-	militar
pl	-	plural
prep.	-	preposição
pron.	-	pronome
sb.	-	sobre
sing.	-	singular
v aux	-	verbo auxiliar
vi	-	verbo intransitivo
vi, vt	-	verbo intransitivo, transitivo
vr	-	verbo reflexivo
vt	-	verbo transitivo

Pontuação do Arménio

՛	-	Ponto de exclamação
՞	-	Ponto de interrogação
,	-	Vírgula

CONCEITOS BÁSICOS

Conceitos básicos. Parte 1

1. Pronomes

eu	ես	[es]
tu	դու	[du]
ele, ela	նա	[na]
nós	մենք	[menk^h]
vocês	դուք	[duk^h]
eles, elas	նրանք	[nrank^h]

2. Cumprimentos. Saudações. Despedidas

Olá!	Բարև՛	[barév]
Bom dia! (formal)	Բարև՛ ձեզ	[barév dzéz!]
Bom dia! (de manhã)	Բարի լու՛յս	[barí lújs!]
Boa tarde!	Բարի օ՛ր	[barí ór!]
Boa noite!	Բարի երեկո՛	[barí jerekó!]
cumprimentar (vt)	բարևել	[barevél]
Olá!	Ողջո՛ւյն	[voġdʒújn!]
saudação (f)	ողջույն	[voġdʒújn]
saudar (vt)	ողջունել	[voġdʒunél]
Como vai?	Ո՞նց ես գործերդ	[vonʦ^h en gorʦérd?]
O que há de novo?	Ի՞նչ նորություն	[inč norut^{h}jún?]
Até à vista!	Ցտեսությո՛ւն	[ʦ^{h}tesut^{h}jún!]
Até breve!	Մինչ նոր հանդիպո՛ւմ	[mínč nór handipúm!]
Adeus! (sing.)	Մնաս բարո՛վ	[mnas baróv!]
Adeus! (pl)	Մնաք բարո՛վ	[mnak^h baróv!]
despedir-se (vr)	հրաժեշտ տալ	[hraʒéšt tál]
Até logo!	Առա՛յժմ	[arájʒm!]
Obrigado! -a!	Շնորհակալությո՛ւն	[šnorhakalut^{h}jún!]
Muito obrigado! -a!	Շատ շնորհակա՛լ եմ	[šat šnorhakál em!]
De nada	Խնդրեմ	[χndrem]
Não tem de quê	Հոգ չէ	[hog čē]
De nada	չարժե	[čarʒé]
Desculpa!	Ներողությո՛ւն	[neroġut^{h}jún!]
Desculpe!	Ներեցե՛ք	[nereʦ^{h}ék^h!]
desculpar (vt)	ներել	[nerél]
desculpar-se (vr)	ներողություն խնդրել	[neroġut^{h}jún χndrél]
As minhas desculpas	Ներեցեք	[nereʦ^{h}ék^h]

Desculpe!	Ներեցե՛ք	[neretsʰékʰ!]
perdoar (vt)	ներել	[nerél]
por favor	խնդրում եմ	[χndrúm em]

Não se esqueça!	Չմոռանա՛ք	[čmoranákʰ!]
Certamente! Claro!	Իհա՛րկե	[ihárke!]
Claro que não!	Իհարկե ո՛չ	[ihárke voč!]
Está bem! De acordo!	Համաձա՛յն եմ	[hamadzájn em!]
Basta!	Բավակա՛ն է	[bavakán ē!]

3. Como se dirigir a alguém

senhor	Պարո՛ն	[parón]
senhora	Տիկի՛ն	[tikín]
rapariga	Օրիո՛րդ	[oriórd]
rapaz	Երիտասա՛րդ	[eritasárd]
menino	Տղա՛	[tġa]
menina	Աղջի՛կ	[aġdʒík]

4. Números cardinais. Parte 1

zero	զրո	[zro]
um	մեկ	[mek]
dois	երկու	[erkú]
três	երեք	[erékʰ]
quatro	չորս	[čors]

cinco	հինգ	[hing]
seis	վեց	[vetsʰ]
sete	յոթ	[jotʰ]
oito	ութ	[utʰ]
nove	ինը	[ínə]

dez	տաս	[tas]
onze	տասնմեկ	[tasnmék]
doze	տասներկու	[tasnerkú]
treze	տասներեք	[tasnerékʰ]
catorze	տասնչորս	[tasnčórs]

quinze	տասնհինգ	[tasnhíng]
dezasseis	տասնվեց	[tasnvétsʰ]
dezassete	տասնյոթ	[tasnjótʰ]
dezoito	տասնութ	[tasnútʰ]
dezanove	տասնինը	[tasnínə]

vinte	քսան	[kʰsan]
vinte e um	քսանմեկ	[kʰsanmék]
vinte e dois	քսաներկու	[kʰsanerkú]
vinte e três	քսաներեք	[ksanerékʰ]

trinta	երեսուն	[eresún]
trinta e um	երեսունմեկ	[eresunmék]

trinta e dois երեսուներկու [eresunerkú]
trinta e três երեսուներեք [eresunerékʰ]

quarenta քառասուն [kʰarasún]
quarenta e um քառասունմեկ [kʰarasunmék]
quarenta e dois քառասուներկու [kʰarasunerkú]
quarenta e três քառասուներեք [karasunerékʰ]

cinquenta հիսուն [hisún]
cinquenta e um հիսունմեկ [hisunmék]
cinquenta e dois հիսուներկու [hisunerkú]
cinquenta e três հիսուներեք [hisunerékʰ]

sessenta վաթսուն [vatʰsún]
sessenta e um վաթսունմեկ [vatʰsunmék]
sessenta e dois վաթսուներկու [vatʰsunerkú]
sessenta e três վաթսուներեք [vatʰsunerékʰ]

setenta յոթանասուն [jotʰanasún]
setenta e um յոթանասունմեկ [jotʰanasunmék]
setenta e dois յոթանասուներկու [jotʰanasunerkú]
setenta e três յոթանասուներեք [jotʰanasunerékʰ]

oitenta ութսուն [utʰsún]
oitenta e um ութսունմեկ [utʰsunmék]
oitenta e dois ութսուներկու [utʰsunerkú]
oitenta e três ութսուներեք [utʰsunerékʰ]

noventa իննսուն [innsún]
noventa e um իննսունմեկ [innsunmék]
noventa e dois իննսուներկու [innsunerkú]
noventa e três իննսուներեք [innsunerékʰ]

5. Números cardinais. Parte 2

cem հարյուր [harjúr]
duzentos երկու հարյուր [erkú harjúr]
trezentos երեք հարյուր [erékʰ harjúr]
quatrocentos չորս հարյուր [čórs harjúr]
quinhentos հինգ հարյուր [hing harjúr]

seiscentos վեց հարյուր [vetsʰ harjúr]
setecentos յոթ հարյուր [jotʰ harjúr]
oitocentos ութ հարյուր [utʰ harjúr]
novecentos ինը հարյուր [ínə harjúr]

mil հազար [hazár]
dois mil երկու հազար [erkú hazár]
De quem são ...? երեք հազար [erékʰ hazár]
dez mil տաս հազար [tas hazár]
cem mil հարյուր հազար [harjúr hazár]

um milhão միլիոն [milión]
mil milhões միլիարդ [miliárd]

6. Números ordinais

primeiro	առաջին	[araʤín]
segundo	երկրորդ	[erkrórd]
terceiro	երրորդ	[errórd]
quarto	չորրորդ	[čorrórd]
quinto	հինգերորդ	[híngerord]
sexto	վեցերորդ	[véʦ^{h}erord]
sétimo	յոթերորդ	[jót^{h}erord]
oitavo	ութերորդ	[út^{h}erord]
nono	իններորդ	[ínnerord]
décimo	տասներորդ	[tásnerord]

7. Números. Frações

fração (f)	կոտորակ	[kotorák]
um meio	մեկ երկրորդ	[mek erkrórd]
um terço	մեկ երրորդ	[mek errórd]
um quarto	մեկ չորրորդ	[mek čorrórd]
um oitavo	մեկ ութերորդ	[mek út^{h}erord]
um décimo	մեկ տասներորդ	[mek tásnerord]
dois terços	երկու երրորդ	[erkú errórd]
três quartos	երեք չորրորդ	[erék^h čorrórd]

8. Números. Operações básicas

subtração (f)	հանում	[hanúm]
subtrair (vi, vt)	հանել	[hanél]
divisão (f)	բաժանում	[baʒanúm]
dividir (vt)	բաժանել	[baʒanél]
adição (f)	գումարում	[gumarúm]
somar (vt)	գումարել	[gumarél]
adicionar (vt)	գումարել	[gumarél]
multiplicação (f)	բազմապատկում	[bazmapatkúm]
multiplicar (vt)	բազմապատկել	[bazmapatkél]

9. Números. Diversos

algarismo, dígito (m)	թիվ	[t^{h}iv]
número (m)	թիվ	[t^{h}iv]
numeral (m)	համարիչ	[hamaríč]
menos (m)	մինուս	[mínus]
mais (m)	պլյուս	[pljus]
fórmula (f)	բանաձև	[banaʣév]
cálculo (m)	հաշվարկ	[hašvárk]
contar (vt)	հաշվել	[hašvél]

calcular (vt)	հաշվարկ անել	[hašvárk anél]
comparar (vt)	համեմատել	[hamematél]
Quanto, -os, -as?	քանի՞	[k^{h}aní?]
soma (f)	գումար	[gumár]
resultado (m)	արդյունք	[ardjúnk^h]
resto (m)	մնացորդ	[mnats^{h}órd]
alguns, algumas ...	մի քանի	[mi k^{h}aní]
poucos, -as (~ pessoas)	մի փոքր ...	[mi p^{h}ok^{h}r ...]
um pouco (~ de vinho)	մի քիչ ...	[mi k^{h}ič ...]
resto (m)	մնացածը	[mnats^{h}átsə]
um e meio	մեկ ու կես	[mek u kes]
dúzia (f)	դյուժին	[djuʒín]
ao meio	կես	[kes]
em partes iguais	հավասար	[havasár]
metade (f)	կես	[kes]
vez (f)	անգամ	[angám]

10. Os verbos mais importantes. Parte 1

abrir (vt)	բացել	[bats^{h}él]
acabar, terminar (vt)	ավարտել	[avartél]
aconselhar (vt)	խորհուրդ տալ	[χorhúrd tal]
adivinhar (vt)	գուշակել	[gušakél]
advertir (vt)	զգուշացնել	[zgušats^{h}nél]
ajudar (vt)	օգնել	[ognél]
almoçar (vi)	ճաշել	[čašél]
alugar (~ um apartamento)	վարձել	[vardzél]
amar (vt)	սիրել	[sirél]
ameaçar (vt)	սպառնալ	[sparnál]
anotar (escrever)	գրառել	[grarél]
apanhar (vt)	բռնել	[brnel]
apressar-se (vr)	շտապել	[štapél]
arrepender-se (vr)	ափսոսալ	[ap^{h}sosál]
assinar (vt)	ստորագրել	[storagrél]
atirar, disparar (vi)	կրակել	[krakél]
brincar (vi)	կատակել	[katakél]
brincar, jogar (crianças)	խաղալ	[χaġál]
buscar (vt)	փնտրել	[p^{h}ntrel]
caçar (vi)	որս անել	[vors anél]
cair (vi)	ընկնել	[ənknél]
cavar (vt)	փորել	[p^{h}orél]
cessar (vt)	դադարեցնել	[dadarets^{h}nél]
chamar (~ por socorro)	կանչել	[kančél]
chegar (vi)	ժամանել	[ʒamanél]
chorar (vi)	լացել	[lats^{h}él]
comparar (vt)	համեմատել	[hamematél]
compreender (vt)	հասկանալ	[haskanál]

concordar (vi)	համաձայնվել	[hamadzajnvél]
confiar (vt)	վստահել	[vstahél]
confundir (equivocar-se)	շփոթել	[špʰotʰél]
conhecer (vt)	ճանաչել	[čanačél]
contar (fazer contas)	հաշվել	[hašvél]
contar com (esperar)	հույս դնել ... վրա	[hujs dnel ... vra]
continuar (vt)	շարունակել	[šarunakél]
controlar (vt)	վերահսկել	[verahskél]
convidar (vt)	հրավիրել	[hravirél]
correr (vi)	վազել	[vazél]
criar (vt)	ստեղծել	[steġtsél]
custar (vt)	արժենալ	[arʒenál]

11. Os verbos mais importantes. Parte 2

dar (vt)	տալ	[tal]
dar uma dica	ակնարկել	[aknarkél]
decorar (enfeitar)	զարդարել	[zardarél]
defender (vt)	պաշտպանել	[paštpanél]
deixar cair (vt)	վայր գցել	[vájr gtsʰel]
descer (para baixo)	իջնել	[idʒnél]
desculpar-se (vr)	ներողություն խնդրել	[neroġutʰjún χndrél]
dirigir (~ uma empresa)	ղեկավարել	[ġekavarél]
discutir (notícias, etc.)	քննարկել	[kʰnnarkél]
dizer (vt)	ասել	[asél]
duvidar (vt)	կասկածել	[kaskatsél]
encontrar (achar)	գտնել	[gtnel]
enganar (vt)	խաբել	[χabél]
entrar (na sala, etc.)	մտնել	[mtnel]
enviar (uma carta)	ուղարկել	[uġarkél]
errar (equivocar-se)	սխալվել	[sχalvél]
escolher (vt)	ընտրել	[əntrél]
esconder (vt)	թաքցնել	[tʰakʰtsʰnél]
escrever (vt)	գրել	[grel]
esperar (o autocarro, etc.)	սպասել	[spasél]
esperar (ter esperança)	հուսալ	[husál]
esquecer (vt)	մոռանալ	[moranál]
estudar (vt)	ուսումնասիրել	[usumnasirél]
exigir (vt)	պահանջել	[pahandʒél]
existir (vi)	գոյություն ունենալ	[gojutʰjún unenál]
explicar (vt)	բացատրել	[batsʰatrél]
falar (vi)	խոսել	[χosél]
faltar (clases, etc.)	բաց թողնել	[batsʰ tʰoġnél]
fazer (vt)	անել	[anél]
ficar em silêncio	լռել	[lrel]
gabar-se, jactar-se (vr)	պարծենալ	[partsenál]
gostar (apreciar)	դուր գալ	[dur gal]

gritar (vi)	բղավել	[bġavél]
guardar (cartas, etc.)	պահպանել	[pahpanél]
informar (vt)	տեղեկացնել	[teġekaʦʰnél]
insistir (vi)	պնդել	[pndel]
insultar (vt)	վիրավորել	[viravorél]
interessar-se (vr)	հետաքրքրվել	[hetakʰrkʰrvél]
ir (a pé)	գնալ	[gnal]
ir nadar	լողալ	[loġál]
jantar (vi)	ընթրել	[əntʰrél]

12. Os verbos mais importantes. Parte 3

ler (vt)	կարդալ	[kardál]
libertar (cidade, etc.)	ազատագրել	[azatagrél]
matar (vt)	սպանել	[spanél]
mencionar (vt)	հիշատակել	[hišatakél]
mostrar (vt)	ցույց տալ	[ʦʰújʦʰ tal]
mudar (modificar)	փոխել	[pʰoχél]
nadar (vi)	լողալ	[loġál]
negar-se a …	հրաժարվել	[hraʒarvél]
objetar (vt)	հակաճառել	[hakačarél]
observar (vt)	հետևել	[hetevél]
ordenar (mil.)	հրամայել	[hramajél]
ouvir (vt)	լսել	[lsel]
pagar (vt)	վճարել	[včarél]
parar (vi)	կանգ առնել	[káng arnél]
participar (vi)	մասնակցել	[masnakʦʰél]
pedir (comida)	պատվիրել	[patvirél]
pedir (um favor, etc.)	խնդրել	[χndrel]
pegar (tomar)	վերցնել	[verʦʰnél]
pensar (vt)	մտածել	[mtaʦél]
perceber (ver)	նկատել	[nkatél]
perdoar (vt)	ներել	[nerél]
perguntar (vt)	հարցնել	[harʦʰnél]
permitir (vt)	թույլատրել	[tʰujlatrél]
pertencer a …	պատկանել	[patkanél]
planear (vt)	պլանավորել	[planavorél]
poder (vi)	կարողանալ	[karoġanál]
possuir (vt)	ունենալ	[unenál]
preferir (vt)	նախընտրել	[naχəntrél]
preparar (vt)	պատրաստել	[patrastél]
prever (vt)	կանխատեսել	[kanχatesél]
prometer (vt)	խոստանալ	[χostanál]
pronunciar (vt)	արտասանել	[artasanél]
propor (vt)	առաջարկել	[araʤarkél]
punir (castigar)	պատժել	[patʒél]

13. Os verbos mais importantes. Parte 4

quebrar (vt)	կոտրել	[kotrél]
queixar-se (vr)	գանգատվել	[gangatvél]
querer (desejar)	ուզենալ	[uzenál]
recomendar (vt)	երաշխավորել	[erašχavorél]
repetir (dizer outra vez)	կրկնել	[krknel]
repreender (vt)	կշտամբել	[kštambél]
reservar (~ um quarto)	ամրագրել	[amragrél]
responder (vt)	պատասխանել	[patasχanél]
rezar, orar (vi)	աղոթել	[aġotʰél]
rir (vi)	ծիծաղել	[ʦiʦaġél]
roubar (vt)	գողանալ	[goġanál]
saber (vt)	իմանալ	[imanál]
sair (~ de casa)	դուրս գալ	[durs gal]
salvar (vt)	փրկել	[pʰrkel]
seguir ...	գնալ ... հետևից	[gnal ... hetevíʦʰ]
sentar-se (vr)	նստել	[nstel]
ser necessário	պետք լինել	[pétkʰ linél]
ser, estar	լինել	[linél]
significar (vt)	նշանակել	[nšanakél]
sorrir (vi)	ժպտալ	[ʒptal]
surpreender-se (vr)	զարմանալ	[zarmanál]
tentar (vt)	փորձել	[pʰorʣél]
ter (vt)	ունենալ	[unenál]
ter fome	ուզենալ ուտել	[uzenál utél]
ter medo	վախենալ	[vaχenál]
ter sede	ուզենալ խմել	[uzenál χmel]
tocar (com as mãos)	ձեռք տալ	[ʣérkʰ tal]
tomar o pequeno-almoço	նախաճաշել	[naχačašél]
trabalhar (vi)	աշխատել	[ašχatél]
traduzir (vt)	թարգմանել	[tʰargmanél]
unir (vt)	միավորել	[miavorél]
vender (vt)	վաճառել	[vačarél]
ver (vt)	տեսնել	[tesnél]
virar (ex. ~ à direita)	թեքվել	[tʰekʰvél]
voar (vi)	թռչել	[tʰrčel]

14. Cores

cor (f)	գույն	[gujn]
matiz (m)	երանգ	[eráng]
tom (m)	գուներանգ	[guneráng]
arco-íris (m)	ծիածան	[ʦiaʦán]
branco	սպիտակ	[spiták]
preto	սև	[sev]

cinzento	մոխրագույն	[moχragújn]
verde	կանաչ	[kanáč]
amarelo	դեղին	[deġín]
vermelho	կարմիր	[karmír]
azul	կապույտ	[kapújt]
azul claro	երկնագույն	[erknagújn]
rosa	վարդագույն	[vardagújn]
laranja	նարնջագույն	[narndʒagújn]
violeta	մանուշակագույն	[manušakagújn]
castanho	շագանակագույն	[šaganakagújn]
dourado	ոսկե	[voské]
prateado	արծաթագույն	[artsat^{h}agújn]
bege	բեժ	[beʒ]
creme	կրեմագույն	[kremagújn]
turquesa	փիրուզագույն	[p^{h}iruzagújn]
vermelho cereja	բալագույն	[balagújn]
lilás	բաց մանուշակագույն	[bats^h manušakagújn]
carmesim	մորեգույն	[moregújn]
claro	բաց	[bats^h]
escuro	մուգ	[mug]
vivo	վառ	[var]
de cor	գունավոր	[gunavór]
a cores	գունավոր	[gunavór]
preto e branco	սև ու սպիտակ	[sev u spiták]
unicolor	միագույն	[miagújn]
multicor	գույնզգույն	[gujnzgújn]

15. Questões

Quem?	Ո՞վ	[ov?]
Que?	Ի՞նչ	[inč?]
Onde?	Որտե՞ղ	[vortéġ?]
Para onde?	Ո՞ւր	[ur?]
De onde?	Որտեղի՞ց	[vorteġíts^h?]
Quando?	Ե՞րբ	[erb?]
Para quê?	Ինչո՞ւ	[inčú?]
Porquê?	Ինչո՞ւ	[inčú?]
Para quê?	Ինչի՞ համար	[inčí hamár?]
Como?	Ինչպե՞ս	[inčpés?]
Qual?	Ինչպիսի՞	[inčpisí?]
Qual? (entre dois ou mais)	Ո՞րը	[voré?]
A quem?	Ո՞ւմ	[um?]
Sobre quem?	Ո՞ւմ մասին	[úm masín?]
Do quê?	Ինչի՞ մասին	[inčí masín?]
Com quem?	Ո՞ւմ հետ	[úm het?]
Quanto, -os, -as?	Քանի՞	[k^{h}aní?]
De quem? (masc.)	Ո՞ւմ	[um?]

16. Preposições

com (prep.)	... հետ	[... het]
sem (prep.)	առանց	[aránts^h]
a, para (exprime lugar)	մեջ	[medʒ]
sobre (ex. falar ~)	մասին	[masín]
antes de ...	առաջ	[arádʒ]
diante de ...	առաջ	[arádʒ]
sob (debaixo de)	տակ	[tak]
sobre (em cima de)	վերևում	[verevúm]
sobre (~ a mesa)	վրա	[vra]
de (vir ~ Lisboa)	...ից	[... its^h]
de (feito ~ pedra)	...ից	[... its^h]
dentro de (~ dez minutos)	... անց	[... ants^h]
por cima de ...	միջով	[midʒóv]

17. Palavras funcionais. Advérbios. Parte 1

Onde?	Որտե՞ղ	[vortéġ?]
aqui	այստեղ	[ajstéġ]
lá, ali	այնտեղ	[ajntéġ]
em algum lugar	որևէ տեղ	[vorevē teġ]
em lugar nenhum	ոչ մի տեղ	[voč mi teġ]
ao pé de ...	... մոտ	[... mot]
ao pé da janela	պատուհանի մոտ	[patuhaní mót]
Para onde?	Ո՞ւր	[ur?]
para cá	այստեղ	[ajstéġ]
para lá	այնտեղ	[ajntéġ]
daqui	այստեղից	[ajsteġíts^h]
de lá, dali	այնտեղից	[ajnteġíts^h]
perto	մոտ	[mot]
longe	հեռու	[herú]
perto de ...	մոտ	[mot]
ao lado de	մոտակայքում	[motakajk^{h}úm]
perto, não fica longe	մոտիկ	[motík]
esquerdo	ձախ	[dzaχ]
à esquerda	ձախ կողմից	[dzaχ koġmíts^h]
para esquerda	դեպի ձախ	[depí dzaχ]
direito	աջ	[adʒ]
à direita	աջ կողմից	[adʒ koġmíts^h]
para direita	դեպի աջ	[depí adʒ]
à frente	առջևից	[ardʒevíts^h]
da frente	առջևի	[ardʒeví]

em frente (para a frente)	առաջ	[aráʤ]
atrás de ...	հետևում	[hetevúm]
por detrás (vir ~)	հետևից	[hetevíʦʰ]
para trás	հետ	[het]
meio (m), metade (f)	մեջտեղ	[meʤtéġ]
no meio	մեջտեղում	[meʤteġúm]
de lado	կողքից	[koġkʰíʦʰ]
em todo lugar	ամենուր	[amenúr]
ao redor (olhar ~)	շուրջը	[šúrʤə]
de dentro	միջից	[miʤíʦʰ]
para algum lugar	որևէ տեղ	[vorevē teġ]
diretamente	ուղիղ	[uġíġ]
de volta	ետ	[et]
de algum lugar	որևէ տեղից	[vorevē teġíʦʰ]
de um lugar	ինչ-որ տեղից	[inč vor teġíʦʰ]
em primeiro lugar	առաջինը	[araʤínə]
em segundo lugar	երկրորդը	[erkrórdə]
em terceiro lugar	երրորդը	[errórdə]
de repente	հանկարծակի	[hankarʦáki]
no início	սկզբում	[skzbum]
pela primeira vez	առաջին անգամ	[araʤín angám]
muito antes de ...	... շատ առաջ	[... šat aráʤ]
de novo, novamente	կրկին	[krkin]
para sempre	ընդմիշտ	[əndmíšt]
nunca	երբեք	[erbékʰ]
de novo	նորից	[noríʦʰ]
agora	այժմ	[ajʒm]
frequentemente	հաճախ	[hačáχ]
então	այն ժամանակ	[ajn ʒamanák]
urgentemente	շտապ	[štap]
usualmente	սովորաբար	[sovorabár]
a propósito, ...	ի դեպ, ...	[i dep ...]
é possível	հնարավոր է	[hnaravór ē]
provavelmente	հավանաբար	[havanabár]
talvez	միգուցե	[miguʦʰé]
além disso, ...	բացի այդ, ...	[baʦʰí ájd ...]
por isso ...	այդ պատճառով	[ajd patčaróv]
apesar de ...	չնայած ...	[čnajáʦ ...]
graças a ...	շնորհիվ ...	[šnorhív ...]
que (pron.)	ինչ	[inč]
que (conj.)	որ	[vor]
algo	ինչ-որ բան	[inč vor bán]
alguma coisa	որևէ բան	[vórevē ban]
nada	ոչ մի բան	[voč mi ban]
quem	ով	[ov]
alguém (~ teve uma ideia ...)	ինչ-որ մեկը	[inč vor mékə]

alguém	որևէ մեկը	[vórevē mékə]
ninguém	ոչ մեկ	[voč mek]
para lugar nenhum	ոչ մի տեղ	[voč mi teġ]
de ninguém	ոչ մեկինը	[voč mekínə]
de alguém	որևէ մեկինը	[vórevē mekínə]
tão	այնպես	[ajnpés]
também (gostaria ~ de ...)	նմանապես	[nmanapés]
também (~ eu)	նույնպես	[nújnpes]

18. Palavras funcionais. Advérbios. Parte 2

Porquê?	Ինչո՞ւ	[inčú?]
por alguma razão	չգիտես ինչու	[čgités inčú]
porque ...	որովհետև, ...	[vorovhetév ...]
por qualquer razão	ինչ-որ նպատակով	[inč vor npatakóv]
e (tu ~ eu)	և	[ev]
ou (ser ~ não ser)	կամ	[kam]
mas (porém)	բայց	[bajʦʰ]
para (~ a minha mãe)	համար	[hamár]
demasiado, muito	չափազանց	[čapʰazánʦʰ]
só, somente	միայն	[miájn]
exatamente	ճիշտ	[čišt]
cerca de (~ 10 kg)	մոտ	[mot]
aproximadamente	մոտավորապես	[motavorapés]
aproximado	մոտավոր	[motavór]
quase	գրեթե	[grétʰe]
resto (m)	մնացածը	[mnaʦʰáʦə]
cada	յուրաքանչյուր	[jurakʰančjúr]
qualquer	ցանկացած	[ʦankaʦʰáʦ]
muito	շատ	[šat]
muitas pessoas	շատերը	[šatérə]
todos	բոլորը	[bolórə]
em troca de ...	ի փոխարեն ...	[i pʰoχarén ...]
em troca	փոխարեն	[pʰoχarén]
à mão	ձեռքով	[ʣerkʰóv]
pouco provável	հազիվ թե	[hazív tʰe]
provavelmente	երևի	[ereví]
de propósito	դիտմամբ	[ditmámb]
por acidente	պատահաբար	[patahabár]
muito	շատ	[šat]
por exemplo	օրինակ	[orinák]
entre	միջև	[miʤév]
entre (no meio de)	միջավայրում	[miʤavajrúm]
tanto	այնքան	[ajnkʰán]
especialmente	հատկապես	[hatkapés]

Conceitos básicos. Parte 2

19. Opostos

rico	հարուստ	[harúst]
pobre	աղքատ	[aġkʰát]
doente	հիվանդ	[hivánd]
são	առողջ	[aróġʤ]
grande	մեծ	[meʦ]
pequeno	փոքր	[pʰokʰr]
rapidamente	արագ	[arág]
lentamente	դանդաղ	[dandáġ]
rápido	արագ	[arág]
lento	դանդաղ	[dandáġ]
alegre	ուրախ	[uráχ]
triste	տխուր	[tχur]
juntos	միասին	[miasín]
separadamente	առանձին	[aranʣín]
em voz alta (ler ~)	բարձրաձայն	[barʣraʣájn]
para si (em silêncio)	մտքում	[mtkʰum]
alto	բարձր	[barʣr]
baixo	ցածրահասակ	[ʦʰaʦrahasák]
profundo	խորը	[χórə]
pouco fundo	ծանծաղ	[ʦanʦáġ]
sim	այո	[ajó]
não	ոչ	[voč]
distante (no espaço)	հեռու	[herú]
próximo	մոտիկ	[motík]
longe	հեռու	[herú]
perto	մոտ	[mot]
longo	երկար	[erkár]
curto	կարճ	[karč]
bom, bondoso	բարի	[barí]
mau	չար	[čar]
casado	ամուսնացած	[amusnaʦʰáʦ]

solteiro	ամուրի	[amurí]
proibir (vt)	արգելել	[argelél]
permitir (vt)	թույլատրել	[tʰujlatrél]
fim (m)	վերջ	[verʤ]
começo (m)	սկիզբ	[skizb]
esquerdo	ձախ	[ʣaχ]
direito	աջ	[aʤ]
primeiro	առաջին	[araʤín]
último	վերջին	[verʤín]
crime (m)	հանցագործություն	[hanʦʰagorʦutʰjún]
castigo (m)	պատիժ	[patíʒ]
ordenar (vt)	հրամայել	[hramajél]
obedecer (vt)	ենթարկվել	[entʰarkvél]
reto	ուղիղ	[uġíġ]
curvo	ծուռ	[ʦur]
paraíso (m)	դրախտ	[draχt]
inferno (m)	դժոխք	[dʒoχkʰ]
nascer (vi)	ծնվել	[ʦnvel]
morrer (vi)	մահանալ	[mahanál]
forte	ուժեղ	[uʒéġ]
fraco, débil	թույլ	[tʰujl]
idoso	ծեր	[ʦer]
jovem	երիտասարդ	[eritasárd]
velho	հին	[hin]
novo	նոր	[nor]
duro	կոշտ	[košt]
mole	փափուկ	[pʰapúk]
tépido	տաք	[takʰ]
frio	սառը	[sárə]
gordo	գեր	[ger]
magro	նիհար	[nihár]
estreito	նեղ	[neġ]
largo	լայն	[lajn]
bom	լավ	[lav]
mau	վատ	[vat]
valente	քաջ	[kʰaʤ]
cobarde	վախկոտ	[vaχkót]

20. Dias da semana

segunda-feira (f)	երկուշաբթի	[erkušabtʰí]
terça-feira (f)	երեքշաբթի	[erekʰšabtʰí]
quarta-feira (f)	չորեքշաբթի	[čorekʰšabtʰí]
quinta-feira (f)	հինգշաբթի	[hingšabtʰí]
sexta-feira (f)	ուրբաթ	[urbátʰ]
sábado (m)	շաբաթ	[šabátʰ]
domingo (m)	կիրակի	[kirakí]
hoje	այսօր	[ajsór]
amanhã	վաղը	[váġə]
depois de amanhã	վաղը չէ մյուս օրը	[váġə čē mjus órə]
ontem	երեկ	[erék]
anteontem	նախանցյալ օրը	[naχantsʰjál órə]
dia (m)	օր	[or]
dia (m) de trabalho	աշխատանքային օր	[ašχatankʰajín or]
feriado (m)	տոնական օր	[tonakán or]
dia (m) de folga	հանգստյան օր	[hangstján ór]
fim (m) de semana	շաբաթ, կիրակի	[šabátʰ, kirakí]
o dia todo	ամբողջ օր	[ambóġdʒ ór]
no dia seguinte	մյուս օրը	[mjus órə]
há dois dias	երկու օր առաջ	[erkú or arádʒ]
na véspera	նախորդ օրը	[naχórd órə]
diário	ամենօրյա	[amenorjá]
todos os dias	ամեն օր	[amén or]
semana (f)	շաբաթ	[šabátʰ]
na semana passada	անցյալ շաբաթ	[antsʰjál šabátʰ]
na próxima semana	հաջորդ շաբաթ	[hadʒórt shabát]
semanal	շաբաթական	[šabatʰakán]
cada semana	շաբաթական	[šabatʰakán]
duas vezes por semana	շաբաթը երկու անգամ	[šabátʰə erkú angám]
cada terça-feira	ամեն երեքշաբթի	[amén erekʰšabtʰí]

21. Horas. Dia e noite

manhã (f)	առավոտ	[aravót]
de manhã	առավոտյան	[aravotján]
meio-dia (m)	կեսօր	[kesór]
à tarde	ճաշից հետո	[čašítsʰ hetó]
noite (f)	երեկո	[erekó]
à noite (noitinha)	երեկոյան	[erekoján]
noite (f)	գիշեր	[gišér]
à noite	գիշերը	[gišérə]
meia-noite (f)	կեսգիշեր	[kesgišér]
segundo (m)	վայրկյան	[vajrkján]
minuto (m)	րոպե	[ropé]
hora (f)	ժամ	[ʒam]

meia hora (f)	կես ժամ	[kes ʒam]
quarto (m) de hora	քառորդ ժամ	[kʰaród ʒam]
quinze minutos	տասնհինգ րոպե	[tasnhíng ropé]
vinte e quatro horas	օր	[or]
nascer (m) do sol	արևածագ	[arevaʦág]
amanhecer (m)	արևածագ	[arevaʦág]
madrugada (f)	վաղ առավոտ	[vaġ aravót]
pôr do sol (m)	մայրամուտ	[majramút]
de madrugada	վաղ առավոտյան	[váġ aravotján]
hoje de manhã	այսօր առավոտյան	[ajsór aravotján]
amanhã de manhã	վաղը առավոտյան	[váġə aravotján]
hoje à tarde	այսօր ցերեկը	[ajsór ʦʰerékə]
à tarde	ճաշից հետո	[čašíʦʰ hetó]
amanhã à tarde	վաղը ճաշից հետո	[váġə čašíʦʰ hetó]
hoje à noite	այսօր երեկոյան	[ajsór erekoján]
amanhã à noite	վաղը երեկոյան	[váġə erekoján]
às três horas em ponto	ուղիղ ժամը երեքին	[uġíġ ʒámə erekʰín]
por volta das quatro	մոտ ժամը չորսին	[mot ʒámə čorsín]
às doze	մոտ ժամը տասներկուսին	[mot ʒámə tasnerkusín]
dentro de vinte minutos	քսան րոպեից	[kʰsán ropeíʦʰ]
dentro duma hora	մեկ ժամից	[mek ʒamíʦʰ]
a tempo	ժամանակին	[ʒamanakín]
menos um quarto	տասնհինգ պակաս	[tasnhíng pakás]
durante uma hora	մեկ ժամվա ընթացքում	[mek ʒamvá əntʰaʦʰkʰúm]
a cada quinze minutos	տասնհինգ րոպեն մեկ	[tasnhíng ropén mek]
as vinte e quatro horas	ողջ օրը	[voġʤ órə]

22. Meses. Estações

janeiro (m)	հունվար	[hunvár]
fevereiro (m)	փետրվար	[pʰetrvár]
março (m)	մարտ	[mart]
abril (m)	ապրիլ	[apríl]
maio (m)	մայիս	[majís]
junho (m)	հունիս	[hunís]
julho (m)	հուլիս	[hulís]
agosto (m)	օգոստոս	[ogostós]
setembro (m)	սեպտեմբեր	[septembér]
outubro (m)	հոկտեմբեր	[hoktembér]
novembro (m)	նոյեմբեր	[noembér]
dezembro (m)	դեկտեմբեր	[dektembér]
primavera (f)	գարուն	[garún]
na primavera	գարնանը	[garnánə]
primaveril	գարնանային	[garnanajín]
verão (m)	ամառ	[amár]

no verão	ամռանը	[amránə]
de verão	ամառային	[amarajín]
outono (m)	աշուն	[ašún]
no outono	աշնանը	[ašnánə]
outonal	աշնանային	[ašnanajín]
inverno (m)	ձմեռ	[ʣmer]
no inverno	ձմռանը	[ʣmránə]
de inverno	ձմեռային	[ʣmerajín]
mês (m)	ամիս	[amís]
este mês	այս ամիս	[ajs amís]
no próximo mês	մյուս ամիս	[mjús amís]
no mês passado	անցյալ ամիս	[anʦʰjál amís]
há um mês	մեկ ամիս առաջ	[mek amís aráʤ]
dentro de um mês	մեկ ամիս հետո	[mek amís hetó]
dentro de dois meses	երկու ամիս հետո	[erkú amís hetó]
todo o mês	ամբողջ ամիս	[ambóġʤ amís]
um mês inteiro	ողջ ամիս	[voġʤ amís]
mensal	ամսական	[amsakán]
mensalmente	ամեն ամիս	[amén amís]
cada mês	ամեն ամիս	[amén amís]
duas vezes por mês	ամսական երկու անգամ	[amsakán erkú angám]
ano (m)	տարի	[tarí]
este ano	այս տարի	[ajs tarí]
no próximo ano	մյուս տարի	[mjus tarí]
no ano passado	անցյալ տարի	[anʦʰjál tarí]
há um ano	մեկ տարի առաջ	[mek tarí aráʤ]
dentro dum ano	մեկ տարի անց	[mek tarí ánʦʰ]
dentro de 2 anos	երկու տարի անց	[erkú tarí anʦʰ]
todo o ano	ամբողջ տարի	[ambóġʤ tarí]
um ano inteiro	ողջ տարի	[voġʤ tarí]
cada ano	ամեն տարի	[amén tarí]
anual	տարեկան	[tarekán]
anualmente	ամեն տարի	[amén tarí]
quatro vezes por ano	տարեկան չորս անգամ	[tarekán čórs angám]
data (~ de hoje)	ամսաթիվ	[amsatʰív]
data (ex. ~ de nascimento)	ամսաթիվ	[amsatʰív]
calendário (m)	օրացույց	[oraʦʰújʦʰ]
meio ano	կես տարի	[kes tarí]
seis meses	կիսամյակ	[kisamják]
estação (f)	սեզոն	[sezón]
século (m)	դար	[dar]

23. Tempo. Diversos

tempo (m)	ժամանակ	[ʒamanák]
momento (m)	ակնթարթ	[akntʰártʰ]

instante (m)	ակնթարթ	[akntʰártʰ]
instantâneo	ակնթարթային	[akntʰartʰajín]
lapso (m) de tempo	ժամանակահատված	[ʒamanakahatváʦ]
vida (f)	կյանք	[kjankʰ]
eternidade (f)	հավերժություն	[haverʒutʰjún]
época (f)	դարաշրջան	[darašrʤán]
era (f)	դարաշրջան	[darašrʤán]
ciclo (m)	ցիկլ	[ʦʰikl]
período (m)	ժամանակահատված	[ʒamanakahatváʦ]
prazo (m)	ժամկետ	[ʒamkét]
futuro (m)	ապագա	[apagá]
futuro	ապագա	[apagá]
da próxima vez	հաջորդ անգամ	[haʤórd angám]
passado (m)	անցյալ	[anʦʰjál]
passado	անցյալ	[anʦʰjál]
na vez passada	անցյալ անգամ	[anʦʰjál angám]
mais tarde	քիչ անց	[kʰič anʦʰ]
depois	հետո	[hetó]
atualmente	այժմ	[ajʒm]
agora	հիմա	[himá]
imediatamente	անմիջապես	[anmiʤapés]
em breve, brevemente	շուտով	[šutóv]
de antemão	նախօրոք	[naχorókʰ]
há muito tempo	վաղուց	[vaġúʦʰ]
há pouco tempo	վերջերս	[verʤérs]
destino (m)	ճակատագիր	[čakatagír]
recordações (f pl)	հիշողություններ	[hišohutʰjúnnér]
arquivo (m)	արխիվ	[arχív]
durante ...	... ժամանակ	[... ʒamanák]
durante muito tempo	երկար ժամանակ	[erkár ʒamanák]
pouco tempo	կարճ ժամանակ	[karč ʒamanák]
cedo (levantar-se ~)	շուտ	[šut]
tarde (deitar-se ~)	ուշ	[uš]
para sempre	ընդմիշտ	[əndmíšt]
começar (vt)	սկսել	[sksel]
adiar (vt)	տեղափոխել	[teġapʰoχél]
simultaneamente	միաժամանակ	[miaʒamanák]
permanentemente	անընդհատ	[anəndhát]
constante (ruído, etc.)	անընդմեջ	[anəndméʤ]
temporário	ժամանակավոր	[ʒamanakavór]
às vezes	երբեմն	[erbémn]
raramente	հազվադեպ	[hazvadép]
frequentemente	հաճախ	[hačáχ]

24. Linhas e formas

quadrado (m)	քառակուսի	[kʰarakusí]
quadrado	քառակուսի	[kʰarakusí]

círculo (m)	շրջան	[šrʤan]
redondo	կլոր	[klor]
triângulo (m)	եռանկյունի	[erankjuní]
triangular	եռանկյունաձև	[erankjunaʣév]
oval (f)	օվալ	[ovál]
oval	օվալաձև	[ovalaʣév]
retângulo (m)	ուղղանկյուն	[uġġankjún]
retangular	ուղղանկյունաձև	[uġġankjúnaʣév]
pirâmide (f)	բուրգ	[burg]
rombo, losango (m)	շեղանկյուն	[šeġankjún]
trapézio (m)	սեղանակերպ	[seġanakérp]
cubo (m)	խորանարդ	[χoranárd]
prisma (m)	հատվածակողմ	[hatvaʦakóġm]
circunferência (f)	շրջագիծ	[šrʤagíʦ]
esfera (f)	գունդ	[gund]
globo (m)	գունդ	[gund]
diâmetro (m)	տրամագիծ	[tramagíʦ]
raio (m)	շառավիղ	[šaravíġ]
perímetro (m)	պարագիծ	[paragíʦ]
centro (m)	կենտրոն	[kentrón]
horizontal	հորիզոնական	[horizonakán]
vertical	ուղղաձիգ	[uġġagíʦ]
paralela (f)	զուգահեռ	[zugahér]
paralelo	զուգահեռ	[zugahér]
linha (f)	գիծ	[giʦ]
traço (m)	գիծ	[giʦ]
reta (f)	ուղիղ	[uġíġ]
curva (f)	կոր	[kor]
fino (linha ~a)	բարակ	[barák]
contorno (m)	ուրվագիծ	[urvagíʦ]
interseção (f)	հատում	[hatúm]
ângulo (m) reto	ուղիղ անկյուն	[uġíġ ankjún]
segmento (m)	հատված	[hatváʦ]
setor (m)	հատված	[hatváʦ]
lado (de um triângulo, etc.)	կողմ	[koġm]
ângulo (m)	անկյուն	[ankjún]

25. Unidades de medida

peso (m)	քաշ	[k^haš]
comprimento (m)	երկարություն	[erkarut^hjún]
largura (f)	լայնություն	[lajnut^hjún]
altura (f)	բարձրություն	[barʣrut^hjún]
profundidade (f)	խորություն	[χorut^hjún]
volume (m)	ծավալ	[ʦavál]
área (f)	մակերես	[makerés]
grama (m)	գրամ	[gram]
miligrama (m)	միլիգրամ	[miligrám]

quilograma (m)	կիլոգրամ	[kilográm]
tonelada (f)	տոննա	[tónna]
libra (453,6 gramas)	ֆունտ	[funt]
onça (f)	ունցիա	[úntsʰia]
metro (m)	մետր	[metr]
milímetro (m)	միլիմետր	[milimétr]
centímetro (m)	սանտիմետր	[santimétr]
quilómetro (m)	կիլոմետր	[kilométr]
milha (f)	մղոն	[mġon]
polegada (f)	դյույմ	[djujm]
pé (304,74 mm)	ֆութ	[futʰ]
jarda (914,383 mm)	յարդ	[jard]
metro (m) quadrado	քառակուսի մետր	[kʰarakusí métr]
hectare (m)	հեկտար	[hektár]
litro (m)	լիտր	[litr]
grau (m)	աստիճան	[astičán]
volt (m)	վոլտ	[volt]
ampere (m)	ամպեր	[ampér]
cavalo-vapor (m)	ձիաուժ	[ʣiaúʒ]
quantidade (f)	քանակ	[kʰanák]
um pouco de ...	մի փոքր ...	[mi pʰokʰr ...]
metade (f)	կես	[kes]
dúzia (f)	դյուժին	[djuʒín]
peça (f)	հատ	[hat]
dimensão (f)	չափս	[čapʰs]
escala (f)	մասշտաբ	[masštáb]
mínimo	նվազագույն	[nvazagújn]
menor, mais pequeno	փոքրագույն	[pʰokʰragújn]
médio	միջին	[miʤín]
máximo	առավելագույն	[aravelagújn]
maior, mais grande	մեծագույն	[meʦagújn]

26. Recipientes

boião (m) de vidro	բանկա	[banká]
lata (~ de cerveja)	տարա	[tará]
balde (m)	դույլ	[dujl]
barril (m)	տակառ	[takár]
bacia (~ de plástico)	թաս	[tʰas]
tanque (m)	բաք	[bakʰ]
cantil (m) de bolso	տափակաշիշ	[tapʰakašíš]
bidão (m) de gasolina	թիթեղ	[tʰitʰéġ]
cisterna (f)	ցիստեռն	[ʦʰistérn]
caneca (f)	գավաթ	[gavátʰ]
chávena (f)	բաժակ	[baʒák]

pires (m)	պնակ	[pnak]
copo (m)	բաժակ	[baʒák]
taça (f) de vinho	գավաթ	[gavátʰ]
panela, caçarola (f)	կաթսա	[katʰsá]
garrafa (f)	շիշ	[šiš]
gargalo (m)	բերան	[berán]
jarro, garrafa (f)	գրաֆին	[grafín]
jarro (m) de barro	սափոր	[sapʰór]
recipiente (m)	անոթ	[anótʰ]
pote (m)	կճուճ	[kčuč]
vaso (m)	վազա	[váza]
frasco (~ de perfume)	սրվակ	[srvak]
frasquinho (ex. ~ de iodo)	սրվակիկ	[srvakík]
tubo (~ de pasta dentífrica)	պարկուճ	[parkúč]
saca (ex. ~ de açúcar)	պարկ	[park]
saco (~ de plástico)	տոպրակ	[toprák]
maço (m)	տուփ	[tupʰ]
caixa (~ de sapatos, etc.)	տուփ	[tupʰ]
caixa (~ de madeira)	դարակ	[darák]
cesta (f)	զամբյուղ	[zambjúġ]

27. Materiais

material (m)	նյութ	[njutʰ]
madeira (f)	փայտ	[pʰajt]
de madeira	փայտյա	[pʰajtjá]
vidro (m)	ապակի	[apakí]
de vidro	ապակյա	[apakjá]
pedra (f)	քար	[kʰar]
de pedra	քարե	[kʰaré]
plástico (m)	պլաստիկ	[plastík]
de plástico	պլաստմասե	[plastmasé]
borracha (f)	ռետին	[retín]
de borracha	ռետինե	[retiné]
tecido, pano (m)	գործվածք	[gortsvátskʰ]
de tecido	գործվածքից	[gortsvatskʰítsʰ]
papel (m)	թուղթ	[tʰuġtʰ]
de papel	թղթե	[tʰġtʰe]
cartão (m)	ստվարաթուղթ	[stvaratʰúġtʰ]
de cartão	ստվարաթղթե	[stvaratʰġtʰé]
polietileno (m)	պոլիէթիլեն	[poliētʰilén]
celofane (m)	ցելոֆան	[tsʰelofán]

contraplacado (m)	ֆաներա	[fanéra]
porcelana (f)	ճենապակի	[čenapakí]
de porcelana	ճենապակե	[čenapaké]
barro (f)	կավ	[kav]
de barro	կավե	[kavé]
cerâmica (f)	կերամիկա	[kerámika]
de cerâmica	կերամիկական	[keramikakán]

28. Metais

metal (m)	մետաղ	[metáġ]
metálico	մետաղյա	[metaġjá]
liga (f)	ձուլվածք	[dzulvátskʰ]
ouro (m)	ոսկի	[voskí]
de ouro	ոսկյա	[voskjá]
prata (f)	արծաթ	[artsátʰ]
de prata	արծաթյա	[artsatʰjá]
ferro (m)	երկաթ	[erkátʰ]
de ferro	երկաթյա	[erkatʰjá]
aço (m)	պողպատ	[poġpát]
de aço	պողպատյա	[poġpatjá]
cobre (m)	պղինձ	[pġindz]
de cobre	պղնձե	[pġndze]
alumínio (m)	ալյումին	[aljumín]
de alumínio	ալյումինե	[aljuminé]
bronze (m)	բրոնզ	[bronz]
de bronze	բրոնզե	[bronzé]
latão (m)	արույր	[arújr]
níquel (m)	նիկել	[nikél]
platina (f)	պլատին	[platín]
mercúrio (m)	սնդիկ	[sndik]
estanho (m)	անագ	[anág]
chumbo (m)	կապար	[kapár]
zinco (m)	ցինկ	[tsʰink]

O SER HUMANO

O ser humano. O corpo

29. Humanos. Conceitos básicos

ser (m) humano	մարդ	[mard]
homem (m)	տղամարդ	[tġamárd]
mulher (f)	կին	[kin]
criança (f)	երեխա	[ereχá]
menina (f)	աղջիկ	[aġʤík]
menino (m)	տղա	[tġa]
adolescente (m)	դեռահաս	[derahás]
velho (m)	ծերունի	[ʦeruní]
velha, anciã (f)	պառավ	[paráv]

30. Anatomia humana

organismo (m)	օրգանիզմ	[organízm]
coração (m)	սիրտ	[sirt]
sangue (m)	արյուն	[arjún]
artéria (f)	զարկերակ	[zarkerák]
veia (f)	երակ	[erák]
cérebro (m)	ուղեղ	[uġéġ]
nervo (m)	ներվ	[nerv]
nervos (m pl)	ներվեր	[nervér]
vértebra (f)	ող	[voġ]
coluna (f) vertebral	ողնաշար	[voġnašár]
estômago (m)	ստամոքս	[stamókʰs]
intestinos (m pl)	աղիքներ	[aġikʰnér]
intestino (m)	աղիք	[aġíkʰ]
fígado (m)	լյարդ	[ljard]
rim (m)	երիկամ	[erikám]
osso (m)	ոսկոր	[voskór]
esqueleto (m)	կմախք	[kmaχkʰ]
costela (f)	կողոսկր	[koġóskr]
crânio (m)	գանգ	[gang]
músculo (m)	մկան	[mkan]
bíceps (m)	բիցեպս	[bíʦʰeps]
tríceps (m)	տրիցեպս	[tríʦʰeps]
tendão (m)	ջիլ	[ʤil]
articulação (f)	հոդ	[hod]

pulmões (m pl)	թոքեր	[tʰokʰér]
órgãos (m pl) genitais	սեռական օրգաններ	[serakán organnér]
pele (f)	մաշկ	[mašk]

31. Cabeça

cabeça (f)	գլուխ	[gluχ]
cara (f)	երես	[erés]
nariz (m)	քիթ	[kʰitʰ]
boca (f)	բերան	[berán]
olho (m)	աչք	[ačkʰ]
olhos (m pl)	աչքեր	[ačkʰér]
pupila (f)	բիբ	[bib]
sobrancelha (f)	ունք	[unkʰ]
pestana (f)	թարթիչ	[tʰartʰíč]
pálpebra (f)	կոպ	[kap]
língua (f)	լեզու	[lezú]
dente (m)	ատամ	[atám]
lábios (m pl)	շրթունքներ	[šrtʰunkʰnér]
maçãs (f pl) do rosto	այտոսկրեր	[ajtoskrér]
gengiva (f)	լինդ	[lind]
palato (m)	քիմք	[kimkʰ]
narinas (f pl)	քթածակեր	[kʰtʰatsakér]
queixo (m)	կզակ	[kzak]
mandíbula (f)	ծնոտ	[tsnot]
bochecha (f)	այտ	[ajt]
testa (f)	ճակատ	[čakát]
têmpora (f)	քներակ	[kʰnerák]
orelha (f)	ականջ	[akándʒ]
nuca (f)	ծոծրակ	[tsotsrák]
pescoço (m)	պարանոց	[paranótsʰ]
garganta (f)	կոկորդ	[kokórd]
cabelos (m pl)	մազեր	[mazér]
penteado (m)	սանրվածք	[sanrvátskʰ]
corte (m) de cabelo	սանրվածք	[sanrvátskʰ]
peruca (f)	կեղծամ	[keġtsám]
bigode (m)	բեղեր	[beġér]
barba (f)	մորուք	[morúkʰ]
usar, ter (~ barba, etc.)	կրել	[krel]
trança (f)	հյուս	[hjus]
suíças (f pl)	այտամորուք	[ajtamorúkʰ]
ruivo	շիկահեր	[šikahér]
grisalho	ալեհեր	[alehér]
calvo	ճաղատ	[čaġát]
calva (f)	ճաղատ	[čaġát]
rabo-de-cavalo (m)	պոչ	[poč]
franja (f)	մազափունջ	[mazapʰúndʒ]

32. Corpo humano

mão (f)	դաստակ	[dasták]
braço (m)	թև	[t^{h}ev]
dedo (m)	մատ	[mat]
polegar (m)	բութ մատ	[but^{h} mát]
dedo (m) mindinho	ճկույթ	[čkujt^{h}]
unha (f)	եղունգ	[eġúng]
punho (m)	բռունցք	[brunʦ^{h}k^{h}]
palma (f) da mão	ափ	[ap^{h}]
pulso (m)	դաստակ	[dasták]
antebraço (m)	նախաբազուկ	[naχabazúk]
cotovelo (m)	արմունկ	[armúnk]
ombro (m)	ուս	[us]
perna (f)	ոտք	[votk^{h}]
pé (m)	ոտնաթաթ	[votnat^{h}át^{h}]
joelho (m)	ծունկ	[ʦunk]
barriga (f) da perna	սրունք	[srunk^{h}]
anca (f)	ազդր	[azdr]
calcanhar (m)	կրունկ	[krunk]
corpo (m)	մարմին	[marmín]
barriga (f)	փոր	[p^{h}or]
peito (m)	կրծքավանդակ	[krʦk^{h}avandák]
seio (m)	կուրծք	[kurʦk^{h}]
lado (m)	կող	[koġ]
costas (f pl)	մեջք	[meʤk^{h}]
região (f) lombar	գոտկատեղ	[gotkatéġ]
cintura (f)	գոտկատեղ	[gotkatéġ]
umbigo (m)	պորտ	[port]
nádegas (f pl)	նստատեղ	[nstatéġ]
traseiro (m)	հետույք	[hetújk^{h}]
sinal (m)	խալ	[χal]
tatuagem (f)	դաջվածք	[daʤváʦk^{h}]
cicatriz (f)	սպի	[spi]

Vestuário & Acessórios

33. Roupa exterior. Casacos

roupa (f)	հագուստ	[hagúst]
roupa (f) exterior	վերնազգեստ	[vernazgést]
roupa (f) de inverno	ձմեռային հագուստ	[dzmerajín hagúst]
sobretudo (m)	վերարկու	[verarkú]
casaco (m) de peles	մուշտակ	[mušták]
casaco curto (m) de peles	կիսամուշտակ	[kisamušták]
casaco (m) acolchoado	բմբուլե բաճկոն	[bmbulé bačkón]
casaco, blusão (m)	բաճկոն	[bačkón]
impermeável (m)	թիկնոց	[tʰiknótsʰ]
impermeável	անջրանցիկ	[andʒrantsʰík]

34. Vestuário de homem & mulher

camisa (f)	վերնաշապիկ	[vernašapík]
calças (f pl)	տաբատ	[tabát]
calças (f pl) de ganga	ջինսեր	[dʒinsér]
casaco (m) de fato	պիջակ	[pidʒák]
fato (m)	կոստյում	[kostjúm]
vestido (ex. ~ vermelho)	զգեստ	[zgest]
saia (f)	շրջազգեստ	[šrdʒazgést]
blusa (f)	բլուզ	[bluz]
casaco (m) de malha	կոֆտա	[koftá]
casaco, blazer (m)	ժակետ	[ʒakét]
T-shirt, camiseta (f)	մարզաշապիկ	[marzašapík]
calções (Bermudas, etc.)	կարճ տաբատ	[karč tabát]
fato (m) de treino	մարզազգեստ	[marzazgést]
roupão (m) de banho	խալաթ	[χalátʰ]
pijama (m)	ննջազգեստ	[nndʒazgést]
suéter (m)	սվիտեր	[svitér]
pulôver (m)	պուլովեր	[pulóver]
colete (m)	բաճկոնակ	[bačkonák]
fraque (m)	ֆրակ	[frak]
smoking (m)	սմոկինգ	[smóking]
uniforme (m)	համազգեստ	[hamazgést]
roupa (f) de trabalho	աշխատանքային համազգեստ	[ašχatankʰajín hamazgést]
fato-macaco (m)	կոմբինեզոն	[kombinezón]
bata (~ branca, etc.)	խալաթ	[χalátʰ]

35. Vestuário. Roupa interior

roupa (f) interior	ներքնազգեստ	[nerk^{h}nazgést]
camisola (f) interior	ներքնաշապիկ	[nerk^{h}našapík]
peúgas (f pl)	կիսագուլպա	[kisagulpá]
camisa (f) de noite	գիշերանոց	[gišeranóʦ^{h}]
sutiã (m)	կրծքակալ	[krʦk^{h}ákal]
meias longas (f pl)	կարճ գուլպաներ	[karč gulpanér]
meia-calça (f)	զուգագուլպա	[zugagulpá]
meias (f pl)	գուլպաներ	[gulpanér]
fato (m) de banho	լողազգեստ	[loġazgést]

36. Adereços de cabeça

chapéu (m)	գլխարկ	[glχark]
chapéu (m) de feltro	եզրավոր գլխարկ	[ezravór glχárk]
boné (m) de beisebol	մարզագլխարկ	[marzaglχárk]
boné (m)	կեպի	[képi]
boina (f)	բերետ	[berét]
capuz (m)	գլխանոց	[glχanóʦ^{h}]
panamá (m)	պանամա	[panáma]
gorro (m) de malha	գործած գլխարկ	[gorʦáʦ glχárk]
lenço (m)	գլխաշոր	[glχašór]
chapéu (m) de mulher	գլխարկիկ	[glχarkík]
capacete (m) de proteção	սաղավարտ	[saġavárt]
bibico (m)	պիլոտկա	[pilótka]
capacete (m)	սաղավարտ	[saġavárt]
chapéu-coco (m)	կոտելոկ	[kotelók]
chapéu (m) alto	գլանագլխարկ	[glanaglχárk]

37. Calçado

calçado (m)	կոշիկ	[košík]
botinas (f pl)	ճտքավոր կոշիկներ	[čtk^{h}avór košiknér]
sapatos (de salto alto, etc.)	կոշիկներ	[košiknér]
botas (f pl)	երկարաճիտ կոշիկներ	[erkaračít košiknér]
pantufas (f pl)	հողաթափեր	[hoġat^{h}ap^{h}ér]
ténis (m pl)	բոթասներ	[bot^{h}asnér]
sapatilhas (f pl)	մարզական կոշիկներ	[marzakán košiknér]
sandálias (f pl)	սանդալներ	[sandalnér]
sapateiro (m)	կոշկակար	[koškakár]
salto (m)	կրունկ	[krunk]
par (m)	զույգ	[zujg]
atacador (m)	կոշկակապ	[koškakáp]

apertar os atacadores	կոշկակապել	[koškakapél]
calçadeira (f)	թիակ	[tʰiak]
graxa (f) para calçado	կոշիկի քսուք	[košikí ksúkʰ]

38. Têxtil. Tecidos

algodão (m)	բամբակ	[bambák]
de algodão	բամբակից	[bambakíʦʰ]
linho (m)	կտավատ	[ktavát]
de linho	կտավատից	[ktavatíʦʰ]
seda (f)	մետաքս	[metákʰs]
de seda	մետաքսյա	[metakʰsjá]
lã (f)	բուրդ	[burd]
de lã	բրդյա	[brdja]
veludo (m)	թավիշ	[tʰavíš]
camurça (f)	թավշակաշի	[tʰavšakaší]
bombazina (f)	վելվետ	[velvét]
náilon (m)	նեյլոն	[nejlón]
de náilon	նեյլոնից	[nejloníʦʰ]
poliéster (m)	պոլիէստեր	[poliēstér]
de poliéster	պոլիէստերից	[poliēsteríʦʰ]
couro (m)	կաշի	[kaší]
de couro	կաշվից	[kašvíʦʰ]
pele (f)	մորթի	[mortʰí]
de peles, de pele	մորթյա	[mortʰjá]

39. Acessórios pessoais

luvas (f pl)	ձեռնոցներ	[ʣernoʦʰnér]
mitenes (f pl)	ձեռնոց	[ʣernóʦʰ]
cachecol (m)	շարֆ	[šarf]
óculos (m pl)	ակնոց	[aknóʦʰ]
armação (f) de óculos	շրջանակ	[šrʤanák]
guarda-chuva (m)	հովանոց	[hovanóʦʰ]
bengala (f)	ձեռնափայտ	[ʣernapʰájt]
escova (f) para o cabelo	մազերի խոզանակ	[mazerí χozanák]
leque (m)	հովհար	[hovhár]
gravata (f)	փողկապ	[pʰoġkáp]
gravata-borboleta (f)	փողկապ-թիթեռնիկ	[pʰoġkáp tʰitʰerník]
suspensórios (m pl)	տաբատակալ	[tabatakál]
lenço (m)	թաշկինակ	[tʰaškinák]
pente (m)	սանր	[sanr]
travessão (m)	մազակալ	[mazakál]
gancho (m) de cabelo	ծամկալ	[ʦamkál]
fivela (f)	ճարմանդ	[čarmánd]

cinto (m)	գոտի	[gotí]
correia (f)	փոկ	[pʰok]
mala (f)	պայուսակ	[pajusák]
mala (f) de senhora	կանացի պայուսակ	[kanatsʰí pajusák]
mochila (f)	ուղեպարկ	[uġepárk]

40. Vestuário. Diversos

moda (f)	նորաձևություն	[noradzevutʰjún]
na moda	նորաձև	[noradzév]
estilista (m)	մոդելյեր	[modelér]
colarinho (m), gola (f)	օձիք	[odzíkʰ]
bolso (m)	գրպան	[grpan]
de bolso	գրպանի	[grpaní]
manga (f)	թևք	[tʰevkʰ]
alcinha (f)	կախիչ	[kaχíč]
braguilha (f)	լայնույթ	[lajnújtʰ]
fecho (m) de correr	կայծակաճարմանդ	[kajtsaka čarmánd]
fecho (m), colchete (m)	ճարմանդ	[čarmánd]
botão (m)	կոճակ	[kočák]
casa (f) de botão	հանգույց	[hangújtsʰ]
soltar-se (vr)	պոկվել	[pokvél]
coser, costurar (vi)	կարել	[karél]
bordar (vt)	ասեղնագործել	[aseġnagortsél]
bordado (m)	ասեղնագործություն	[aseġnagortsutʰjún]
agulha (f)	ասեղ	[aséġ]
fio (m)	թել	[tʰel]
costura (f)	կար	[kar]
sujar-se (vr)	կեղտոտվել	[keġtotvél]
mancha (f)	բիծ	[bits]
engelhar-se (vr)	ճմրթվել	[čmrtʰel]
rasgar (vt)	ճղվել	[čġvel]
traça (f)	ցեց	[tsʰetsʰ]

41. Cuidados pessoais. Cosméticos

pasta (f) de dentes	ատամի մածուկ	[atamí matsúk]
escova (f) de dentes	ատամի խոզանակ	[atamí χozanák]
escovar os dentes	ատամները մաքրել	[atamnérə makʰrél]
máquina (f) de barbear	ածելի	[atselí]
creme (m) de barbear	սափրվելու կրեմ	[sapʰrvelú krem]
barbear-se (vr)	սափրվել	[sapʰrvél]
sabonete (m)	օճառ	[očár]
champô (m)	շամպուն	[šampún]
tesoura (f)	մկրատ	[mkrat]

lima (f) de unhas	խարտոց	[χartótsʰ]
corta-unhas (m)	ունելիք	[unelíkʰ]
pinça (f)	ունելի	[unelí]
cosméticos (m pl)	կոսմետիկա	[kosmétika]
máscara (f) facial	դիմակ	[dimák]
manicura (f)	մանիկյուր	[manikjúr]
fazer a manicura	մատնահարդարում	[matnahardarúm]
pedicure (f)	պեդիկյուր	[pedikjúr]
mala (f) de maquilhagem	կոսմետիկայի պայուսակ	[kosmetikají pajusák]
pó (m)	դիմափոշի	[dimapʰoší]
caixa (f) de pó	դիմափոշու աման	[dimapʰošú amán]
blush (m)	կարմրաներկ	[karmranérk]
perfume (m)	օծանելիք	[otsanelíkʰ]
água (f) de toilette	անուշահոտ ջուր	[anušahót dʒur]
loção (f)	լոսյոն	[losjón]
água-de-colónia (f)	օդեկոլոն	[odekolón]
sombra (f) de olhos	կոպերի ներկ	[koperí nérk]
lápis (m) delineador	աչքի մատիտ	[ačkʰí matít]
máscara (f), rímel (m)	տուշ	[tuš]
batom (m)	շրթներկ	[šrtʰnerk]
verniz (m) de unhas	եղունգների լաք	[eġungnerí lákʰ]
laca (f) para cabelos	մազերի լաք	[mazerí lakʰ]
desodorizante (m)	դեզոդորանտ	[dezodoránt]
creme (m)	կրեմ	[krem]
creme (m) de rosto	դեմքի կրեմ	[demkʰí krem]
creme (m) de mãos	ձեռքի կրեմ	[dzerkʰí krem]
creme (m) antirrugas	կնճիռների դեմ կրեմ	[knčirnerí dém krém]
de dia	ցերեկային	[tsʰerekajín]
da noite	գիշերային	[gišerajín]
tampão (m)	տամպոն	[tampón]
papel (m) higiénico	զուգարանի թուղթ	[zugaraní tʰúġtʰ]
secador (m) elétrico	ֆեն	[fen]

42. Joalheria

joias (f pl)	ոսկերչական զարդեր	[voskerčakán zardér]
precioso	թանկարժեք	[tʰankarʒékʰ]
marca (f) de contraste	հարգ	[harg]
anel (m)	մատանի	[mataní]
aliança (f)	նշանի մատանի	[nšaní mataní]
pulseira (f)	ապարանջան	[aparandʒán]
brincos (m pl)	ականջօղեր	[akandʒoġér]
colar (m)	մանյակ	[manják]
coroa (f)	թագ	[tʰag]
colar (m) de contas	ուլունքներ	[ulunkʰnér]

diamante (m)	ադամանդ	[adamánd]
esmeralda (f)	զմրուխտ	[zmruχt]
rubi (m)	սուտակ	[suták]
safira (f)	շափյուղա	[šapʰjuġá]
pérola (f)	մարգարիտ	[margarít]
âmbar (m)	սաթ	[satʰ]

43. Relógios de pulso. Relógios

relógio (m) de pulso	ձեռքի ժամացույց	[dzerkʰí ʒamatsʰújtsʰ]
mostrador (m)	թվահարթակ	[tʰvahartʰák]
ponteiro (m)	սլաք	[slakʰ]
bracelete (f) em aço	շղթա	[šġtʰa]
bracelete (f) em couro	փոկ	[pʰok]
pilha (f)	մարտկոց	[martkótsʰ]
descarregar-se	նստել	[nstel]
trocar a pilha	մարտկոցը փոխել	[martkótsʰə pʰoχél]
estar adiantado	առաջ ընկնել	[arádʒ ənknél]
estar atrasado	ետ ընկնել	[et ənknél]
relógio (m) de parede	պատի ժամացույց	[patí ʒamatsʰújtsʰ]
ampulheta (f)	ավազի ժամացույց	[avazí ʒamatsʰújtsʰ]
relógio (m) de sol	արևի ժամացույց	[areví ʒamatsʰújtsʰ]
despertador (m)	զարթուցիչ	[zartʰutsʰíč]
relojoeiro (m)	ժամագործ	[ʒamagórts]
reparar (vt)	նորոգել	[norogél]

Alimentação. Nutrição

44. Comida

carne (f)	միս	[mis]
galinha (f)	հավ	[hav]
frango (m)	ճուտ	[čut]
pato (m)	բադ	[bad]
ganso (m)	սագ	[sag]
caça (f)	որսամիս	[vorsamís]
peru (m)	հնդկահավ	[hndkaháv]
carne (f) de porco	խոզի միս	[χozí mis]
carne (f) de vitela	հորթի միս	[hort^{h}í mís]
carne (f) de carneiro	ոչխարի միս	[vočχarí mis]
carne (f) de vaca	տավարի միս	[tavarí mis]
carne (f) de coelho	ճագար	[čagár]
chouriço, salsichão (m)	երշիկ	[eršík]
salsicha (f)	նրբերշիկ	[nrberšík]
bacon (m)	բեկոն	[bekón]
fiambre (f)	խոզապուխտ	[χozapúχt]
presunto (m)	ազդր	[azdr]
patê (m)	պաշտետ	[paštét]
fígado (m)	լյարդ	[ljard]
carne (f) moída	աղացած միս	[aġaʦ^{h}áʦ mis]
língua (f)	լեզու	[lezú]
ovo (m)	ձու	[ʣu]
ovos (m pl)	ձվեր	[ʣver]
clara (f) do ovo	սպիտակուց	[spitakúʦ^h]
gema (f) do ovo	դեղնուց	[deġnúʦ^h]
peixe (m)	ձուկ	[ʣuk]
mariscos (m pl)	ծովամթերքներ	[ʦovamt^{h}erk^{h}nér]
caviar (m)	ձկնկիթ	[ʣknkit^h]
caranguejo (m)	ծովախեցգետին	[ʦovaχeʦ^{h}getín]
camarão (m)	մանր ծովախեցգետին	[mánr ʦovaχeʦ^{h}getín]
ostra (f)	ոստրե	[vostré]
lagosta (f)	լանգուստ	[langúst]
polvo (m)	ութոտնուկ	[ut^{h}otnúk]
lula (f)	կաղամար	[kaġamár]
esturjão (m)	թառափ	[t^{h}aráp^h]
salmão (m)	սաղման	[saġmán]
halibute (m)	վահանաձուկ	[vahanaʣúk]
bacalhau (m)	ձողաձուկ	[ʣoġaʣúk]
cavala, sarda (f)	թյունիկ	[t^{h}juník]

atum (m) | թյուննոս | [tʰjunnós]
enguia (f) | օձաձուկ | [oʣaʣúk]

truta (f) | իշխան | [išχán]
sardinha (f) | սարդինա | [sardína]
lúcio (m) | գայլաձուկ | [gajlaʣúk]
arenque (m) | ծովատառեխ | [ʦovataréχ]

pão (m) | հաց | [haʦʰ]
queijo (m) | պանիր | [panír]
açúcar (m) | շաքար | [šakʰár]
sal (m) | աղ | [aġ]

arroz (m) | բրինձ | [brinʣ]
massas (f pl) | մակարոն | [makarón]
talharim (m) | լափշա | [lapʰšá]

manteiga (f) | սերուցքային կարագ | [seruʦʰkʰajín karág]
óleo (m) vegetal | բուսական յուղ | [busakán júġ]
óleo (m) de girassol | արևածաղկի ձեթ | [arevaʦaġkí ʣetʰ]
margarina (f) | մարգարին | [margarín]

azeitonas (f pl) | զեյթուն | [zeytún]
azeite (m) | ձիթապտղի ձեթ | [ʣitʰaptġí ʣetʰ]

leite (m) | կաթ | [katʰ]
leite (m) condensado | խտացրած կաթ | [χtaʦʰráʦ kátʰ]
iogurte (m) | յոգուրտ | [jogúrt]
nata (f) azeda | թթվասեր | [tʰtʰvasér]
nata (f) do leite | սերուցք | [serúʦʰkʰ]

maionese (f) | մայոնեզ | [majonéz]
creme (m) | կրեմ | [krem]

grãos (m pl) de cereais | ձավար | [ʣavár]
farinha (f) | ալյուր | [aljúr]
enlatados (m pl) | պահածոներ | [pahaʦonér]

flocos (m pl) de milho | եգիպտացորենի փաթիլներ | [egiptaʦʰorení pʰatʰilnér]
mel (m) | մեղր | [meġr]
doce (m) | ջեմ | [ʤem]
pastilha (f) elástica | մաստակ | [masták]

45. Bebidas

água (f) | ջուր | [ʤur]
água (f) potável | խմելու ջուր | [χmelú ʤur]
água (f) mineral | հանքային ջուր | [hankʰajín ʤúr]

sem gás | առանց գազի | [aránʦʰ gazí]
gaseificada | գազավորված | [gazavorváʦ]
com gás | գազով | [gazóv]
gelo (m) | սառույց | [sarújʦʰ]
com gelo | սառույցով | [saruʦʰóv]

sem álcool	ոչ ալկոհոլային	[voč alkoholajín]
bebida (f) sem álcool	ոչ ալկոհոլային ըմպելիք	[voč alkoholajín əmpelíkʰ]
refresco (m)	զովացուցիչ ըմպելիք	[zovaʦʰuʦʰíč əmpelíkʰ]
limonada (f)	լիմոնադ	[limonád]
bebidas (f pl) alcoólicas	ալկոհոլային խմիչքներ	[alkoholajín χmičkʰnér]
vinho (m)	գինի	[giní]
vinho (m) branco	սպիտակ գինի	[spiták giní]
vinho (m) tinto	կարմիր գինի	[karmír giní]
licor (m)	լիկյոր	[likjor]
champanhe (m)	շամպայն	[šampájn]
vermute (m)	վերմուտ	[vérmut]
uísque (m)	վիսկի	[víski]
vodka (f)	օղի	[oġí]
gim (m)	ջին	[ʤin]
conhaque (m)	կոնյակ	[konják]
rum (m)	ռոմ	[rom]
café (m)	սուրճ	[surč]
café (m) puro	սև սուրճ	[sev surč]
café (m) com leite	կաթով սուրճ	[katʰóv súrč]
cappuccino (m)	սերուցքով սուրճ	[seruʦʰkʰóv surč]
café (m) solúvel	լուծվող սուրճ	[luʦvóġ súrč]
leite (m)	կաթ	[katʰ]
coquetel (m)	կոկտեյլ	[koktéjl]
batido (m) de leite	կաթնային կոկտեյլ	[katʰnajín koktéjl]
sumo (m)	հյութ	[hjutʰ]
sumo (m) de tomate	տոմատի հյութ	[tomatí hjútʰ]
sumo (m) de laranja	նարնջի հյութ	[narnʤí hjutʰ]
sumo (m) fresco	թարմ քամված հյութ	[tʰarm kʰamváʦ hjutʰ]
cerveja (f)	գարեջուր	[gareʤúr]
cerveja (f) clara	բաց գարեջուր	[baʦʰ gareʤúr]
cerveja (f) preta	մուգ գարեջուր	[múg gareʤúr]
chá (m)	թեյ	[tʰej]
chá (m) preto	սև թեյ	[sev tʰej]
chá (m) verde	կանաչ թեյ	[kanáč tʰej]

46. Vegetais

legumes (m pl)	բանջարեղեն	[banʤareġén]
verduras (f pl)	կանաչի	[kanačí]
tomate (m)	լոլիկ	[lolík]
pepino (m)	վարունգ	[varúng]
cenoura (f)	գազար	[gazár]
batata (f)	կարտոֆիլ	[kartofíl]
cebola (f)	սոխ	[soχ]
alho (m)	սխտոր	[sχtor]

couve (f)	կաղամբ	[kaġámb]
couve-flor (f)	ծաղկակաղամբ	[tsaġkakaġámb]
couve-de-bruxelas (f)	բրյուսելյան կաղամբ	[brjuselján kaġámb]
brócolos (m pl)	կաղամբ բրոկոլի	[kaġámb brokóli]
beterraba (f)	բազուկ	[bazúk]
beringela (f)	սմբուկ	[smbuk]
curgete (f)	դդմիկ	[ddmik]
abóbora (f)	դդում	[ddum]
nabo (m)	շաղգամ	[šaġgám]
salsa (f)	մաղադանոս	[maġadanós]
funcho, endro (m)	սամիթ	[samítʰ]
alface (f)	սալաթ	[salátʰ]
aipo (m)	նեխուր	[neχúr]
espargo (m)	ծնեբեկ	[tsnebék]
espinafre (m)	սպինատ	[spinát]
ervilha (f)	սիսեռ	[sisér]
fava (f)	լոբի	[lobí]
milho (m)	եգիպտացորեն	[egiptatsʰorén]
feijão (m)	լոբի	[lobí]
pimentão (m)	պղպեղ	[pġpeġ]
rabanete (m)	բողկ	[boġk]
alcachofra (f)	արտիճուկ	[artičúk]

47. Frutos. Nozes

fruta (f)	միրգ	[mirg]
maçã (f)	խնձոր	[χndzor]
pera (f)	տանձ	[tandz]
limão (m)	կիտրոն	[kitrón]
laranja (f)	նարինջ	[naríndʒ]
morango (m)	ելակ	[elák]
tangerina (f)	մանդարին	[mandarín]
ameixa (f)	սալոր	[salór]
pêssego (m)	դեղձ	[deġdz]
damasco (m)	ծիրան	[tsirán]
framboesa (f)	մորի	[morí]
ananás (m)	արքայախնձոր	[arkʰajaχndzór]
banana (f)	բանան	[banán]
melancia (f)	ձմերուկ	[dzmerúk]
uva (f)	խաղող	[χaġóġ]
ginja (f)	բալ	[bal]
cereja (f)	կեռաս	[kerás]
meloa (f)	սեխ	[seχ]
toranja (f)	գրեյպֆրուտ	[grejpfrút]
abacate (m)	ավոկադո	[avokádo]
papaia (f)	պապայա	[papája]
manga (f)	մանգո	[mángo]

romã (f)	նուռ	[nur]
groselha (f) vermelha	կարմիր հաղարջ	[karmír haġárdʒ]
groselha (f) preta	սև հաղարջ	[sév haġárdʒ]
groselha (f) espinhosa	հաղարջ	[haġárdʒ]
mirtilo (m)	հապալաս	[hapalás]
amora silvestre (f)	մոշ	[moš]
uvas (f pl) passas	չամիչ	[čamíč]
figo (m)	թուզ	[t^{h}uz]
tâmara (f)	արմավ	[armáv]
amendoim (m)	գետնընկույզ	[getnənkújz]
amêndoa (f)	նուշ	[nuš]
noz (f)	ընկույզ	[ənkújz]
avelã (f)	պնդուկ	[pnduk]
coco (m)	կոկոսի ընկույզ	[kokósi ənkújz]
pistáchios (m pl)	պիստակ	[pisták]

48. Pão. Bolaria

pastelaria (f)	հրուշակեղեն	[hrušakeġén]
pão (m)	հաց	[hats^{h}]
bolacha (f)	թխվածքաբլիթ	[t^{h}χvatsk^{h}ablít^{h}]
chocolate (m)	շոկոլադ	[šokolád]
de chocolate	շոկոլադե	[šokoladé]
rebuçado (m)	կոնֆետ	[konfét]
bolo (cupcake, etc.)	հրուշակ	[hrušák]
bolo (m) de aniversário	տորթ	[tort^{h}]
tarte (~ de maçã)	կարկանդակ	[karkandák]
recheio (m)	լցոն	[lts^{h}on]
doce (m)	մուրաբա	[murabá]
geleia (f) de frutas	մարմելադ	[marmelád]
waffle (m)	վաֆլի	[vaflí]
gelado (m)	պաղպաղակ	[paġpaġák]

49. Pratos cozinhados

prato (m)	ճաշատեսակ	[čašatesák]
cozinha (~ portuguesa)	խոհանոց	[χohanóts^{h}]
receita (f)	բաղադրատոմս	[baġadratóms]
porção (f)	բաժին	[baʒín]
salada (f)	աղցան	[aġts^{h}án]
sopa (f)	ապուր	[apúr]
caldo (m)	մսաջուր	[msadʒúr]
sandes (f)	բրդուճ	[brduč]
ovos (m pl) estrelados	ձվածեղ	[dzvatséġ]
hambúrguer (m)	համբուրգեր	[hamburgér]

bife (m) բիֆշտեքս [bifštékʰs]
conduto (m) գառնիր [garnír]
espaguete (m) սպագետի [spagétti]
puré (m) de batata կարտոֆիլի պյուրե [kartofilí pjuré]
pizza (f) պիցցա [pítsʰa]
papa (f) շիլա [šilá]
omelete (f) ձվածեղ [dzvatséġ]

cozido em água եփած [epʰáts]
fumado ապխտած [apχtáts]
frito տապակած [tapakáts]
seco չորացրած [čoratsʰráts]
congelado սառեցված [saretsʰváts]
em conserva մարինացված [marinatsʰváts]

doce (açucarado) քաղցր [kʰaġtsʰr]
salgado աղի [aġí]
frio սառը [sárə]
quente տաք [takʰ]
amargo դառը [dárə]
gostoso համեղ [haméġ]

cozinhar (em água a ferver) եփել [epʰél]
fazer, preparar (vt) պատրաստել [patrastél]
fritar (vt) տապակել [tapakél]
aquecer (vt) տաքացնել [takʰatsʰnél]

salgar (vt) աղ անել [aġ anél]
apimentar (vt) պղպեղ անել [pġpéġ anél]
ralar (vt) քերել [kʰerél]
casca (f) կլեպ [klep]
descascar (vt) կլպել [klpel]

50. Especiarias

sal (m) աղ [aġ]
salgado աղի [aġí]
salgar (vt) աղ անել [aġ anél]

pimenta (f) preta սև պղպեղ [sev pġpéġ]
pimenta (f) vermelha կարմիր պղպեղ [karmír pġpéġ]
mostarda (f) մանանեխ [mananéχ]
raiz-forte (f) ծովաբողկ [tsovabóġk]

condimento (m) համեմունք [hamemúnkʰ]
especiaria (f) համեմունք [hamemúnkʰ]
molho (m) սոուս [soús]
vinagre (m) քացախ [kʰatsʰáχ]

anis (m) անիսոն [anisón]
manjericão (m) ռեհան [rehán]
cravo (m) մեխակ [meχák]
gengibre (m) իմբիր [imbír]
coentro (m) գինձ [gindz]

canela (f)	դարչին	[darčín]
sésamo (m)	քնջութ	[kʰndʒutʰ]
folhas (f pl) de louro	դափնու տերև	[dapʰnú terév]
páprica (f)	պապրիկա	[páprika]
cominho (m)	չաման	[čamán]
açafrão (m)	շաֆրան	[šafrán]

51. Refeições

comida (f)	կերակուր	[kerakúr]
comer (vt)	ուտել	[utél]
pequeno-almoço (m)	նախաճաշ	[naχačáš]
tomar o pequeno-almoço	նախաճաշել	[naχačašél]
almoço (m)	ճաշ	[čaš]
almoçar (vi)	ճաշել	[čašél]
jantar (m)	ընթրիք	[əntʰríkʰ]
jantar (vi)	ընթրել	[əntʰrél]
apetite (m)	ախորժակ	[aχorʒák]
Bom apetite!	Բարի ախորժա՛կ	[barí aχorʒák]
abrir (~ uma lata, etc.)	բացել	[batsʰél]
derramar (vt)	թափել	[tʰapʰél]
derramar-se (vr)	թափվել	[tʰapʰvél]
ferver (vi)	եռալ	[erál]
ferver (vt)	եռացնել	[eratsʰnél]
fervido	եռացրած	[eratsʰráts]
arrefecer (vt)	սառեցնել	[saretsʰnél]
arrefecer-se (vr)	սառեցվել	[saretsʰvél]
sabor, gosto (m)	համ	[ham]
gostinho (m)	կողմնակի համ	[koġmnakí ham]
fazer dieta	նիհարել	[niharél]
dieta (f)	սննդակարգ	[snndakárg]
vitamina (f)	վիտամին	[vitamín]
caloria (f)	կալորիա	[kalória]
vegetariano (m)	բուսակեր	[busakér]
vegetariano	բուսակերական	[busakerakán]
gorduras (f pl)	ճարպեր	[čarpér]
proteínas (f pl)	սպիտակուցներ	[spitakutsʰnér]
carboidratos (m pl)	ածխաջրեր	[atsχadʒrér]
fatia (~ de limão, etc.)	պատառ	[patár]
pedaço (~ de bolo)	կտոր	[ktor]
migalha (f)	փշուր	[pʰšur]

52. Por a mesa

colher (f)	գդալ	[gdal]
faca (f)	դանակ	[danák]

garfo (m)	պատառաքաղ	[patarakʰáġ]
chávena (f)	բաժակ	[baʒák]
prato (m)	ափսե	[apʰsé]
pires (m)	պնակ	[pnak]
guardanapo (m)	անձեռոցիկ	[anʣeroʦʰík]
palito (m)	ատամնափորիչ	[atamnapʰoríč]

53. Restaurante

restaurante (m)	ռեստորան	[restorán]
café (m)	սրճարան	[srčarán]
bar (m), cervejaria (f)	բար	[bar]
salão (m) de chá	թեյարան	[tʰejarán]
empregado (m) de mesa	մատուցող	[matuʦʰóġ]
empregada (f) de mesa	մատուցողուհի	[matuʦʰoġuhí]
barman (m)	բարմեն	[barmén]
ementa (f)	մենյու	[menjú]
lista (f) de vinhos	գինիների գրացանկ	[gininerí graʦʰánk]
reservar uma mesa	սեղան պատվիրել	[seġán patvirél]
prato (m)	ուտեստ	[utést]
pedir (vt)	պատվիրել	[patvirél]
fazer o pedido	պատվեր կատարել	[patvér katarél]
aperitivo (m)	ապերիտիվ	[aperitív]
entrada (f)	խորտիկ	[χortík]
sobremesa (f)	աղանդեր	[aġandér]
conta (f)	հաշիվ	[hašív]
pagar a conta	հաշիվը փակել	[hašívə pʰakél]
dar o troco	մանրը վերադարձնել	[mánrə veradarʦnél]
gorjeta (f)	թեյափող	[tʰejapʰóġ]

Família, parentes e amigos

54. Informação pessoal. Formulários

nome (m)	անուն	[anún]
apelido (m)	ազգանուն	[azganún]
data (f) de nascimento	ծննդյան ամսաթիվ	[ʦnndján amsatʰív]
local (m) de nascimento	ծննդավայր	[ʦnndavájr]
nacionalidade (f)	ազգություն	[azgutʰjún]
lugar (m) de residência	բնակության վայրը	[bnakutʰján vájrə]
país (m)	երկիր	[erkír]
profissão (f)	մասնագիտություն	[masnagitʰjún]
sexo (m)	սեռ	[ser]
estatura (f)	հասակ	[hasák]
peso (m)	քաշ	[kʰaš]

55. Membros da família. Parentes

mãe (f)	մայր	[majr]
pai (m)	հայր	[hajr]
filho (m)	որդի	[vordí]
filha (f)	դուստր	[dustr]
filha (f) mais nova	կրտսեր դուստր	[krtsér dústr]
filho (m) mais novo	կրտսեր որդի	[krtsér vordí]
filha (f) mais velha	ավագ դուստր	[avág dústr]
filho (m) mais velho	ավագ որդի	[avág vordí]
irmão (m)	եղբայր	[eġbájr]
irmã (f)	քույր	[kʰujr]
mamã (f)	մայրիկ	[majrík]
papá (m)	հայրիկ	[hajrík]
pais (pl)	ծնողներ	[ʦnoġnér]
criança (f)	երեխա	[ereχá]
crianças (f pl)	երեխաներ	[ereχanér]
avó (f)	տատիկ	[tatík]
avô (m)	պապիկ	[papík]
neto (m)	թոռ	[tʰor]
neta (f)	թոռնուհի	[tʰornuhí]
netos (pl)	թոռներ	[tʰornér]
sobrinho (m)	քրոջորդի, քրոջ աղջիկ	[kʰroʤordí], [kʰroʤ aġʤík]
sobrinha (f)	եղբորորդի, եղբոր աղջիկ	[eġbordí, eġbór aġʤík]
sogra (f)	զոքանչ	[zokʰánč]

sogro (m)	սկեսրայր	[skesrájr]
genro (m)	փեսա	[pʰesá]
madrasta (f)	խորթ մայր	[χortʰ majr]
padrasto (m)	խորթ հայր	[χortʰ hajr]
criança (f) de colo	ծծկեր երեխա	[tstskér ereχá]
bebé (m)	մանուկ	[manúk]
menino (m)	պստիկ	[pstik]
mulher (f)	կին	[kin]
marido (m)	ամուսին	[amusín]
esposo (m)	ամուսին	[amusín]
esposa (f)	կին	[kin]
casado	ամուսնացած	[amusnatsʰáts]
casada	ամուսնացած	[amusnatsʰáts]
solteiro	ամուրի	[amurí]
solteirão (m)	ամուրի	[amurí]
divorciado	ամուսնալուծված	[amusnalutsváts]
viúva (f)	այրի կին	[ajrí kin]
viúvo (m)	այրի տղամարդ	[ajrí tġamárd]
parente (m)	ազգական	[azgakán]
parente (m) próximo	մերձավոր ազգական	[merdzavór azgakán]
parente (m) distante	հեռավոր ազգական	[heravór azgakán]
parentes (m pl)	հարազատներ	[harazatnér]
órfão (m), órfã (f)	որբ	[vorb]
tutor (m)	խնամակալ	[χnamakál]
adotar (um filho)	որդեգրել	[vordegrél]
adotar (uma filha)	որդեգրել	[vordegrél]

56. Amigos. Colegas de trabalho

amigo (m)	ընկեր	[ənkér]
amiga (f)	ընկերուհի	[ənkeruhí]
amizade (f)	ընկերություն	[ənkerutʰjún]
ser amigos	ընկերություն անել	[ənkerutʰjún anél]
amigo (m)	բարեկամ	[barekám]
amiga (f)	բարեկամուհի	[barekamuhí]
parceiro (m)	գործընկեր	[gortsənkér]
chefe (m)	շեֆ	[šef]
superior (m)	պետ	[pet]
subordinado (m)	ենթակա	[entʰaká]
colega (m)	գործընկեր	[gortsənkér]
conhecido (m)	ծանոթ	[tsanótʰ]
companheiro (m) de viagem	ուղեկից	[uġekítsʰ]
colega (m) de classe	համադասարանցի	[hamadasarantsʰí]
vizinho (m)	հարևան	[hareván]
vizinha (f)	հարևանուհի	[harevanuhí]
vizinhos (pl)	հարևաններ	[harevannér]

57. Homem. Mulher

mulher (f)	կին	[kin]
rapariga (f)	օրիորդ	[oriórd]
noiva (f)	հարսնացու	[harsnatsʰú]
bonita	գեղեցիկ	[geġetsʰík]
alta	բարձրահասակ	[bardzrahasák]
esbelta	նրբակազմ	[nrbakázm]
de estatura média	ցածրահասակ	[tsʰatsrahasák]
loura (f)	շիկահեր կին	[šikahér kin]
morena (f)	թխահեր կին	[tʰχahér kín]
de senhora	կանացի	[kanatsʰí]
virgem (f)	կույս	[kujs]
grávida	հղի	[hġi]
homem (m)	տղամարդ	[tġamárd]
louro (m)	շիկահեր տղամարդ	[šikahér tġamárd]
moreno (m)	թխահեր տղամարդ	[tʰχahér tġamárd]
alto	բարձրահասակ	[bardzrahasák]
de estatura média	ցածրահասակ	[tsʰatsrahasák]
rude	կոպիտ	[kopít]
atarracado	ամրակազմ	[amrakázm]
robusto	ամրակազմ	[amrakázm]
forte	ուժեղ	[uʒéġ]
força (f)	ուժ	[uʒ]
gordo	գեր	[ger]
moreno	թուխ	[tʰuχ]
esbelto	բարեկազմ	[barekázm]
elegante	նրբագեղ	[nrbagéġ]

58. Idade

idade (f)	տարիք	[taríkʰ]
juventude (f)	պատանեկություն	[patanekutʰjún]
jovem	երիտասարդ	[eritasárd]
mais novo	փոքր	[pʰokʰr]
mais velho	մեծ	[mets]
jovem (m)	պատանի	[pataní]
adolescente (m)	դեռահաս	[derahás]
rapaz (m)	երիտասարդ	[eritasárd]
velho (m)	ծերունի	[tseruní]
velhota (f)	պառավ	[paráv]
adulto	մեծահասակ	[metsahasák]
de meia-idade	միջին տարիքի	[midʒín tarikʰí]

idoso, de idade	տարեց	[taréts^{h}]
velho	ծեր	[tser]
reforma (f)	թոշակ	[t^{h}ošák]
reformar-se (vr)	թոշակի գնալ	[t^{h}ošakí gnál]
reformado (m)	թոշակառու	[t^{h}ošakarú]

59. Crianças

criança (f)	երեխա	[ereχá]
crianças (f pl)	երեխաներ	[ereχanér]
gémeos (m pl)	երկվորյակներ	[erkvorjaknér]
berço (m)	օրորոց	[ororóts^{h}]
guizo (m)	չխչխկան խաղալիք	[čχčχkán χaġalík^{h}]
fralda (f)	տակդիր	[takdír]
chupeta (f)	ծծակ	[tstsak]
carrinho (m) de bebé	մանկասայլակ	[mankasajlák]
jardim (m) de infância	մանկապարտեզ	[mankapartéz]
babysitter (f)	դայակ	[daják]
infância (f)	մանկություն	[mankut^{h}jún]
boneca (f)	տիկնիկ	[tikník]
brinquedo (m)	խաղալիք	[χaġalík^{h}]
jogo (m) de armar	կոնստրուկտոր	[konstruktór]
bem-educado	դաստիարակված	[dastiarakváts]
mal-educado	անդաստիարակ	[andastiarák]
mimado	երես առած	[erés aráts]
ser travesso	չարաճճիություն անել	[čaračəčiut^{h}jún anél]
travesso, traquinas	չարաճճի	[čaračəčí]
travessura (f)	չարաճճիություն	[čaračəčiut^{h}jún]
criança (f) travessa	չարաճճի	[čaračəčí]
obediente	լսող	[lsoġ]
desobediente	չլսող	[člsoġ]
dócil	խելամիտ	[χelamít]
inteligente	խելացի	[χelats^{h}í]
menino (m) prodígio	հրաշամանուկ	[hrašamanúk]

60. Casais. Vida de família

beijar (vt)	համբուրել	[hamburél]
beijar-se (vr)	համբուրվել	[hamburvél]
família (f)	ընտանիք	[əntaník^{h}]
familiar	ընտանեկան	[əntanekán]
casal (m)	զույգ	[zujg]
matrimónio (m)	ամուսնություն	[amusnut^{h}jún]
lar (m)	ընտանեկան օջախ	[əntanekán odʒáχ]

dinastia (f)	ցեղ	[tsʰeġ]
encontro (m)	ժամադրություն	[ʒamadrutʰjún]
beijo (m)	համբույր	[hambújr]
amor (m)	սեր	[ser]
amar (vt)	սիրել	[sirél]
amado, querido	սիրած	[sirátš]
ternura (f)	քնքշանք	[knkšankʰ]
terno, afetuoso	քնքուշ	[kʰnkʰuš]
fidelidade (f)	հավատարմություն	[havatarmutʰjún]
fiel	հավատարիմ	[havatarím]
cuidado (m)	հոգատարություն	[hogatarutʰjún]
carinhoso	հոգատար	[hogatár]
recém-casados (m pl)	նորապսակներ	[norapsaknér]
lua de mel (f)	մեղրամիս	[meġramís]
boda (f)	հարսանիք	[harsaníkʰ]
bodas (f pl) de ouro	ոսկե հարսանիք	[voské harsaníkʰ]
aniversário (m)	տարեդարձ	[taredárʣ]
amante (m)	սիրեկան	[sirekán]
amante (f)	սիրուհի	[siruhí]
adultério (m)	դավաճանություն	[davačanutʰjún]
cometer adultério	դավաճանել	[davačanél]
ciumento	խանդոտ	[χandót]
ser ciumento	խանդել	[χandél]
divórcio (m)	ամուսնալուծություն	[amusnalutsutʰjún]
divorciar-se (vr)	ամուսնալուծվել	[amusnalutsvél]
brigar (discutir)	վիճել	[vičél]
fazer as pazes	հաշտվել	[haštvél]
juntos	միասին	[miasín]
sexo (m)	սեքս	[sekʰs]
felicidade (f)	երջանկություն	[erʤankutʰjún]
feliz	երջանիկ	[erʤaník]
infelicidade (f)	դժբախտություն	[dʒbaχtutʰjún]
infeliz	դժբախտ	[dʒbaχt]

Caráter. Sentimentos. Emoções

61. Sentimentos. Emoções

sentimento (m) զգացմունք [zgatsʰmúnkʰ]
sentimentos (m pl) զգացմունքներ [zgatsʰmunkʰnér]
sentir (vt) զգալ [zgal]

fome (f) սով [sov]
ter fome ուզենալ ուտել [uzenál utél]
sede (f) պապակ [papák]
ter sede ուզենալ խմել [uzenál χmel]
sonolência (f) քնկոտություն [kʰnkotutʰjún]
estar sonolento ուզենալ քնել [uzenál kʰnel]

cansaço (m) հոգնածություն [hognatsutʰjún]
cansado հոգնած [hognáts]
ficar cansado հոգնել [hognél]

humor (m) տրամադրություն [tramadrutʰjún]
tédio (m) ձանձրույթ [dzandzrújtʰ]
isolamento (m) մեկուսացում [mekusatsʰúm]
isolar-se մեկուսանալ [mekusanál]

preocupar (vt) անհանգստացնել [anhangstatsʰnél]
preocupar-se (vr) անհանգստանալ [anhangstanál]
preocupação (f) անհանգստություն [anhangstutʰjún]
ansiedade (f) անհանգստություն [anhangstutʰjún]
preocupado մտահոգված [mtahogváts]
estar nervoso նյարդայնանալ [njardajnanál]
entrar em pânico խուճապի մեջ ընկնել [χučapí medʒ ənknél]

esperança (f) հույս [hujs]
esperar (vt) հուսալ [husál]

certeza (f) վստահություն [vstahutʰjún]
certo վստահ [vstah]
indecisão (f) անվստահություն [anvstahutʰjún]
indeciso անվստահ [anvstáh]

ébrio, bêbado հարբած [harbáts]
sóbrio զգոն [zgon]
fraco թույլ [tʰujl]
feliz հաջողակ [hadʒoġák]
assustar (vt) վախեցնել [vaχetsʰnél]
fúria (f) կատաղություն [kataġutʰjún]
ira, raiva (f) կատաղություն [kataġutʰjún]

depressão (f) դեպրեսիա [deprésia]
desconforto (m) դիսկոմֆորտ [diskomfórt]

conforto (m)	կոմֆորտ	[komfórt]
arrepender-se (vr)	ափսոսալ	[apʰsosál]
arrependimento (m)	ափսոսանք	[apʰsosánkʰ]
azar (m), má sorte (f)	անհաջողակություն	[anhaʤoġakutʰjún]
tristeza (f)	վիշտ	[višt]
vergonha (f)	ամոթ	[amótʰ]
alegria (f)	ուրախություն	[uraχutʰjún]
entusiasmo (m)	խանդավառություն	[χandavarutʰjún]
entusiasta (m)	խանդավառ անձ	[χandavár anʣ]
mostrar entusiasmo	խանդավառություն ցուցաբերել	[χandavarutʰjún ʦʰuʦʰaberél]

62. Caráter. Personalidade

caráter (m)	բնավորություն	[bnavorutʰjún]
falha (f) de caráter	թերություն	[tʰerutʰjún]
mente (f), razão (f)	խելք	[χelkʰ]
consciência (f)	խիղճ	[χiġč]
hábito (m)	սովորություն	[sovorutʰjún]
habilidade (f)	ընդունակություն	[əndunakutʰjún]
saber (~ nadar, etc.)	կարողանալ	[karoġanál]
paciente	համբերատար	[hamberatár]
impaciente	անհամբեր	[anhambér]
curioso	հետաքրքրասեր	[hetakʰrkʰrasér]
curiosidade (f)	հետաքրքրասիրություն	[hetakʰrkʰrasirutʰjún]
modéstia (f)	համեստություն	[hamestutʰjún]
modesto	համեստ	[hamést]
imodesto	անհամեստ	[anhamést]
preguiça (f)	ծուլություն	[ʦulutʰjún]
preguiçoso	ծույլ	[ʦujl]
preguiçoso (m)	ծույլիկ	[ʦujlík]
astúcia (f)	խորամանկություն	[χoramankutʰjún]
astuto	խորամանկ	[χoramánk]
desconfiança (f)	անվստահություն	[anvstahutʰjún]
desconfiado	անվստահ	[anvstáh]
generosidade (f)	ձեռնառատություն	[ʣernaratutʰjún]
generoso	ձեռնառատ	[ʣernarát]
talentoso	տաղանդավոր	[taġandavór]
talento (m)	տաղանդ	[taġánd]
corajoso	համարձակ	[hamarʣák]
coragem (f)	համարձակություն	[hamarʣakutʰjún]
honesto	ազնիվ	[aznív]
honestidade (f)	ազնվություն	[aznvutʰjún]
prudente	զգույշ	[zgujš]
valente	խիզախ	[χizáχ]

sério	լուրջ	[lurʤ]
severo	խիստ	[χist]
decidido	վճռական	[včrakán]
indeciso	անորոշ	[anoróš]
tímido	երկչոտ	[erkčót]
timidez (f)	երկչոտություն	[erkčotutʰjún]
confiança (f)	վստահություն	[vstahutʰjún]
confiar (vt)	վստահել	[vstahél]
crédulo	դյուրահավատ	[djurahavát]
sinceramente	անկեղծ	[ankéǵʦ]
sincero	անկեղծ	[ankéǵʦ]
sinceridade (f)	անկեղծություն	[ankeǵʦutʰjún]
aberto	սրտաբաց	[srtabáʦʰ]
calmo	հանգիստ	[hangíst]
franco	անկեղծ	[ankéǵʦ]
ingénuo	միամիտ	[miamít]
distraído	ցրված	[ʦʰrvaʦ]
engraçado	զվարճալի	[zvarčalí]
ganância (f)	ագահություն	[agahutʰjún]
ganancioso	ագահ	[agáh]
avarento	ժլատ	[ʒlat]
mau	չար	[čar]
teimoso	կամակոր	[kamakór]
desagradável	տհաճ	[thač]
egoísta (m)	եսասեր	[esasér]
egoísta	եսասեր	[esasér]
cobarde (m)	վախկոտ	[vaχkót]
cobarde	վախկոտ	[vaχkót]

63. O sono. Sonhos

dormir (vi)	քնել	[kʰnel]
sono (m)	քուն	[kʰun]
sonho (m)	երազ	[eráz]
sonhar (vi)	երազներ տեսնել	[eraznér tesnél]
sonolento	քնաթաթախ	[kʰnatʰatʰáχ]
cama (f)	մահճակալ	[mahčakál]
colchão (m)	ներքնակ	[nerkʰnák]
cobertor (m)	վերմակ	[vermák]
almofada (f)	բարձ	[barʣ]
lençol (m)	սավան	[saván]
insónia (f)	անքնություն	[ankʰnutʰjún]
insone	անքուն	[ankʰún]
sonífero (m)	քնաբեր դեղ	[kʰnabér déǵ]
tomar um sonífero	քնաբեր ընդունել	[kʰnabér əndunél]
estar sonolento	ուզենալ քնել	[uzenál kʰnel]

bocejar (vi)	հորանջել	[horandʒél]
ir para a cama	գնալ քնելու	[gnal kʰnelú]
fazer a cama	անկողին գցել	[ankoġín gtsʰél]
adormecer (vi)	քնել	[kʰnel]
pesadelo (m)	մղձավանջ	[mġdzavándʒ]
ronco (m)	խռմփոց	[χrmpʰotsʰ]
roncar (vi)	խռմփացնել	[χrmpʰatsʰnél]
despertador (m)	զարթուցիչ	[zartʰutsʰíč]
acordar, despertar (vt)	արթնացնել	[artʰnatsʰnél]
acordar (vi)	զարթնել	[zartʰnél]
levantar-se (vr)	վեր կենալ	[ver kenál]
lavar-se (vr)	լվացվել	[lvatsʰvél]

64. Humor. Riso. Alegria

humor (m)	հումոր	[humór]
sentido (m) de humor	զգացմունք	[zgatsʰmúnkʰ]
divertir-se (vr)	զվարճանալ	[zvarčanál]
alegre	զվարճալի	[zvarčalí]
alegria (f)	զվարճություն	[zvarčutʰjún]
sorriso (m)	ժպիտ	[ʒpit]
sorrir (vi)	ժպտալ	[ʒptal]
começar a rir	ծիծաղել	[tsitsaġél]
rir (vi)	ծիծաղել	[tsitsaġél]
riso (m)	ծիծաղ	[tsitsáġ]
anedota (f)	անեկդոտ	[anekdót]
engraçado	ծիծաղելի	[tsitsaġelí]
ridículo	ծիծաղելի	[tsitsaġelí]
brincar, fazer piadas	կատակել	[katakél]
piada (f)	կատակ	[katák]
alegria (f)	ուրախություն	[uraχutʰjún]
regozijar-se (vr)	ուրախանալ	[uraχanál]
alegre	ուրախալի	[uraχalí]

65. Discussão, conversação. Parte 1

comunicação (f)	շփում	[špʰum]
comunicar-se (vr)	շփվել	[špʰvel]
conversa (f)	խոսակցություն	[χosaktʰutʰjún]
diálogo (m)	երկխոսություն	[erkχosutʰjún]
discussão (f)	վիճաբանություն	[vičabanutʰjún]
debate (m)	վիճաբանություն	[vičabanutʰjún]
debater (vt)	վիճել	[vičél]
interlocutor (m)	զրուցակից	[zrutsʰakítsʰ]
tema (m)	թեմա	[tʰemá]

ponto (m) de vista	տեսակետ	[tesakét]
opinião (f)	կարծիք	[kartsíkʰ]
discurso (m)	ելույթ	[elújtʰ]
discussão (f)	քննարկում	[kʰnnarkúm]
discutir (vt)	քննարկել	[kʰnnarkél]
conversa (f)	զրույց	[zrujtsʰ]
conversar (vi)	զրուցել	[zrutsʰél]
encontro (m)	հանդիպում	[handipúm]
encontrar-se (vr)	հանդիպել	[handipél]
provérbio (m)	առած	[aráts]
ditado (m)	ասացվածք	[asatsʰvátsk]
adivinha (f)	հանելուկ	[hanelúk]
dizer uma adivinha	հանելուկ ասել	[hanelúk asél]
senha (f)	նշանաբառ	[nšanabár]
segredo (m)	գաղտնիք	[gaġtníkʰ]
juramento (m)	երդում	[erdúm]
jurar (vi)	երդվել	[erdvél]
promessa (f)	խոստում	[χostúm]
prometer (vt)	խոստանալ	[χostanál]
conselho (m)	խորհուրդ	[χorhúrd]
aconselhar (vt)	խորհուրդ տալ	[χorhúrd tal]
escutar (~ os conselhos)	հետևել	[hetevél]
novidade, notícia (f)	նորություն	[norutʰjún]
sensação (f)	սենսացիա	[sensátsʰia]
informação (f)	տեղեկություններ	[teġekutʰjunnér]
conclusão (f)	եզրակացություն	[ezrakatsʰutʰjún]
voz (f)	ձայն	[dzajn]
elogio (m)	հաճոյախոսություն	[hačojaχosutʰjún]
amável	սիրալիր	[siralír]
palavra (f)	բառ	[bar]
frase (f)	նախադասություն	[naχadasutʰjún]
resposta (f)	պատասխան	[patasχán]
verdade (f)	ճշմարտություն	[čšmartutʰjún]
mentira (f)	սուտ	[sut]
pensamento (m)	միտք	[mitkʰ]
ideia (f)	գաղափար	[gaġapʰár]
fantasia (f)	մտացածին	[mtatsʰatsín]

66. Discussão, conversação. Parte 2

estimado	հարգելի	[hargelí]
respeitar (vt)	հարգել	[hargél]
respeito (m)	հարգանք	[hargánkʰ]
Estimado ..., Caro ...	Հարգարժան ...	[hargarʒán ...]
apresentar (vt)	ծանոթացնել	[tsanotʰatsʰnél]
intenção (f)	մտադրություն	[mtadrutʰjún]

tencionar (vt)	մտադրություն ունենալ	[mtadrutʰjún unenál]
desejo (m)	ցանկություն	[ʦʰankutʰjún]
desejar (ex. ~ boa sorte)	ցանկանալ	[ʦʰankanál]
surpresa (f)	զարմանք	[zarmánkʰ]
surpreender (vt)	զարմացնել	[zarmaʦʰnél]
surpreender-se (vr)	զարմանալ	[zarmanál]
dar (vt)	տալ	[tal]
pegar (tomar)	վերցնել	[verʦʰnél]
devolver (vt)	վերադարձնել	[veradarʣnél]
retornar (vt)	ետ տալ	[et tal]
desculpar-se (vr)	ներողություն խնդրել	[neroġutʰjún χndrél]
desculpa (f)	ներողություն	[neroġutʰjún]
perdoar (vt)	ներել	[nerél]
falar (vi)	խոսել	[χosél]
escutar (vt)	լսել	[lsel]
ouvir até o fim	լսել	[lsel]
compreender (vt)	հասկանալ	[haskanál]
mostrar (vt)	ցույց տալ	[ʦʰújʦʰ tal]
olhar para ...	նայել	[naél]
chamar (dizer em voz alta o nome)	կանչել	[kančél]
perturbar (vt)	խանգարել	[χangarél]
entregar (~ em mãos)	փոխանցել	[pʰoχanʦʰél]
pedido (m)	խնդրանք	[χndrankʰ]
pedir (ex. ~ ajuda)	խնդրել	[χndrel]
exigência (f)	պահանջ	[pahánʤ]
exigir (vt)	պահանջել	[pahanʤél]
chamar nomes (vt)	ձեռք առնել	[ʣérkʰ arnél]
zombar (vt)	ծաղրել	[ʦaġrél]
zombaria (f)	ծաղր	[ʦaġr]
alcunha (f)	մականուն	[makanún]
insinuação (f)	ակնարկ	[aknárk]
insinuar (vt)	ակնարկել	[aknarkél]
subentender (vt)	նկատի ունենալ	[nkatí unenál]
descrição (f)	նկարագրություն	[nkaragrutʰjún]
descrever (vt)	նկարագրել	[nkaragrél]
elogio (m)	գովեստ	[govést]
elogiar (vt)	գովալ	[govál]
desapontamento (m)	հուսախաբություն	[husaχabutʰjún]
desapontar (vt)	հուսախաբ անել	[husaχáb anél]
desapontar-se (vr)	հուսախաբ լինել	[husaχáb linél]
suposição (f)	ենթադրություն	[entʰadrutʰjún]
supor (vt)	ենթադրել	[entʰadrél]
advertência (f)	նախազգուշացում	[naχazgušaʦʰúm]
advertir (vt)	նախազգուշացնել	[naχazgušaʦʰnél]

67. Discussão, conversação. Parte 3

convencer (vt)	համոզել	[hamozél]
acalmar (vt)	հանգստացնել	[hangstatsʰnél]
silêncio (o ~ é de ouro)	լռություն	[lrutʰjún]
ficar em silêncio	լռել	[lrel]
sussurrar (vt)	փսփսալ	[pʰəspʰəsál]
sussurro (m)	փսփսոց	[pʰspsʰótsʰ]
francamente	անկեղծ	[ankéġts]
a meu ver ...	իմ կարծիքով ...	[ím kartsikʰóv ...]
detalhe (~ da história)	մանրամասնություն	[manramasnutʰjún]
detalhado	մանրամասն	[manramásn]
detalhadamente	մանրամասն	[manramásn]
dica (f)	հուշում	[hušúm]
dar uma dica	հուշել	[hušél]
olhar (m)	հայացք	[hajátsʰkʰ]
dar uma vista de olhos	հայացք գցել	[hajátsʰkʰ gtsʰél]
fixo (olhar ~)	սառած	[saráts]
piscar (vi)	թարթել	[tʰartʰél]
pestanejar (vt)	աչքով անել	[ačkʰóv anél]
acenar (com a cabeça)	գլխով անել	[glχóv anél]
suspiro (m)	հոգոց	[hogótsʰ]
suspirar (vi)	հոգոց հանել	[hogótsʰ hanél]
estremecer (vi)	ցնցվել	[tsʰntsʰvél]
gesto (m)	ժեստ	[ʒest]
tocar (com as mãos)	դիպչել	[dipčél]
agarrar (~ pelo braço)	բռնել	[brnel]
bater de leve	խփել	[χpʰel]
Cuidado!	Զգուշացի՛ր	[zgušatsʰír!]
A sério?	Մի՞թե	[mítʰe?]
Tem certeza?	Համոզվա՞ծ ես	[hamozváts es?]
Boa sorte!	Հաջողությո՛ւն	[hadʒoġutʰjún!]
Compreendi!	Պա՛րզ է	[parz ē!]
Que pena!	Ափսո՛ս	[apʰsós!]

68. Acordo. Recusa

consentimento (~ mútuo)	համաձայնություն	[hamadzajnutʰjún]
consentir (vi)	համաձայնվել	[hamadzajnvél]
aprovação (f)	հավանություն	[havanutʰjún]
aprovar (vt)	հավանություն տալ	[havanutʰjún tál]
recusa (f)	հրաժարում	[hraʒarúm]
negar-se (vt)	հրաժարվել	[hraʒarvél]
Está ótimo!	Հոյակա՛պ է	[hojakáp ē!]
Muito bem!	Լա՛վ	[lav!]

Está bem! De acordo!	Լա՛վ	[lav!]
proibido	արգելված	[argelváʦ]
é proibido	չի կարելի	[či karelí]
é impossível	անհնարին է	[anhēnarín ē]
incorreto	սխալ	[sχal]
rejeitar (~ um pedido)	մերժել	[merʒél]
apoiar (vt)	պաշտպանել	[paštpanél]
aceitar (desculpas, etc.)	ընդունել	[əndunvél]
confirmar (vt)	հաստատել	[hastatél]
confirmação (f)	հաստատում	[hastatúm]
permissão (f)	թույլտվություն	[tʰujltvutʰjún]
permitir (vt)	թույլատրել	[tʰujlatrél]
decisão (f)	որոշում	[vorošúm]
não dizer nada	լռել	[lrel]
condição (com uma ~)	պայման	[pajmán]
pretexto (m)	պատրվակ	[patrvák]
elogio (m)	գովեստ	[govést]
elogiar (vt)	գովել	[govél]

69. Sucesso. Boa sorte. Insucesso

êxito, sucesso (m)	հաջողություն	[haʤoġutʰjún]
com êxito	հաջող	[haʤóġ]
bem sucedido	հաջողակ	[haʤoġák]
sorte (fortuna)	հաջողություն	[haʤoġutʰjún]
Boa sorte!	Հաջողությո՛ւն	[haʤoġutʰjún!]
de sorte	հաջող	[haʤóġ]
sortudo, felizardo	հաջողակ	[haʤoġák]
fracasso (m)	անհաջողություն	[anhaʤoġutʰjún]
pouca sorte (f)	ձախողություն	[ʣaχoġutʰjún]
azar (m), má sorte (f)	անհաջողակություն	[anhaʤoġakutʰjún]
mal sucedido	անհաջող	[anhaʤóġ]
catástrofe (f)	աղետ	[aġét]
orgulho (m)	հպարտություն	[hpartutʰjún]
orgulhoso	հպարտ	[hpart]
estar orgulhoso	հպարտանալ	[hpartanál]
vencedor (m)	հաղթող	[haġtʰóġ]
vencer (vi)	հաղթել	[haġtʰél]
perder (vt)	պարտվել	[partvél]
tentativa (f)	փորձ	[pʰorʣ]
tentar (vt)	փորձել	[pʰorʣél]
chance (m)	շանս	[šans]

70. Conflitos. Emoções negativas

grito (m)	ճիչ	[čič]
gritar (vi)	բղավել	[bġavél]

começar a gritar	ճչալ	[čəčál]
discussão (f)	վեճ	[več]
discutir (vt)	վիճել	[vičél]
escândalo (m)	աղմկահարություն	[aġmkaharut^{h}jún]
criar escândalo	աղմկահարել	[aġmkaharél]
conflito (m)	ընդհարում	[əndharúm]
mal-entendido (m)	թյուրիմացություն	[t^{h}jurimats^{h}ut^{h}jún]
insulto (m)	վիրավորանք	[viravoránk^h]
insultar (vt)	վիրավորել	[viravorél]
insultado	վիրավորված	[viravorváts]
ofensa (f)	վիրավորանք	[viravoránk^h]
ofender (vt)	վիրավորել	[viravorél]
ofender-se (vr)	վիրավորվել	[viravorvél]
indignação (f)	վրդովմունք	[vrdovmúnk^h]
indignar-se (vr)	վրդովվել	[vrdovvél]
queixa (f)	բողոք	[boġók^h]
queixar-se (vr)	բողոքել	[boġok^{h}él]
desculpa (f)	ներողություն	[neroġut^{h}jún]
desculpar-se (vr)	ներողություն խնդրել	[neroġut^{h}jún χndrél]
pedir perdão	ներողություն խնդրել	[neroġut^{h}jún χndrél]
crítica (f)	քննադատություն	[k^{h}nnadatut^{h}jún]
criticar (vt)	քննադատել	[k^{h}nnadatél]
acusação (f)	մեղադրանք	[meġadránk^h]
acusar (vt)	մեղադրել	[meġadrél]
vingança (f)	վրեժ	[vreʒ]
vingar (vt)	վրեժ լուծել	[vreʒ lutsél]
vingar-se (vr)	վրեժ լուծել	[vreʒ lutsél]
desprezo (m)	արհամարանք	[arhamaránk^h]
desprezar (vt)	արհամարհել	[arhamarhél]
ódio (m)	ատելություն	[atelut^{h}jún]
odiar (vt)	ատել	[atél]
nervoso	նյարդային	[njardajín]
estar nervoso	նյարդայնանալ	[njardajnanál]
zangado	բարկացած	[barkats^{h}áts]
zangar (vt)	բարկացնել	[barkats^{h}nél]
humilhação (f)	ստորացում	[storats^{h}úm]
humilhar (vt)	ստորացնել	[storats^{h}nél]
humilhar-se (vr)	ստորանալ	[storanál]
choque (m)	ցնցահարում	[ts^{h}nts^{h}aharúm]
chocar (vt)	ցնցահարել	[ts^{h}nts^{h}aharél]
aborrecimento (m)	անախորժություն	[anaχorʒut^{h}jún]
desagradável	տհաճ	[thač]
medo (m)	վախ	[vaχ]
terrível (tempestade, etc.)	սարսափելի	[sarsap^{h}elí]
assustador (ex. história ~a)	վախենալի	[vaχenalí]

horror (m)	սարսափ	[sarsáp^h]
horrível (crime, etc.)	սոսկալի	[soskalí]
chorar (vi)	լացել	[lats^{h}él]
começar a chorar	լաց լինել	[lats^h linél]
lágrima (f)	արցունք	[arts^{h}únk^h]
falta (f)	մեղք	[meġk^h]
culpa (f)	մեղք	[meġk^h]
desonra (f)	խայտառակություն	[χajtarakut^{h}jún]
protesto (m)	բողոք	[boġók^h]
stresse (m)	սթրես	[st^{h}res]
perturbar (vt)	անհանգստացնել	[anhangstats^{h}nél]
zangar-se com ...	զայրանալ	[zajranál]
zangado	զայրացած	[zajrats^{h}áts]
terminar (vt)	դադարեցնել	[dadarets^{h}nél]
praguejar	հայհոյել	[hajhojél]
assustar-se	վախենալ	[vaχenál]
golpear (vt)	հարվածել	[harvatsél]
brigar (na rua, etc.)	կռվել	[krvel]
resolver (o conflito)	կարգավորել	[kargavorél]
descontente	դժգոհ	[dʒgoh]
furioso	կատաղի	[kataġí]
Não está bem!	Լա՛վ չէ	[lav čē!]
É mau!	Վա՛տ է	[vat ē!]

Medicina

71. Doenças

doença (f)	հիվանդություն	[hivandutʰjún]
estar doente	հիվանդ լինել	[hivánd linél]
saúde (f)	առողջություն	[aroġd͡ʒutʰjún]
nariz (m) a escorrer	հարբուխ	[harbúχ]
amigdalite (f)	անգինա	[angína]
constipação (f)	մրսածություն	[mrsat͡sutʰjún]
constipar-se (vr)	մրսել	[mrsel]
bronquite (f)	բրոնխիտ	[bronχít]
pneumonia (f)	թոքերի բորբոքում	[tʰokʰerí borbokʰúm]
gripe (f)	գրիպ	[grip]
míope	կարճատես	[karčatés]
presbita	հեռատես	[herahós]
estrabismo (m)	շլություն	[šlutʰjún]
estrábico	շլաչք	[šlačkʰ]
catarata (f)	կատարակտա	[katarákta]
glaucoma (m)	գլաուկոմա	[glaukóma]
AVC (m), apoplexia (f)	ուղեղի կաթված	[uġeġí katʰvát͡s]
ataque (m) cardíaco	ինֆարկտ	[infárkt]
enfarte (m) do miocárdio	սրտամկանի կաթված	[srtamkaní katʰvát͡s]
paralisia (f)	կաթված	[katʰvát͡s]
paralisar (vt)	կաթվածել	[katʰvat͡sél]
alergia (f)	ալերգիա	[alergía]
asma (f)	ասթմա	[astʰmá]
diabetes (f)	շաքարախտ	[šakʰaráχt]
dor (f) de dentes	ատամնացավ	[atamnat͡sʰáv]
cárie (f)	կարիես	[karíes]
diarreia (f)	լույծ	[lujt͡s]
prisão (f) de ventre	փորկապություն	[pʰorkaputʰjún]
desarranjo (m) intestinal	ստամոքսի խանգարում	[stamokʰsí χangarúm]
intoxicação (f) alimentar	թունավորում	[tʰunavorúm]
intoxicar-se	թունավորվել	[tʰunavorvél]
artrite (f)	հոդի բորբոքում	[hodí borbokʰúm]
raquitismo (m)	ռախիտ	[raχít]
reumatismo (m)	հոդացավ	[hodat͡sʰáv]
arteriosclerose (f)	աթերոսկլերոզ	[atʰeroskleróz]
gastrite (f)	գաստրիտ	[gastrít]
apendicite (f)	ապենդիցիտ	[apendit͡sʰít]

colecistite (f) խոլեցիստիտ [χoleʦʰistít]
úlcera (f) խոց [χoʦʰ]

sarampo (m) կարմրուկ [karmrúk]
rubéola (f) կարմրախտ [karmráχt]
iterícia (f) դեղնախ [deġnáχ]
hepatite (f) հեպատիտ [hepatít]

esquizofrenia (f) շիզոֆրենիա [šizofrenía]
raiva (f) կատաղություն [kataġutʰjún]
neurose (f) նեվրոզ [nevróz]
comoção (f) cerebral ուղեղի ցնցում [uġeġí ʦʰnʦʰúm]

cancro (m) քաղցկեղ [kʰaġʦkéġ]
esclerose (f) կարծրախտ [karʦráχt]
esclerose (f) múltipla ցրված կարծրախտ [ʦʰrváʦ karʦráχt]

alcoolismo (m) հարբեցողություն [harbeʦʰoġutʰjún]
alcoólico (m) հարբեցող [harbeʦʰóġ]
sífilis (f) սիֆիլիս [sifilís]
SIDA (f) ՁԻԱՀ [ʣiáh]

tumor (m) ուռուցք [urúʦʰkʰ]
maligno չարորակ [čarorák]
benigno բարորակ [barorák]

febre (f) տենդ [tend]
malária (f) մալարիա [malaría]
gangrena (f) փտախտ [pʰtaχt]
enjoo (m) ծովային հիվանդություն [ʦovajín hivandutʰjún]
epilepsia (f) ընկնավորություն [ənknavorutʰjún]

epidemia (f) համաճարակ [hamačarák]
tifo (m) տիֆ [tif]
tuberculose (f) պալարախտ [palaráχt]
cólera (f) խոլերա [χoléra]
peste (f) ժանտախտ [ʒantáχt]

72. Sintomas. Tratamentos. Parte 1

sintoma (m) նախանշան [naχanšán]
temperatura (f) ջերմաստիճան [ʤermastičán]
febre (f) բարձր ջերմաստիճան [bárʣr ʤermastičán]
pulso (m) զարկերակ [zarkerák]

vertigem (f) գլխապտույտ [glχaptújt]
quente (testa, etc.) տաք [takʰ]
calafrio (m) դողէրոցք [doġēróʦʰkʰ]
pálido գունատ [gunát]

tosse (f) հազ [haz]
tossir (vi) հազալ [hazál]
espirrar (vi) փռշտալ [pʰrštal]
desmaio (m) ուշագնացություն [ušagnaʦʰutʰjún]

desmaiar (vi) ուշագնաց լինել [ušagnáʦ^h linél]
nódoa (f) negra կապտուկ [kaptúk]
galo (m) ուռուցք [urúʦ^{h}k^h]
magoar-se (vr) խփվել [χp^{h}vel]
pisadura (f) վնասվածք [vnasváʦk^h]
aleijar-se (vr) վնասվածք ստանալ [vnasváʦk^h stanál]

coxear (vi) կաղալ [kaġál]
deslocação (f) հոդախախտում [hodaχaχtúm]
deslocar (vt) հոդախախտել [hodaχaχtél]
fratura (f) կոտրվածք [kotrváʦk^h]
fraturar (vt) կոտրվածք ստանալ [kotrváʦk^h stanál]

corte (m) կտրված վերք [ktrvaʦ verk^h]
cortar-se (vr) կտրել [ktrel]
hemorragia (f) արյունահոսություն [arjunahosut^{h}jún]

queimadura (f) այրվածք [ajrváʦk^h]
queimar-se (vr) այրվել [ajrvél]

picar (vt) ծակել [ʦakél]
picar-se (vr) ծակել [ʦakél]
lesionar (vt) վնասել [vnasél]
lesão (m) վնասվածք [vnasváʦk^h]
ferida (f), ferimento (m) վերք [verk^h]
trauma (m) վնասվածք [vnasváʦk^h]

delirar (vi) զառանցել [zaranʦ^{h}él]
gaguejar (vi) կակազել [kakazél]
insolação (f) արևահարություն [arevaharut^{h}jún]

73. Sintomas. Tratamentos. Parte 2

dor (f) ցավ [ʦ^{h}av]
farpa (no dedo) փուշ [p^{h}uš]

suor (m) քրտինք [krtink^h]
suar (vi) քրտնել [k^{h}rtnel]
vómito (m) փսխում [p^{h}sχum]
convulsões (f pl) ջղաձգություն [ʤġaʣgut^{h}jún]

grávida հղի [hġi]
nascer (vi) ծնվել [ʦnvel]
parto (m) ծննդաբերություն [ʦnndaberut^{h}jún]
dar à luz ծննդաբերել [ʦnndaberél]
aborto (m) աբորտ [abórt]

respiração (f) շնչառություն [šnčarut^{h}jún]
inspiração (f) ներշնչում [neršnčúm]
expiração (f) արտաշնչում [artašnčúm]
expirar (vi) արտաշնչել [artašnčél]
inspirar (vi) շնչել [šnčel]
inválido (m) հաշմանդամ [hašmandám]
aleijado (m) խեղանդամ [χeġandám]

toxicodependente (m)	թմրամոլ	[tʰmramól]
surdo	խուլ	[χul]
mudo	համր	[hamr]
surdo-mudo	խուլ ու համր	[χúl u hámr]
louco (adj.)	խենթ	[χentʰ]
ficar louco	խենթանալ	[χentʰanál]
gene (m)	գեն	[gen]
imunidade (f)	իմունիտետ	[imunitét]
hereditário	ժառանգական	[ʒarangakán]
congénito	բնածին	[bnaʦín]
vírus (m)	վարակ	[varák]
micróbio (m)	մանրէ	[manré]
bactéria (f)	բակտերիա	[baktéria]
infeção (f)	վարակ	[varák]

74. Sintomas. Tratamentos. Parte 3

hospital (m)	հիվանդանոց	[hivandanóʦʰ]
paciente (m)	հիվանդ	[hivánd]
diagnóstico (m)	ախտորոշում	[aǵtorošúm]
cura (f)	կազդուրում	[kazdurúm]
tratamento (m) médico	բուժում	[buʒúm]
curar-se (vr)	բուժվել	[buʒvél]
tratar (vt)	բուժել	[buʒél]
cuidar (pessoa)	խնամել	[χnamél]
cuidados (m pl)	խնամք	[χnamkʰ]
operação (f)	վիրահատություն	[virahatutʰjún]
enfaixar (vt)	վիրակապել	[virakapél]
enfaixamento (m)	վիրակապում	[virakapúm]
vacinação (f)	պատվաստում	[patvastúm]
vacinar (vt)	պատվաստում անել	[patvastúm anél]
injeção (f)	ներարկում	[nerarkúm]
dar uma injeção	ներարկել	[nerarkél]
ataque (~ de asma, etc.)	նոպա	[nópa]
amputação (f)	անդամահատություն	[andamahatutʰjún]
amputar (vt)	անդամահատել	[andamahatél]
coma (f)	կոմա	[kóma]
estar em coma	կոմայի մեջ գտնվել	[komají méʤ ənknél]
reanimação (f)	վերակենդանացում	[verakendanaʦʰúm]
recuperar-se (vr)	ապաքինվել	[apakʰinvél]
estado (~ de saúde)	վիճակ	[vičák]
consciência (f)	գիտակցություն	[gitakʦʰutʰjún]
memória (f)	հիշողություն	[hišoǵutʰjún]
tirar (vt)	հեռացնել	[heraʦʰnél]
chumbo (m), obturação (f)	պլոմբ	[plomb]

chumbar, obturar (vt) ատամը լցնել [atámə lʦʰnél]
hipnose (f) հիպնոս [hipnós]
hipnotizar (vt) հիպնոսացնել [hipnosaʦʰnél]

75. Médicos

médico (m) բժիշկ [bʒišk]
enfermeira (f) բուժքույր [buʒkʰújr]
médico (m) pessoal անձնական բժիշկ [anʣnakán bʒíšk]

dentista (m) ատամնաբույժ [atamnabújʒ]
oculista (m) ակնաբույժ [aknabújʒ]
terapeuta (m) թերապևտ [tʰerapévt]
cirurgião (m) վիրաբույժ [virabújʒ]

psiquiatra (m) հոգեբույժ [hogebújʒ]
pediatra (m) մանկաբույժ [mankabújʒ]
psicólogo (m) հոգեբան [hokʰebán]
ginecologista (m) գինեկոլոգ [ginekólog]
cardiologista (m) սրտաբան [srtabán]

76. Medicina. Drogas. Acessórios

medicamento (m) դեղ [deġ]
remédio (m) դեղամիջոց [deġamiʤóʦʰ]
receitar (vt) դուրս գրել [durs grél]
receita (f) դեղատոմս [deġatóms]

comprimido (m) հաբ [hab]
pomada (f) քսուք [ksukʰ]
ampola (f) ամպուլ [ampúl]
preparado (m) հեղուկ դեղախառնուրդ [heġúk deχaġarnúrd]
xarope (m) օշարակ [ošarák]
cápsula (f) հաբ [hab]
remédio (m) em pó փոշի [pʰoší]

ligadura (f) վիրակապ ժապավեն [virakáp ʒapavén]
algodão (m) բամբակ [bambák]
iodo (m) յոդ [jod]
penso (m) rápido սպեղանի [speġaní]
conta-gotas (m) պիպետկա [pipétka]
termómetro (m) ջերմաչափ [ʤermačápʰ]
seringa (f) ներարկիչ [nerarkíč]

cadeira (f) de rodas սայլակ [sajlák]
muletas (f pl) հենակներ [henaknér]

analgésico (m) ցավազրկող [ʦʰavazrkóġ]
laxante (m) լուծողական [luʦoġakán]
álcool (m) etílico սպիրտ [spirt]
ervas (f pl) medicinais խոտաբույս [χotabújs]
de ervas (chá ~) խոտաբուսային [χotabusajín]

77. Fumar. Produtos tabágicos

tabaco (m)	**թութուն**	[t^{h}ut^{h}ún]
cigarro (m)	**ծխախոտ**	[tsχaχót]
charuto (m)	**սիգար**	[sigár]
cachimbo (m)	**ծխամորճ**	[tsχamórč]
maço (~ de cigarros)	**տուփ**	[tup^{h}]
fósforos (m pl)	**լուցկի**	[luts^{h}kí]
caixa (f) de fósforos	**լուցկու տուփ**	[luts^{h}kú túp^{h}]
isqueiro (m)	**կրակայրիչ**	[krakajríč]
cinzeiro (m)	**մոխրաման**	[moχramán]
cigarreira (f)	**ծխախոտատուփ**	[tsχaχotatúp^{h}]
boquilha (f)	**ծխափող**	[tsχap^{h}óġ]
filtro (m)	**ֆիլտր**	[filtr]
fumar (vi, vt)	**ծխել**	[tsχel]
acender um cigarro	**ծխել**	[tsχel]
tabagismo (m)	**ծխելը**	[tsχelé]
fumador (m)	**ծխամոլ**	[tsχamól]
beata (f)	**ծխախոտի մնացորդ**	[tsχaχotí mnats^{h}órd]
fumo (m)	**ծուխ**	[tsuχ]
cinza (f)	**մոխիր**	[moχír]

HABITAT HUMANO

Cidade

78. Cidade. Vida na cidade

cidade (f)	քաղաք	[kaġák^h]
capital (f)	մայրաքաղաք	[majrakaġák^h]
aldeia (f)	գյուղ	[gjuġ]
mapa (m) da cidade	քաղաքի հատակագիծ	[k^{h}aġak^{h}í hatakagíʦ]
centro (m) da cidade	քաղաքի կենտրոն	[k^{h}aġak^{h}í kentrón]
subúrbio (m)	արվարձան	[arvarʣán]
suburbano	մերձքաղաքային	[merʣk^{h}aġak^{h}ajín]
periferia (f)	ծայրամաս	[ʦajramás]
arredores (m pl)	շրջակայք	[šrʤakájk^h]
quarteirão (m)	թաղամաս	[t^{h}aġamás]
quarteirão (m) residencial	բնակելի թաղամաս	[bnakelí t^{h}aġamás]
tráfego (m)	երթևեկություն	[ert^{h}evekut^{h}jún]
semáforo (m)	լուսակիր	[lusakír]
transporte (m) público	քաղաքային տրանսպորտ	[k^{h}aġak^{h}ajín transpórt]
cruzamento (m)	խաչմերուկ	[χačmerúk]
passadeira (f)	անցում	[anʦ^{h}úm]
passagem (f) subterrânea	գետնանցում	[getnanʦ^{h}úm]
cruzar, atravessar (vt)	անցնել	[anʦ^{h}nél]
peão (m)	հետիոտն	[hetiótn]
passeio (m)	մայթ	[majt^h]
ponte (f)	կամուրջ	[kamúrʤ]
margem (f) do rio	առափնյա փողոց	[arap^{h}njá p^{h}oġóʦ^h]
fonte (f)	շատրվան	[šatrván]
alameda (f)	ծառուղի	[ʦaruġí]
parque (m)	զբոսայգի	[zbosajgí]
bulevar (m)	բուլվար	[bulvár]
praça (f)	հրապարակ	[hraparák]
avenida (f)	պողոտա	[poġóta]
rua (f)	փողոց	[p^{h}oġóʦ^h]
travessa (f)	նրբանցք	[nrbanʦ^{h}k^h]
beco (m) sem saída	փակուղի	[p^{h}akuġí]
casa (f)	տուն	[tun]
edifício, prédio (m)	շենք	[šenk^h]
arranha-céus (m)	երկնաքեր	[erknak^{h}ér]
fachada (f)	ճակատամաս	[čakatamás]
telhado (m)	տանիք	[taník^h]

janela (f)	պատուհան	[patuhán]
arco (m)	կամար	[kamár]
coluna (f)	սյուն	[sjun]
esquina (f)	անկյուն	[ankjún]
montra (f)	ցուցափեղկ	[ʦʰuʦʰapʰéġk]
letreiro (m)	ցուցանակ	[ʦʰuʦʰanák]
cartaz (m)	ազդագիր	[azdagír]
cartaz (m) publicitário	գովազդային ձգապաստառ	[govazdajín ʣgapastár]
painel (m) publicitário	գովազդային վահանակ	[govazdajín vahanák]
lixo (m)	աղբ	[aġb]
cesta (f) do lixo	աղբաման	[aġbamán]
jogar lixo na rua	աղբոտել	[aġbotél]
aterro (m) sanitário	աղբավայր	[aġbavájr]
cabine (f) telefónica	հեռախոսախցիկ	[heraχosaχʦʰík]
candeeiro (m) de rua	լապտերասյուն	[lapterasjún]
banco (m)	նստարան	[nstarán]
polícia (m)	ոստիկան	[vostikán]
polícia (instituição)	ոստիկանություն	[vostikanutʰjún]
mendigo (m)	մուրացկան	[muraʦʰkán]
sem-abrigo (m)	անօթևան մարդ	[anotʰeván márd]

79. Instituições urbanas

loja (f)	խանութ	[χanútʰ]
farmácia (f)	դեղատուն	[deġatún]
ótica (f)	օպտիկա	[óptika]
centro (m) comercial	առևտրի կենտրոն	[arevtrí kentrón]
supermercado (m)	սուպերմարքեթ	[supermarkʰétʰ]
padaria (f)	հացաբուլկեղենի խանութ	[haʦʰabulkeġení χanútʰ]
padeiro (m)	հացթուխ	[haʦʰtʰúχ]
pastelaria (f)	հրուշակեղենի խանութ	[hrušakeġení χanútʰ]
mercearia (f)	նպարեղենի խանութ	[npareġení χanútʰ]
talho (m)	մսի խանութ	[msi χanútʰ]
loja (f) de legumes	բանջարեղենի կրպակ	[banʤareġení krpák]
mercado (m)	շուկա	[šuká]
café (m)	սրճարան	[srčarán]
restaurante (m)	ռեստորան	[restorán]
bar (m), cervejaria (f)	գարեջրատուն	[gareʤratún]
pizzaria (f)	պիցցերիա	[piʦʰería]
salão (m) de cabeleireiro	վարսավիրանոց	[varsaviranóʦʰ]
correios (m pl)	փոստ	[pʰost]
lavandaria (f)	քիմմաքրման կետ	[kʰimmakʰrmán két]
estúdio (m) fotográfico	ֆոտոսրահ	[fotosráh]
sapataria (f)	կոշիկի սրահ	[košikí sráh]
livraria (f)	գրախանութ	[graχanútʰ]

loja (f) de artigos de desporto	սպորտային խանութ	[sportajín χanútʰ]
reparação (f) de roupa	հագուստի վերանորոգում	[hagustí veranorogúm]
aluguer (m) de roupa	հագուստի վարձույթ	[hagustí vardzújtʰ]
aluguer (m) de filmes	տեսաֆիլմերի վարձույթ	[tesafilmerí vardzújtʰ]
circo (m)	կրկես	[krkes]
jardim (m) zoológico	կենդանաբանական այգի	[kendanabanakán ajgí]
cinema (m)	կինոթատրոն	[kinotʰatrón]
museu (m)	թանգարան	[tʰangarán]
biblioteca (f)	գրադարան	[gradarán]
teatro (m)	թատրոն	[tʰatrón]
ópera (f)	օպերա	[operá]
clube (m) noturno	գիշերային ակումբ	[gišerajín akúmb]
casino (m)	խաղատուն	[χaġatún]
mesquita (f)	մզկիթ	[mzkitʰ]
sinagoga (f)	սինագոգ	[sinagóg]
catedral (f)	տաճար	[tačár]
templo (m)	տաճար	[tačár]
igreja (f)	եկեղեցի	[ekeġetsʰí]
instituto (m)	ինստիտուտ	[institút]
universidade (f)	համալսարան	[hamalsarán]
escola (f)	դպրոց	[dprotsʰ]
prefeitura (f)	ոստիկանապետություն	[vostikanapetutʰjún]
câmara (f) municipal	քաղաքապետարան	[kʰaġakapetarán]
hotel (m)	հյուրանոց	[hjuranótsʰ]
banco (m)	բանկ	[bank]
embaixada (f)	դեսպանատուն	[despanatún]
agência (f) de viagens	տուրիստական գործակալություն	[turistakán gortsakalutʰjún]
agência (f) de informações	տեղեկատվական բյուրո	[teġekatvakán bjuró]
casa (f) de câmbio	փոխանակման կետ	[pʰoχanakmán két]
metro (m)	մետրո	[metró]
hospital (m)	հիվանդանոց	[hivandanótsʰ]
posto (m) de gasolina	բենզալցակայան	[benzaltsʰakaján]
parque (m) de estacionamento	ավտոկայան	[avtokaján]

80. Sinais

letreiro (m)	ցուցանակ	[tsʰutsʰanák]
inscrição (f)	ցուցագիր	[tsʰutsʰagír]
cartaz, póster (m)	ձգապաստառ	[dzgapastár]
sinal (m) informativo	ուղեցույց	[uġetsʰújtsʰ]
seta (f)	սլաք	[slakʰ]
aviso (advertência)	նախազգուշացում	[naχazgušatsʰúm]
sinal (m) de aviso	զգուշացում	[zgušatsʰúm]
avisar, advertir (vt)	զգուշացնել	[zgušatsʰnél]

dia (m) de folga	հանգստյան օր	[hangstján ór]
horário (m)	ժամանակացույց	[ʒamanakatsʰújtsʰ]
horário (m) de funcionamento	աշխատանքային ժամեր	[ašχatankʰajín ʒamér]
BEM-VINDOS!	ԲԱՐԻ ԳԱԼՈ՛ՒՍՏ	[barí galúst!]
ENTRADA	ՄՈՒՏՔ	[mutkʰ]
SAÍDA	ԵԼՔ	[elkʰ]
EMPURRE	ԴԵՊԻ ԴՈՒՐՍ	[depí durs]
PUXE	ԴԵՊԻ ՆԵՐՍ	[dépi ners]
ABERTO	ԲԱՑ Է	[batsʰ ē]
FECHADO	ՓԱԿ Է	[pʰak ē]
MULHER	ԿԱՆԱՆՑ ՀԱՄԱՐ	[kanántsʰ hamár]
HOMEM	ՏՂԱՄԱՐԴԿԱՆՑ ՀԱՄԱՐ	[tġamardkántsʰ hamár]
DESCONTOS	ԶԵՂՉԵՐ	[zeġčér]
SALDOS	Ի ՍՊԱՌ ՎԱՃԱՌՔ	[i spar vačárkʰ]
NOVIDADE!	ՆՈՐՈ՛ՒՅԹ	[norújtʰ!]
GRÁTIS	ԱՆՎՃԱՐ	[anvčár]
ATENÇÃO!	ՈՒՇԱԴՐՈՒԹՅՈ՛ՒՆ	[ušadrutʰjún!]
NÃO HÁ VAGAS	ՏԵՂԵՐ ՉԿԱՆ	[teġér čkan]
RESERVADO	ՊԱՏՎԻՐՎԱԾ Է	[patvirváts ē]
ADMINISTRAÇÃO	ԱԴՄԻՆԻՍՏՐԱՑԻԱ	[administrátsʰia]
SOMENTE PESSOAL AUTORIZADO	ՄԻԱՅՆ ԱՇԽԱՏԱԿԻՑՆԵՐԻ ՀԱՄԱՐ	[miájn ašχatakitsʰnerí hamár]
CUIDADO CÃO FEROZ	ԿԱՏԱՂԻ ՇՈՒՆ	[kataġí šun]
PROIBIDO FUMAR!	ՉԾԽԵԼ	[čtsχél!]
NÃO TOCAR	ՁԵՌՔ ՉՏԱ՛Լ	[dzerkʰ čtal]
PERIGOSO	ՎՏԱՆԳԱՎՈՐ Է	[vtangavór ē]
PERIGO	ՎՏԱՆԳԱՎՈՐ Է	[vtangavór ē]
ALTA TENSÃO	ԲԱՐՁՐ ԼԱՐՈՒՄ	[bárdzr larúm]
PROIBIDO NADAR	ԼՈՂԱԼՆ ԱՐԳԵԼՎՈՒՄ Է	[loġáln argelvúm ē]
AVARIADO	ՉԻ ԱՇԽԱՏՈՒՄ	[či ašχatúm]
INFLAMÁVEL	ՀՐԱՎՏԱՆԳԱՎՈՐ Է	[hravtangavór ē]
PROIBIDO	ԱՐԳԵԼՎԱԾ Է	[argelváts ē]
ENTRADA PROIBIDA	ԱՆՑՆԵԼՆ ԱՐԳԵԼՎԱԾ Է	[antsʰnéln argelváts ē]
CUIDADO TINTA FRESCA	ՆԵՐԿՎԱԾ Է	[nerkváts ē]

81. Transportes urbanos

autocarro (m)	ավտոբուս	[avtobús]
elétrico (m)	տրամվայ	[tramváj]
troleicarro (m)	տրոլեյբուս	[trolejbús]
itinerário (m)	ուղի	[uġí]
número (m)	համար	[hamár]
ir de … (carro, etc.)	… ով գնալ	[… ov gnal]
entrar (~ no autocarro)	նստել	[nstel]

descer de ... իջնել [iʤnél]
paragem (f) կանգառ [kangár]
próxima paragem (f) հաջորդ կանգառ [haʤórd kangár]
ponto (m) final վերջին կանգառ [verʤín kangár]
horário (m) ժամանակացույց [ʒamanakaʦʰújʦʰ]
esperar (vt) սպասել [spasél]

bilhete (m) տոմս [toms]
custo (m) do bilhete տոմսի արժեքը [tomsí arʒékʰə]

bilheteiro (m) տոմսավաճառ [tomsavačár]
controlo (m) dos bilhetes ստուգում [stugúm]
revisor (m) հսկիչ [hskič]

atrasar-se (vr) ուշանալ [ušanál]
perder (o autocarro, etc.) ուշանալ ... ից [ušanál ... íʦʰ]
estar com pressa շտապել [štapél]

táxi (m) տաքսի [taksí]
taxista (m) տաքսու վարորդ [taksú varórd]
de táxi (ir ~) տաքսիով [taksióv]
praça (f) de táxis տաքսիների կայան [taksinerí kaján]
chamar um táxi տաքսի կանչել [taksí kančél]
apanhar um táxi տաքսի վերցնել [taksí verʦʰnél]

tráfego (m) ճանապարհային երթևեկություն [čanaparhajín ertʰevekutʰjún]
engarrafamento (m) խցանում [χʦʰanúm]
horas (f pl) de ponta պիկ ժամ [pík ʒám]
estacionar (vi) կանգնեցնել [kangneʦʰnél]
estacionar (vt) կանգնեցնել [kangneʦʰnél]
parque (m) de estacionamento ավտոկայան [avtokaján]

metro (m) մետրո [metró]
estação (f) կայարան [kajarán]
ir de metro մետրոյով գնալ [metrojóv gnal]
comboio (m) գնացք [gnaʦʰkʰ]
estação (f) կայարան [kajarán]

82. Turismo

monumento (m) արձան [arʣán]
fortaleza (f) ամրոց [amróʦʰ]
palácio (m) պալատ [palát]
castelo (m) դղյակ [dġjak]
torre (f) աշտարակ [aštarák]
mausoléu (m) դամբարան [dambarán]

arquitetura (f) ճարտարապետություն [čartarapetutʰjún]
medieval միջնադարյան [miʤnadarján]
antigo հինավուրց [hinavúrʦʰ]
nacional ազգային [azgajín]
conhecido հայտնի [hajtní]
turista (m) զբոսաշրջիկ [zbosašrʤík]

guia (pessoa)	գիդ	[gid]
excursão (f)	էքսկուրսիա	[ēkʰskúrsia]
mostrar (vt)	ցույց տալ	[ʦʰújʦʰ tal]
contar (vt)	պատմել	[patmél]
encontrar (vt)	գտնել	[gtnel]
perder-se (vr)	կորել	[korél]
mapa (~ do metrô)	սխեմա	[sχéma]
mapa (~ da cidade)	քարտեզ	[kʰartéz]
lembrança (f), presente (m)	հուշանվեր	[hušanvér]
loja (f) de presentes	հուշանվերների խանութ	[hušanvernerí χanútʰ]
fotografar (vt)	լուսանկարել	[lusankarél]
fotografar-se	լուսանկարվել	[lusankarvél]

83. Compras

comprar (vt)	գնել	[gnel]
compra (f)	գնում	[gnum]
fazer compras	գնումներ կատարել	[gnumnér katarél]
compras (f pl)	գնումներ	[gnumnér]
estar aberta (loja, etc.)	աշխատել	[ašχatél]
estar fechada	փակվել	[pʰakvél]
calçado (m)	կոշիկ	[košík]
roupa (f)	հագուստ	[hagúst]
cosméticos (m pl)	կոսմետիկա	[kosmétika]
alimentos (m pl)	մթերքներ	[mtʰerkʰnér]
presente (m)	նվեր	[nver]
vendedor (m)	վաճառող	[vačaróġ]
vendedora (f)	վաճառողուհի	[vačaroġuhí]
caixa (f)	դրամարկղ	[dramárkġ]
espelho (m)	հայելի	[hajelí]
balcão (m)	վաճառասեղան	[vačaraseġán]
cabine (f) de provas	հանդերձարան	[handerʣarán]
provar (vt)	փորձել	[pʰorʣél]
servir (vi)	սազել	[sazél]
gostar (apreciar)	դուր գալ	[dur gal]
preço (m)	գին	[gin]
etiqueta (f) de preço	գնապիտակ	[gnapiták]
custar (vt)	արժենալ	[arʒenál]
Quanto?	Որքա՞ն արժե	[vorkʰán arʒé?]
desconto (m)	զեղչ	[zeġč]
não caro	ոչ թանկ	[voč tʰank]
barato	էժան	[ēʒán]
caro	թանկ	[tʰank]
É caro	Սա թանկ է	[sa tʰánk ē]
aluguer (m)	վարձույթ	[varʣújtʰ]

alugar (vestidos, etc.)	վարձել	[vardzél]
crédito (m)	վարկ	[vark]
a crédito	վարկով	[varkóv]

84. Dinheiro

dinheiro (m)	դրամ	[dram]
câmbio (m)	փոխանակում	[pʰoχanakúm]
taxa (f) de câmbio	փոխարժեք	[pʰoχarʒékʰ]
Caixa Multibanco (m)	բանկոմատ	[bankomát]
moeda (f)	մետաղադրամ	[metaġadrám]
dólar (m)	դոլլար	[dollár]
euro (m)	եվրո	[évro]
lira (f)	լիրա	[líra]
marco (m)	մարկ	[mark]
franco (m)	ֆրանկ	[frank]
libra (f) esterlina	ֆունտ ստերլինգ	[fúnt stérling]
iene (m)	յեն	[jen]
dívida (f)	պարտք	[partkʰ]
devedor (m)	պարտապան	[partapán]
emprestar (vt)	պարտքով տալ	[partkʰóv tal]
pedir emprestado	պարտքով վերցնել	[partkʰóv vertsʰnél]
banco (m)	բանկ	[bank]
conta (f)	հաշիվ	[hašív]
depositar na conta	հաշվի վրա գցել	[hašví vra gtsʰel]
levantar (vt)	հաշվից հանել	[hašvítsʰ hanél]
cartão (m) de crédito	վարկային քարտ	[varkʰajín kʰárt]
dinheiro (m) vivo	կանխիկ դրամ	[kanχík dram]
cheque (m)	չեք	[čekʰ]
passar um cheque	չեք դուրս գրել	[čekʰ durs grel]
livro (m) de cheques	չեքային գրքույկ	[čekʰajín grkʰújk]
carteira (f)	թղթապանակ	[tʰġtʰapanák]
porta-moedas (m)	դրամապանակ	[dramapanák]
cofre (m)	չհրկիզվող պահարան	[čhrkizvóġ paharán]
herdeiro (m)	ժառանգ	[ʒaráng]
herança (f)	ժառանգություն	[ʒarangutʰjún]
fortuna (riqueza)	ունեցվածք	[unetsʰvátskʰ]
arrendamento (m)	վարձ	[vardz]
renda (f) de casa	բնակվարձ	[bnakvárdz]
alugar (vt)	վարձել	[vardzél]
preço (m)	գին	[gin]
custo (m)	արժեք	[arʒékʰ]
soma (f)	գումար	[gumár]
gastar (vt)	ծախսել	[tsaχsél]
gastos (m pl)	ծախսեր	[tsaχsér]

economizar (vi)	տնտեսել	[tntesél]
económico	տնտեսող	[tntesóġ]
pagar (vt)	վճարել	[včarél]
pagamento (m)	վճար	[včár]
troco (m)	մանր	[manr]
imposto (m)	հարկ	[hark]
multa (f)	տուգանք	[tugánkʰ]
multar (vt)	տուգանել	[tuganél]

85. Correios. Serviço postal

correios (m pl)	փոստ	[pʰost]
correio (m)	փոստ	[pʰost]
carteiro (m)	փոստատար	[pʰostatár]
horário (m)	աշխատանքային ժամեր	[ašχatankʰajín ʒamér]
carta (f)	նամակ	[namák]
carta (f) registada	պատվիրված նամակ	[patvirváʦ namák]
postal (m)	բացիկ	[baʦʰík]
telegrama (m)	հեռագիր	[heragír]
encomenda (f) postal	ծանրոց	[ʦanróʦʰ]
remessa (f) de dinheiro	դրամային փոխանցում	[dramajín pʰoχanʦʰúm]
receber (vt)	ստանալ	[stanál]
enviar (vt)	ուղարկել	[uġarkél]
envio (m)	ուղարկում	[uġarkúm]
endereço (m)	հասցե	[hasʦʰé]
código (m) postal	ինդեքս	[indéks]
remetente (m)	ուղարկող	[uġarkóġ]
destinatário (m)	ստացող	[staʦʰóġ]
nome (m)	անուն	[anún]
apelido (m)	ազգանուն	[azganún]
tarifa (f)	սակագին	[sakagín]
ordinário	սովորական	[sovorakán]
económico	տնտեսող	[tntesóġ]
peso (m)	քաշ	[kʰaš]
pesar (estabelecer o peso)	կշռել	[kšrel]
envelope (m)	ծրար	[ʦrar]
selo (m)	նամականիշ	[namakaníš]

Moradia. Casa. Lar

86. Casa. Habitação

casa (f)	տուն	[tun]
em casa	տանը	[tánə]
pátio (m)	բակ	[bak]
cerca (f)	պարիսպ	[parísp]
tijolo (m)	աղյուս	[aġjús]
de tijolos	աղյուսե	[aġjusé]
pedra (f)	քար	[kʰar]
de pedra	քարե	[kʰaré]
betão (m)	բետոն	[betón]
de betão	բետոնե	[betoné]
novo	նոր	[nor]
velho	հին	[hin]
decrépito	խարխուլ	[χarχúl]
moderno	ժամանակակից	[ʒamanakakíʦʰ]
de muitos andares	բարձրահարկ	[barʣrahárk]
alto	բարձր	[barʣr]
andar (m)	հարկ	[hark]
de um andar	մեկ հարկանի	[mek harkaní]
andar (m) de baixo	ներքևի հարկ	[nerkʰeví hárk]
andar (m) de cima	վերևի հարկ	[vereví hark]
telhado (m)	տանիք	[taníkʰ]
chaminé (f)	խողովակ	[χoġovák]
telha (f)	կղմինդր	[kġmindr]
de telha	կղմինդրե	[kġmindré]
sótão (m)	ձեղնահարկ	[ʣeġnahárk]
janela (f)	պատուհան	[patuhán]
vidro (m)	ապակի	[apakí]
parapeito (m)	պատուհանագոգ	[patuhanagóg]
portadas (f pl)	ծածկոցափեղկ	[ʦaʦkoʦʰapʰéġk]
parede (f)	պատ	[pat]
varanda (f)	պատշգամբ	[patšgámb]
tubo (m) de queda	ջրատար խողովակ	[ʤratár χoġovák]
em cima	վերևում	[verevúm]
subir (~ as escadas)	բարձրանալ	[barʣranál]
descer (vi)	իջնել	[iʤnél]
mudar-se (vr)	տեղափոխվել	[teġapʰoχvél]

87. Casa. Entrada. Elevador

entrada (f)	մուտք	[mutk^{h}]
escada (f)	աստիճան	[astičán]
degraus (m pl)	աստիճաններ	[astičannér]
corrimão (m)	բազրիք	[bazrík^{h}]
hall (m) de entrada	սրահ	[srah]
caixa (f) de correio	փոստարկղ	[p^{h}ostárkġ]
caixote (m) do lixo	աղբարկղ	[aġbárkġ]
conduta (f) do lixo	աղբատար	[aġbatár]
elevador (m)	վերելակ	[verelák]
elevador (m) de carga	բեռնատար վերելակ	[bernatár verelák]
cabine (f)	խցիկ	[χts^{h}ik]
apartamento (m)	բնակարան	[bnakarán]
moradores (m pl)	բնակիչներ	[bnakičnér]
vizinho (m)	հարևան	[hareván]
vizinha (f)	հարևանուհի	[harevanuhí]
vizinhos (pl)	հարևաններ	[harevannér]

88. Casa. Eletricidade

eletricidade (f)	էլեկտրականություն	[ēlektrakanut^{h}jún]
lâmpada (f)	լամպ	[lamp]
interruptor (m)	անջատիչ	[andʒatíč]
fusível (m)	էլեկտրախցան	[ēlektraχts^{h}án]
fio, cabo (m)	լար	[lar]
instalação (f) elétrica	էլեկտրացանց	[ēlektrats^{h}ánts^{h}]
contador (m) de eletricidade	հաշվիչ	[hašvíč]
indicação (f), registo (m)	ցուցմունք	[ts^{h}uts^{h}múnk^{h}]

89. Casa. Portas. Fechaduras

porta (f)	դուռ	[dur]
portão (m)	դարբաս	[darbás]
maçaneta (f)	բռնակ	[brnak]
destrancar (vt)	բացել	[bats^{h}él]
abrir (vt)	բացել	[bats^{h}él]
fechar (vt)	փակել	[p^{h}akél]
chave (f)	բանալի	[banalí]
molho (m)	կապոց	[kapóts^{h}]
ranger (vi)	ճռալ	[čral]
rangido (m)	ճռոց	[črots^{h}]
dobradiça (f)	ծխնի	[tsχni]
tapete (m) de entrada	փոքր գորգ	[p^{h}ok^{h}r gorg]
fechadura (f)	փական	[p^{h}akán]
buraco (m) da fechadura	փականի անցք	[p^{h}akaní ánts^{h}k^{h}]

ferrolho (m)	սողնակ	[soġnák]
fecho (ferrolho pequeno)	սողնակ	[soġnák]
cadeado (m)	կողպեք	[koġpék^h]
tocar (vt)	զանգել	[zangél]
toque (m)	զանգ	[zang]
campainha (f)	զանգ	[zang]
botão (m)	կոճակ	[kočák]
batida (f)	թակոց	[t^{h}akóʦ^h]
bater (vi)	թակել	[t^{h}akél]
código (m)	կոդ	[kod]
fechadura (f) de código	կոդային փական	[kodajín p^{h}akán]
telefone (m) de porta	դոմոֆոն	[domofón]
número (m)	համար	[hamár]
placa (f) de porta	ցուցանակ	[ʦ^{h}uʦ^{h}anák]
vigia (f), olho (m) mágico	դիտանցք	[ditánʦ^{h}k^h]

90. Casa de campo

aldeia (f)	գյուղ	[gjuġ]
horta (f)	բանջարանոց	[banʤaranóʦ^h]
cerca (f)	ցանկապատ	[ʦ^{h}ankapát]
paliçada (f)	ցանկապատ	[ʦ^{h}ankapát]
cancela (f) do jardim	դռնակ	[drnak]
celeiro (m)	շտեմարան	[štemarán]
adega (f)	մառան	[marán]
galpão, barracão (m)	ցախանոց	[ʦ^{h}aχanóʦ^h]
poço (m)	ջրհոր	[ʤrhor]
fogão (m)	վառարան	[vararán]
atiçar o fogo	վառել	[varél]
lenha (carvão ou ~)	վառելափայտ	[varelap^{h}ájt]
acha (lenha)	ծղան	[ʦġan]
varanda (f)	պատշգամբ	[patšgámb]
alpendre (m)	տեռաս	[terás]
degraus (m pl) de entrada	սանդղամուտք	[sandġamútk^h]
balouço (m)	ճոճանակ	[čočanák]

91. Moradia. Mansão

casa (f) de campo	քաղաքից դուրս տուն	[k^{h}aġakíʦ^h durs tun]
vila (f)	վիլլա	[vílla]
ala (~ do edifício)	թև	[t^{h}ev]
jardim (m)	այգի	[ajgí]
parque (m)	զբոսայգի	[zbosajgí]
estufa (f)	ջերմոց	[ʤermóʦ^h]
cuidar de ...	խնամել	[χnamél]
piscina (f)	լողավազան	[loġavazán]

ginásio (m)	սպորտային դահլիճ	[sportajín dahlíč]
campo (m) de ténis	թենիսի հարթակ	[tʰenisí harták]
cinema (m)	կինոթատրոն	[kinotʰatrón]
garagem (f)	ավտոտնակ	[avtotnák]
propriedade (f) privada	մասնավոր սեփականություն	[masnavór sepʰakanutʰjún]
terreno (m) privado	մասնավոր կալված	[masnavór kalváʦ]
advertência (f)	զգուշացում	[zgušaʦʰúm]
sinal (m) de aviso	զգուշացնող գրություն	[zgušaʦʰnóġ grutʰjún]
guarda (f)	պահակություն	[pahakutʰjún]
guarda (m)	պահակ	[pahák]
alarme (m)	ազդանշանային համակարգ	[azdanšanajín hamakárg]

92. Castelo. Palácio

castelo (m)	դղյակ	[dġjak]
palácio (m)	պալատ	[palát]
fortaleza (f)	ամրոց	[amróʦʰ]
muralha (f)	պատ	[pat]
torre (f)	աշտարակ	[aštarák]
calabouço (m)	գլխավոր աշտարակ	[glχavór aštarák]
grade (f) levadiça	բարձրացվող դարպաս	[barʣraʦʰvóġ darbás]
passagem (f) subterrânea	գետնանցում	[getnanʦʰúm]
fosso (m)	փոս	[pʰos]
corrente, cadeia (f)	շղթա	[šġtʰa]
seteira (f)	հրակնատ	[hraknát]
magnífico	հոյակապ	[hojakáp]
majestoso	վեհասքանչ	[vehaskʰánč]
inexpugnável	անառիկ	[anarík]
medieval	միջնադարյան	[miʤnadarján]

93. Apartamento

apartamento (m)	բնակարան	[bnakarán]
quarto (m)	սենյակ	[senják]
quarto (m) de dormir	ննջարան	[nnʤarán]
sala (f) de jantar	ճաշասենյակ	[čašasenják]
sala (f) de estar	հյուրասենյակ	[hjurasenják]
escritório (m)	աշխատասենյակ	[ašχatasenják]
antessala (f)	նախասենյակ	[naχasenják]
quarto (m) de banho	լոգարան	[logarán]
toilette (lavabo)	զուգարան	[zugarán]
teto (m)	առաստաղ	[arastáġ]
chão, soalho (m)	հատակ	[haták]
canto (m)	անկյուն	[ankjún]

94. Apartamento. Limpeza

arrumar, limpar (vt)	հավաքել	[havakʰél]
guardar (no armário, etc.)	հավաքել	[havakʰél]
pó (m)	փոշի	[pʰoší]
empoeirado	փոշոտ	[pʰošót]
limpar o pó	փոշին սրբել	[pʰošín srbél]
aspirador (m)	փոշեկուլ	[pʰošekúl]
aspirar (vt)	փոշեկուլով մաքրել	[pʰošekulóv makʰrél]
varrer (vt)	ավլել	[avlél]
sujeira (f)	աղբ	[aġb]
arrumação (f), ordem (f)	կարգ ու կանոն	[kárg u kanón]
desordem (f)	խառնաշփոթ	[χarnašpʰótʰ]
esfregão (m)	շվաբր	[švabr]
pano (m), trapo (m)	ջնջոց	[ʤnʤotsʰ]
vassoura (f)	ավել	[avél]
pá (f) de lixo	աղբակալ	[aġbakál]

95. Mobiliário. Interior

mobiliário (m)	կահույք	[kahújkʰ]
mesa (f)	սեղան	[seġán]
cadeira (f)	աթոռ	[atʰór]
cama (f)	մահճակալ	[mahčakál]
divã (m)	բազմոց	[bazmótsʰ]
cadeirão (m)	բազկաթոռ	[bazkatʰór]
estante (f)	գրապահարան	[grapaharán]
prateleira (f)	դարակ	[darák]
guarda-vestidos (m)	պահարան	[paharán]
cabide (m) de parede	կախարան	[kaχarán]
cabide (m) de pé	կախոց	[kaχótsʰ]
cómoda (f)	կոմոդ	[komód]
mesinha (f) de centro	սեղանիկ	[seġaník]
espelho (m)	հայելի	[hajelí]
tapete (m)	գորգ	[gorg]
tapete (m) pequeno	փոքր գորգ	[pʰokʰr gorg]
lareira (f)	բուխարի	[buχarí]
vela (f)	մոմ	[mom]
castiçal (m)	մոմակալ	[momakál]
cortinas (f pl)	վարագույր	[varagújr]
papel (m) de parede	պաստառ	[pastár]
estores (f pl)	շերտավարագույր	[šertavaragújr]
candeeiro (m) de mesa	սեղանի լամպ	[seġaní lámp]
candeeiro (m) de parede	ջահ	[ʤah]

candeeiro (m) de pé ձողաջահ [dzoġadʒáh]
lustre (m) ջահ [dʒah]

pé (de mesa, etc.) տոտիկ [totík]
braço (m) արմնկակալ [armnkakál]
costas (f pl) թիկնակ [tʰiknák]
gaveta (f) դարակ [darák]

96. Quarto de dormir

roupa (f) de cama սպիտակեղեն [spitakeġén]
almofada (f) բարձ [bardz]
fronha (f) բարձի երես [bardzí erés]
cobertor (m) վերմակ [vermák]
lençol (m) սավան [saván]
colcha (f) ծածկոց [tsatskótsʰ]

97. Cozinha

cozinha (f) խոհանոց [χohanótsʰ]
gás (m) գազ [gaz]
fogão (m) a gás գազօջախ [gazodʒáχ]
fogão (m) elétrico էլեկտրական սալօջախ [ēlektrakán salodʒáχ]
forno (m) ջեռոց [dʒerótsʰ]
forno (m) de micro-ondas միկրոալիքային վառարան [mikroalikʰajín vararán]

frigorífico (m) սառնարան [sarnarán]
congelador (m) սառնախցիկ [sarnaχtsʰík]
máquina (f) de lavar louça աման լվացող մեքենա [amán lvatsʰóġ mekʰená]

moedor (m) de carne մսաղաց [msaġátsʰ]
espremedor (m) հյութաքամիչ [hjutʰakʰamíč]
torradeira (f) տոստեր [tostér]
batedeira (f) հարիչ [haríč]

máquina (f) de café սրճեփ [srčepʰ]
cafeteira (f) սրճաման [srčamán]
moinho (m) de café սրճաղաց [srčaġátsʰ]

chaleira (f) թեյնիկ [tʰejník]
bule (m) թեյաման [tʰejamán]
tampa (f) կափարիչ [kapʰaríč]
coador (m) de chá թեյքամիչ [tʰejkʰamíč]

colher (f) գդալ [gdal]
colher (f) de chá թեյի գդալ [tʰeji gdal]
colher (f) de sopa ճաշի գդալ [čaši gdal]
garfo (m) պատառաքաղ [patarakʰáġ]
faca (f) դանակ [danák]

louça (f) սպասք [spaskʰ]
prato (m) ափսե [apʰsé]

pires (m)	պնակ	[pnak]
cálice (m)	ըմպանակ	[əmpanák]
copo (m)	բաժակ	[baʒák]
chávena (f)	բաժակ	[baʒák]
açucareiro (m)	շաքարաման	[šak^{h}aramán]
saleiro (m)	աղաման	[aġamán]
pimenteiro (m)	պղպեղաման	[pġpeġamán]
manteigueira (f)	կարագի աման	[karagí amán]
panela, caçarola (f)	կաթսա	[kat^{h}sá]
frigideira (f)	թավա	[t^{h}avá]
concha (f)	շերեփ	[šerép^h]
passador (m)	քամիչ	[k^{h}amíč]
bandeja (f)	սկուտեղ	[skutéġ]
garrafa (f)	շիշ	[šiš]
boião (m) de vidro	բանկա	[banká]
lata (f)	տարա	[tará]
abre-garrafas (m)	բացիչ	[baʦ^{h}íč]
abre-latas (m)	բացիչ	[baʦ^{h}íč]
saca-rolhas (m)	խցանահան	[χʦ^{h}anahán]
filtro (m)	զտիչ	[ztič]
filtrar (vt)	զտել	[ztel]
lixo (m)	աղբ	[aġb]
balde (m) do lixo	աղբի դույլ	[aġbi dújl]

98. Casa de banho

quarto (m) de banho	լոգարան	[logarán]
água (f)	ջուր	[ʤur]
torneira (f)	ծորակ	[ʦorák]
água (f) quente	տաք ջուր	[tak^h ʤur]
água (f) fria	սառը ջուր	[sárə ʤur]
pasta (f) de dentes	ատամի մածուկ	[atamí maʦúk]
escovar os dentes	ատամները մաքրել	[atamnérə mak^{h}rél]
barbear-se (vr)	սափրվել	[sap^{h}rvél]
espuma (f) de barbear	սափրվելու փրփուր	[sap^{h}rvelú prpur]
máquina (f) de barbear	ածելի	[aʦelí]
lavar (vt)	լվանալ	[lvanál]
lavar-se (vr)	լվացվել	[lvaʦ^{h}vél]
duche (m)	ցնցուղ	[ʦ^{h}nʦ^{h}uġ]
tomar um duche	դուշ ընդունել	[dúš əndunél]
banheira (f)	լողարան	[loġarán]
sanita (f)	զուգարանակոնք	[zugaranakónk^h]
lavatório (m)	լվացարան	[lvaʦ^{h}arán]
sabonete (m)	օճառ	[očár]
saboneteira (f)	օճառաման	[očaramán]

esponja (f)	սպունգ	[spung]
champô (m)	շամպուն	[šampún]
toalha (f)	սրբիչ	[srbič]
roupão (m) de banho	խալաթ	[χalátʰ]
lavagem (f)	լվացք	[lvaʦʰkʰ]
máquina (f) de lavar	լվացքի մեքենա	[lvaʦʰkʰí mekená]
lavar a roupa	սպիտակեղեն լվալ	[spitakeġén lvál]
detergente (m)	լվացքի փոշի	[lvaʦʰkʰí pʰoší]

99. Eletrodomésticos

televisor (m)	հեռուստացույց	[herustaʦʰújʦʰ]
gravador (m)	մագնիտոֆոն	[magnitofón]
videogravador (m)	տեսամագնիտոֆոն	[tesamagnitofón]
rádio (m)	ընդունիչ	[ənduníč]
leitor (m)	նվագարկիչ	[nvagarkíč]
projetor (m)	տեսապրոյեկտոր	[tesaproektór]
cinema (m) em casa	տնային կինոթատրոն	[tʰnajín kinotʰatrón]
leitor (m) de DVD	DVD նվագարկիչ	[dividí nvagarkíč]
amplificador (m)	ուժեղացուցիչ	[uʒeġaʦʰuʦʰíč]
console (f) de jogos	խաղային համակարգիչ	[χaġajín hamakargíč]
câmara (f) de vídeo	տեսախցիկ	[tesaχʦʰík]
máquina (f) fotográfica	լուսանկարչական ապարատ	[lusankarčakán aparát]
câmara (f) digital	թվային լուսանկարչական ապարատ	[tʰvajín lusankarčakán aparát]
aspirador (m)	փոշեկուլ	[pʰošekúl]
ferro (m) de engomar	արդուկ	[ardúk]
tábua (f) de engomar	արդուկի տախտակ	[ardukí taχták]
telefone (m)	հեռախոս	[heraχós]
telemóvel (m)	բջջային հեռախոս	[bʤʤajín heraχós]
máquina (f) de escrever	տպող մեքենա	[tpóġ mekʰená]
máquina (f) de costura	կարի մեքենա	[kʰarí mekʰená]
microfone (m)	միկրոֆոն	[mikrofón]
auscultadores (m pl)	ականջակալներ	[akanʤakalnér]
controlo remoto (m)	հեռակառավարման վահանակ	[herakaravarmán vahanák]
CD (m)	խտասկավառակ	[χtaskavarák]
cassete (f)	ձայներիզ	[ʣajneríz]
disco (m) de vinil	սկավառակ	[skavarák]

100. Reparações. Renovação

renovação (f)	վերանորոգում	[veranorogúm]
renovar (vt), fazer obras	վերանորոգում անել	[veranorogúm anél]
reparar (vt)	վերանորոգել	[veranorogél]

consertar (vt)	կարգի բերել	[kargí berél]
refazer (vt)	ձևափոխել	[ʣevap^{h}oχél]
tinta (f)	ներկ	[nerk]
pintar (vt)	ներկել	[nerkél]
pintor (m)	ներկարար	[nerkarár]
pincel (m)	վրձին	[vrʣin]
cal (f)	սպիտակածեփ	[spitakaʦép^h]
caiar (vt)	սպիտակեցնել	[spitakeʦ^{h}nél]
papel (m) de parede	պաստառ	[pastár]
colocar papel de parede	պաստառապատել	[pastarapatél]
verniz (m)	լաք	[lak^h]
envernizar (vt)	լաքապատել	[lak^{h}apatél]

101. Canalizações

água (f)	ջուր	[ʤur]
água (f) quente	տաք ջուր	[tak^h ʤur]
água (f) fria	սառը ջուր	[sárə ʤur]
torneira (f)	ծորակ	[ʦorák]
gota (f)	կաթիլ	[kat^{h}íl]
gotejar (vi)	կաթել	[kat^{h}él]
vazar (vt)	արտահոսել	[artahosél]
vazamento (m)	արտահոսք	[artahósk^h]
poça (f)	ջրակույտ	[ʤrakújt]
tubo (m)	խողովակ	[χoġovák]
válvula (f)	փական	[p^{h}akán]
entupir-se (vr)	խցանվել	[χʦ^{h}anvél]
ferramentas (f pl)	գործիքներ	[gorʦik^{h}nér]
chave (f) inglesa	բացովի մանեկադարձակ	[baʦ^{h}oví manekadarʣák]
desenroscar (vt)	ետ պտտել	[et pttel]
enroscar (vt)	ձգել	[ʣgel]
desentupir (vt)	մաքրել	[mak^{h}rél]
canalizador (m)	սանտեխնիկ	[santeχník]
cave (f)	նկուղ	[nkuġ]
sistema (m) de esgotos	կոյուղի	[kojuġí]

102. Fogo. Deflagração

incêndio (m)	կրակ	[krak]
chama (f)	բոց	[boʦ^h]
faísca (f)	կայծ	[kajʦ]
fumo (m)	ծուխ	[ʦuχ]
tocha (f)	ջահ	[ʤah]
fogueira (f)	խարույկ	[χarújk]
gasolina (f)	բենզին	[benzín]

querosene (m)	նավթ	[navtʰ]
inflamável	դյուրավառ	[djuravár]
explosivo	պայթունավտանգ	[pajtʰunavtáng]
PROIBIDO FUMAR!	ՉԾԽԵԼ	[čtsχél!]
segurança (f)	անվտանգություն	[anvtangutʰjún]
perigo (m)	վտանգ	[vtang]
perigoso	վտանգավոր	[vtangavór]
incendiar-se (vr)	բռնկվել	[brnkvel]
explosão (f)	պայթյուն	[pajtʰjún]
incendiar (vt)	հրկիզել	[hrkizél]
incendiário (m)	հրկիզող	[hrkizóġ]
incêndio (m) criminoso	հրկիզում	[hrkizúm]
arder (vi)	բոցավառվել	[botsʰavarvél]
queimar (vi)	այրվել	[ajrvél]
queimar tudo (vi)	այրվել	[ajrvél]
bombeiro (m)	հրդեհային	[hrdehajín]
carro (m) de bombeiros	հրշեջ մեքենա	[hršédʒ mekʰená]
corpo (m) de bombeiros	հրշեջ ջոկատ	[hršédʒ dʒokát]
escada (f) extensível	հրդեհաշեջ սանդուղք	[hrdehašédʒ sandúġkʰ]
mangueira (f)	փող	[pʰoġ]
extintor (m)	կրակմարիչ	[krakmaríč]
capacete (m)	սաղավարտ	[saġavárt]
sirene (f)	շչակ	[ščak]
gritar (vi)	ճչալ	[čəčál]
chamar por socorro	օգնության կանչել	[ognutʰján kančél]
salvador (m)	փրկարար	[pʰrkarár]
salvar, resgatar (vt)	փրկել	[pʰrkel]
chegar (vi)	ժամանել	[ʒamanél]
apagar (vt)	հանգցնել	[hangtsʰnél]
água (f)	ջուր	[dʒur]
areia (f)	ավազ	[aváz]
ruínas (f pl)	փլատակներ	[pʰlataknér]
ruir (vi)	փլատակվել	[pʰlatakvél]
desmoronar (vi)	փուլ գալ	[pʰul gal]
desabar (vi)	փլվել	[pʰlvel]
fragmento (m)	բեկոր	[bekór]
cinza (f)	մոխիր	[moχír]
sufocar (vi)	խեղդվել	[χeġdvél]
perecer (vi)	մեռնել	[mernél]

ATIVIDADES HUMANAS

Emprego. Negócios. Parte 1

103. Escritório. O trabalho no escritório

escritório (~ de advogados)	գրասենյակ	[grasenják]
escritório (do diretor, etc.)	առանձնասենյակ	[arandznasenják]
secretário (m)	քարտուղար	[kʰartuġár]
diretor (m)	տնօրեն	[tnorén]
gerente (m)	մենեջեր	[menedʒér]
contabilista (m)	հաշվապահ	[hašvapáh]
empregado (m)	աշխատակից	[ašχatakítsʰ]
mobiliário (m)	կահույք	[kahújkʰ]
mesa (f)	գրասեղան	[graseġán]
cadeira (f)	բազկաթոռ	[bazkatʰór]
bloco (m) de gavetas	փոքր պահարան	[pʰokʰr paharán]
cabide (m) de pé	կախոց	[kaχótsʰ]
computador (m)	համակարգիչ	[hamakargíč]
impressora (f)	տպիչ	[tpič]
fax (m)	ֆաքս	[fakʰs]
fotocopiadora (f)	պատճենահանող սարք	[patčenahanóġ sárkʰ]
papel (m)	թուղթ	[tʰuġtʰ]
artigos (m pl) de escritório	գրենական պիտույքներ	[grenakán pitujkʰnér]
tapete (m) de rato	գորգ	[gorg]
folha (f) de papel	թուղթ	[tʰuġtʰ]
pasta (f)	թղթապանակ	[tʰġtʰapanák]
catálogo (m)	գրացուցակ	[gratsʰutsʰák]
diretório (f) telefónico	տեղեկատու	[teġekatú]
documentação (f)	փաստաթղթեր	[pʰastatʰġtʰér]
brochura (f)	գրքույկ	[grkʰújk]
flyer (m)	թռուցիկ	[tʰrutsʰík]
amostra (f)	օրինակ	[orinák]
formação (f)	թրենինգ	[tʰreníng]
reunião (f)	խորհրդակցություն	[χorhrdaktsʰutʰjún]
hora (f) de almoço	ճաշի ընդմիջում	[čaší əndmidʒúm]
fazer uma cópia	պատճենահանել	[patčenahanél]
tirar cópias	բազմացնել	[bazmatsʰnél]
receber um fax	ֆաքս ստանալ	[fákʰs stanál]
enviar um fax	ֆաքս ուղարկել	[fákʰs uġarkél]
fazer uma chamada	զանգահարել	[zangaharél]
responder (vt)	պատասխանել	[patasχanél]

passar (vt)	միացնել	[miatsʰnél]
marcar (vt)	նշանակել	[nšanakél]
demonstrar (vt)	ցուցադրել	[tsʰutsʰadrél]
estar ausente	բացակայել	[batsʰakaél]
ausência (f)	բացակայություն	[batsʰakajutʰjún]

104. Processos negociais. Parte 1

ocupação (f)	գործ	[gorts]
firma, empresa (f)	ֆիրմա	[fírma]
companhia (f)	ընկերություն	[ənkerutʰjún]
corporação (f)	միավորում	[miavorúm]
empresa (f)	ձեռնարկություն	[dzernarkutʰjún]
agência (f)	գործակալություն	[gortsakalutʰjún]
acordo (documento)	պայմանագիր	[pajmanagír]
contrato (m)	պայմանագիր	[pajmanagír]
acordo (transação)	գործարք	[gortsárkʰ]
encomenda (f)	պատվեր	[patvér]
cláusulas (f pl), termos (m pl)	պայման	[pajmán]
por grosso (adv)	մեծածախ	[metsatsáχ]
por grosso (adj)	մեծածախ	[metsatsáχ]
venda (f) por grosso	մեծածախ առևտուր	[metsatsáχ arevtúr]
a retalho	մանրածախ	[manratsáχ]
venda (f) a retalho	մանրածախ առևտուր	[manratsáχ arevtúr]
concorrente (m)	մրցակից	[mrtsʰakítsʰ]
concorrência (f)	մրցակցություն	[mrtʰaktsʰutʰjún]
competir (vi)	մրցակցել	[mrtsʰaktsʰél]
sócio (m)	գործընկեր	[gortsənkér]
parceria (f)	համագործակցություն	[hamagortsaktsʰutʰjún]
crise (f)	ճգնաժամ	[čgnaʒám]
bancarrota (f)	սնանկություն	[snankutʰjún]
entrar em falência	սննկանալ	[snənkanál]
dificuldade (f)	դժվարություն	[dʒvarutʰjún]
problema (m)	խնդիր	[χndir]
catástrofe (f)	աղետ	[aġét]
economia (f)	տնտեսություն	[tntesutʰjún]
económico	տնտեսական	[tntesakán]
recessão (f) económica	տնտեսական անկում	[tntesakán ankúm]
objetivo (m)	նպատակ	[npaták]
tarefa (f)	խնդիր	[χndir]
comerciar (vi, vt)	առևտուր անել	[arevtúr anél]
rede (de distribuição)	ցանց	[tsʰantsʰ]
estoque (m)	պահեստ	[pahést]
sortimento (m)	տեսականի	[tesakaní]
líder (m)	ղեկավար	[ġekavár]
grande (~ empresa)	խոշոր	[χošór]

monopólio (m)	մենաշնորհ	[menašnórh]
teoria (f)	տեսություն	[tesutʰjún]
prática (f)	պրակտիկա	[práktika]
experiência (falar por ~)	փորձ	[pʰordz]
tendência (f)	միտում	[mitúm]
desenvolvimento (m)	զարգացում	[zargatsʰúm]

105. Processos negociais. Parte 2

rentabilidade (f)	շահ	[šah]
rentável	շահավետ	[šahavét]
delegação (f)	պատվիրակություն	[patvirakutʰjún]
salário, ordenado (m)	աշխատավարձ	[ašχatavárdz]
corrigir (um erro)	ուղղել	[uġġél]
viagem (f) de negócios	գործուղում	[gortsuġúm]
comissão (f)	հանձնաժողով	[handznaʒoġóv]
controlar (vt)	վերահսկել	[verahskél]
conferência (f)	կոնֆերանս	[konferáns]
licença (f)	լիցենզիա	[litsʰénzja]
confiável	վստահելի	[vstahelí]
empreendimento (m)	ձեռնարկած գործ	[dzernarkáts gorts]
norma (f)	նորմա	[nórma]
circunstância (f)	հանգամանք	[hangamánkʰ]
dever (m)	պարտականություն	[partakanutʰjún]
empresa (f)	կազմակերպություն	[kazmakerputʰjún]
organização (f)	կազմակերպում	[kazmakerpúm]
organizado	կազմակերպված	[kazmakerpváts]
anulação (f)	վերացում	[veratsʰu:m]
anular, cancelar (vt)	չեղարկել	[čeġarkél]
relatório (m)	հաշվետվություն	[hašvetvutʰjún]
patente (f)	արտոնագիր	[artonagír]
patentear (vt)	արտոնագրել	[artonagrél]
planear (vt)	ծրագրել	[tsragrél]
prémio (m)	պարգևավճար	[pargevavčár]
profissional	մասնագիտական	[masnagitutsjún]
procedimento (m)	ընթացակարգ	[əntʰatsʰakárg]
examinar (a questão)	քննարկել	[kʰnnarkél]
cálculo (m)	վճարում	[včarúm]
reputação (f)	համբավ	[hambáv]
risco (m)	ռիսկ	[risk]
dirigir (~ uma empresa)	ղեկավարել	[ġekavarél]
informação (f)	տեղեկություններ	[teġekutʰjunnér]
propriedade (f)	սեփականություն	[sepʰakanutʰjún]
união (f)	միավորում	[miavorúm]
seguro (m) de vida	կյանքի ապահովագրություն	[kjankʰí apahovagrutʰjún]
fazer um seguro	ապահովագրել	[apahovagrél]

seguro (m)	ապահովագրություն	[apahovagrutʰjún]
leilão (m)	աճուրդ	[ačúrd]
notificar (vt)	ծանուցել	[tsanutsʰél]
gestão (f)	ղեկավարում	[ġekavarúm]
serviço (indústria de ~s)	ծառայություն	[tsarajutʰjún]
fórum (m)	համաժողով	[hamaʒoġóv]
funcionar (vi)	գործել	[gortsél]
estágio (m)	փուլ	[pʰul]
jurídico	իրավաբանական	[iravabanakán]
jurista (m)	իրավաբան	[iravabán]

106. Produção. Trabalhos

usina (f)	գործարան	[gortsarán]
fábrica (f)	ֆաբրիկա	[fábrika]
oficina (f)	արտադրամաս	[artadramás]
local (m) de produção	արտադրություն	[artadrutʰjún]
indústria (f)	արդյունաբերություն	[ardjunaberutʰjún]
industrial	արդյունաբերական	[ardjunaberakán]
indústria (f) pesada	ծանր արդյունաբերություն	[tsánr ardjunaberutʰjún]
indústria (f) ligeira	թեթև արդյունաբերություն	[tʰetʰév ardjunaberutʰjún]
produção (f)	արտադրանք	[artadránkʰ]
produzir (vt)	արտադրել	[artadrél]
matérias-primas (f pl)	հումք	[humkʰ]
chefe (m) de brigada	բրիգադավար	[brigadavár]
brigada (f)	բրիգադ	[brigád]
operário (m)	բանվոր	[banvór]
dia (m) de trabalho	աշխատանքային օր	[ašχatankʰajín or]
pausa (f)	ընդմիջում	[əndmidʒúm]
reunião (f)	ժողով	[ʒoġóv]
discutir (vt)	քննարկել	[kʰnnarkél]
plano (m)	պլան	[plan]
cumprir o plano	պլանը կատարել	[plánə katarél]
taxa (f) de produção	չափաքանակ	[čapʰakʰanák]
qualidade (f)	որակ	[vorák]
controlo (m)	վերահսկում	[verahskúm]
controlo (m) da qualidade	որակի վերահսկում	[vorakí verahskúm]
segurança (f) no trabalho	աշխատանքի անվտանգություն	[ašχatankʰí anvtanutʰjún]
disciplina (f)	կարգապահություն	[kargapahutʰjún]
infração (f)	խախտում	[χaχtúm]
violar (as regras)	խախտել	[χaχtél]
greve (f)	գործադուլ	[gortsadúl]
grevista (m)	գործադուլավոր	[gortsadulavór]
estar em greve	գործադուլ անել	[gortsadúl anél]
sindicato (m)	արհմիություն	[arhmiutʰjún]

inventar (vt)	հայտնագործել	[hajtnagorʦél]
invenção (f)	գյուտ	[gjut]
pesquisa (f)	հետազոտություն	[hetazotutʰjún]
melhorar (vt)	բարելավել	[barelavél]
tecnologia (f)	տեխնոլոգիա	[teχnológia]
desenho (m) técnico	գծագիր	[gʦagír]
carga (f)	բեռ	[ber]
carregador (m)	բեռնակիր	[bernakír]
carregar (vt)	բարձել	[barʣél]
carregamento (m)	բեռնում	[bernúm]
descarregar (vt)	բեռնաթափել	[bernatʰapʰél]
descarga (f)	բեռնաթափում	[bernatʰapʰúm]
transporte (m)	փոխադրամիջոց	[pʰoχadramiʤóʦʰ]
companhia (f) de transporte	տրանսպորտային ընկերություն	[transportajín ənkerutʰjún]
transportar (vt)	փոխադրել	[pʰoχadrél]
vagão (m) de carga	վագոն	[vagón]
cisterna (f)	ցիստեռն	[ʦʰistérn]
camião (m)	բեռնատար	[bernatár]
máquina-ferramenta (f)	հաստոց	[hastóʦʰ]
mecanismo (m)	մեխանիզմ	[meχanízm]
resíduos (m pl) industriais	թափոններ	[tʰapʰonnér]
embalagem (f)	փաթեթավորում	[pʰatʰetʰavorúm]
embalar (vt)	փաթեթավորել	[pʰatʰetʰavorél]

107. Contrato. Acordo

contrato (m)	պայմանագիր	[pajmanagír]
acordo (m)	համաձայնագիր	[hamaʣajnagír]
adenda (f), anexo (m)	հավելված	[havelváʦ]
assinar o contrato	պայմանագիր կնքել	[pajmanagír knkʰél]
assinatura (f)	ստորագրություն	[storagrutʰjún]
assinar (vt)	ստորագրել	[storagrél]
carimbo (m)	կնիք	[knikʰ]
objeto (m) do contrato	պայմանագրի առարկա	[pajmanagrí ararká]
cláusula (f)	կետ	[ket]
partes (f pl)	կողմեր	[koġmér]
morada (f) jurídica	իրավաբանական հասցե	[iravabanakán hasʦʰé]
violar o contrato	խախտել պայմանագիրը	[χaχtél pajmanagírə]
obrigação (f)	պարտավորություն	[partavorutʰjún]
responsabilidade (f)	պատասխանատվություն	[patasχanatvutʰjún]
força (f) maior	ֆորս-մաժոր	[fórs maʒór]
litígio (m), disputa (f)	վեճ	[več]
multas (f pl)	տուգանային պատժամիջոցներ	[tuganajín patʒamiʤoʦʰnér]

108. Importação & Exportação

importação (f)	ներմուծում	[nermutsúm]
importador (m)	ներկրող	[nerkróġ]
importar (vt)	ներմուծել	[nermutsél]
de importação	ներմուծված	[nermutsváts]
exportador (m)	արտահանող	[artahanóġ]
exportar (vt)	արտահանել	[artahanél]
mercadoria (f)	ապրանք	[apránkʰ]
lote (de mercadorias)	խմբաքանակ	[χmbakʰanák]
peso (m)	քաշ	[kʰaš]
volume (m)	ծավալ	[tsavál]
metro (m) cúbico	խորանարդ մետր	[χoranárd métr]
produtor (m)	արտադրող	[artadróġ]
companhia (f) de transporte	տրանսպորտային ընկերություն	[transportajín ənkerutʰjún]
contentor (m)	բեռնարկղ	[bernárkġ]
fronteira (f)	սահման	[sahmán]
alfândega (f)	մաքսատուն	[makʰsatún]
taxa (f) alfandegária	մաքսատուրք	[maksatúrkʰ]
funcionário (m) da alfândega	մաքսավոր	[makʰsavór]
contrabando (atividade)	մաքսանենգություն	[makʰsanengutʰjún]
contrabando (produtos)	մաքսանենգ ապրանք	[maksanéng apránkʰ]

109. Finanças

ação (f)	բաժնետոմս	[baʒnetóms]
obrigação (f)	փոխառության պարտատոմս	[pʰoχarutʰján pajmanagír]
nota (f) promissória	մուրհակ	[murhák]
bolsa (f)	բորսա	[bórsa]
cotação (m) das ações	բաժնետոմսերի վարկանիշ	[baʒnetomserí varkaníš]
tornar-se mais barato	գինն ընկնել	[gín ənknél]
tornar-se mais caro	գինը բարձրանալ	[ginə bardzranál]
participação (f) maioritária	վերահսկիչ փաթեթ	[verahskíč pʰatʰétʰ]
investimento (m)	ներդրումներ	[nerdrumnér]
investir (vt)	ներդնել	[nerdnél]
percentagem (f)	տոկոս	[tokós]
juros (m pl)	տոկոսներ	[tokosnér]
lucro (m)	շահույթ	[šahújtʰ]
lucrativo	շահավետ	[šahavét]
imposto (m)	հարկ	[hark]
divisa (f)	տարադրամ	[taradrám]
nacional	ազգային	[azgajín]

câmbio (m) փոխանակում [pʰoχanakúm]
contabilista (m) հաշվապահ [hašvapáh]
contabilidade (f) հաշվապահություն [hašvapahutʰjún]

bancarrota (f) սնանկություն [snankutʰjún]
falência (f) սնանկություն [snankutʰjún]
ruína (f) սնանկություն [snankutʰjún]
arruinar-se (vr) սնանկանալ [snənkanál]
inflação (f) գնաճ [gnač]
desvalorização (f) դեվալվացիա [devalvátsʰia]

capital (m) կապիտալ [kapitál]
rendimento (m) շահույթ [šahújtʰ]
volume (m) de negócios շրջանառություն [šrdʒanarutʰjún]
recursos (m pl) միջոցներ [midʒotsʰnér]
recursos (m pl) financeiros դրամական միջոցներ [dramakán midʒotsʰnér]
reduzir (vt) կրճատել [krčatél]

110. Marketing

marketing (m) մարքեթինգ [markʰetʰíng]
mercado (m) շուկա [šuká]
segmento (m) do mercado շուկայի հատված [šukají hatváts]
produto (m) ապրանքատեսակ [aprankʰatesák]
mercadoria (f) ապրանք [apránkʰ]

marca (f) comercial առևտրային նշան [arevtrajín nšan]
logotipo (m) ֆիրմային նշան [firmajín nšan]
logo (m) լոգոտիպ [logotíp]

demanda (f) պահանջարկ [pahandʒárk]
oferta (f) առաջարկ [aradʒárk]
necessidade (f) կարիք [karíkʰ]
consumidor (m) սպառող [sparóġ]

análise (f) վերլուծություն [verlutsutʰjún]
analisar (vt) վերլուծել [verlutsél]
posicionamento (m) դիրքավորում [dirkʰavorúm]
posicionar (vt) դիրքավորվել [dirkʰavorvél]

preço (m) գին [gin]
política (f) de preços գնային քաղաքականություն [gnajín kʰaġakʰakanutʰjún]
formação (f) de preços գնագոյացում [gnagojatsʰúm]

111. Publicidade

publicidade (f) գովազդ [govázd]
publicitar (vt) գովազդել [govazdél]
orçamento (m) բյուջե [bjudʒé]

anúncio (m) publicitário գովազդ [govázd]
publicidade (f) televisiva հեռուստագովազդ [herustagovázd]

publicidade (f) na rádio	ռադիոգովազդ	[radiogovázd]
publicidade (f) exterior	արտաքին գովազդ	[artakʰín govázd]
comunicação (f) de massa	զանգվածային լրատվության միջոցներ	[zangvaʦajín lratvutʰján miʤoʦʰnér]
periódico (m)	պարբերական	[parberakán]
imagem (f)	իմիջ	[imíʤ]
slogan (m)	նշանաբան	[nšanabán]
mote (m), divisa (f)	նշանաբան	[nšanabán]
campanha (f)	արշավ	[aršáv]
companha (f) publicitária	գովազդարշավ	[govazdaršáv]
grupo (m) alvo	նպատակային լսարան	[npatakajín lsarán]
cartão (m) de visita	այցեքարտ	[ajʦʰekʰárt]
flyer (m)	թռուցիկ	[tʰruʦʰík]
brochura (f)	գրքույկ	[grkʰújk]
folheto (m)	ծալաթերթիկ	[ʦalatʰertík]
boletim (~ informativo)	տեղեկատվական թերթիկ	[teġekatvakán tʰertʰík]
letreiro (m)	ցուցանակ	[ʦʰuʦʰanák]
cartaz, póster (m)	ձգապաստառ	[ʣgapastár]
painel (m) publicitário	վահանակ	[vahanák]

112. Banca

banco (m)	բանկ	[bank]
sucursal, balcão (f)	բաժանմունք	[baʒanmúnkʰ]
consultor (m)	խորհրդատու	[χorhrdatú]
gerente (m)	կառավարիչ	[karavaríč]
conta (f)	հաշիվ	[hašív]
número (m) da conta	հաշվի համար	[hašví hamár]
conta (f) corrente	ընթացիկ հաշիվ	[əntʰaʦʰík hašív]
conta (f) poupança	կուտակային հաշիվ	[kutakajín hašív]
abrir uma conta	հաշիվ բացել	[hašív baʦʰél]
fechar uma conta	հաշիվ փակել	[hašív pʰakél]
depositar na conta	հաշվի վրա գցել	[hašví vra gʦʰel]
levantar (vt)	հաշվից հանել	[hašvíʦʰ hanél]
depósito (m)	ավանդ	[avánd]
fazer um depósito	ավանդ ներդնել	[avánd nerdnél]
transferência (f) bancária	փոխանցում	[pʰoχanʦʰúm]
transferir (vt)	փոխանցում կատարել	[pʰoχanʦʰúm katarél]
soma (f)	գումար	[gumár]
Quanto?	Որքա՞ն	[vorkʰán?]
assinatura (f)	ստորագրություն	[storagrutʰjún]
assinar (vt)	ստորագրել	[storagrél]
cartão (m) de crédito	վարկային քարտ	[varkʰajín kʰárt]

código (m)	կոդ	[kod]
número (m) do cartão de crédito	վարկային քարտի համար	[vark^{h}ajín k^{h}artí hamár]
Caixa Multibanco (m)	բանկոմատ	[bankomát]
cheque (m)	չեք	[ček^{h}]
passar um cheque	չեք դուրս գրել	[ček^{h} durs grel]
livro (m) de cheques	չեքային գրքույկ	[ček^{h}ajín grk^{h}újk]
empréstimo (m)	վարկ	[vark]
pedir um empréstimo	դիմել վարկ ստանալու համար	[dimél várk stanalú hamár]
obter um empréstimo	վարկ վերցնել	[vark verʦ^{h}nél]
conceder um empréstimo	վարկ տրամադրել	[vark tramadrél]
garantia (f)	գրավական	[gravakán]

113. Telefone. Conversação telefónica

telefone (m)	հեռախոս	[heraχós]
telemóvel (m)	բջջային հեռախոս	[bdʤʤajín heraχós]
secretária (f) electrónica	ինքնապատասխանիչ	[ink^{h}napatasχaníč]
fazer uma chamada	զանգահարել	[zangaharél]
chamada (f)	զանգ	[zang]
marcar um número	համարը հավաքել	[hamárə havak^{h}él]
Alô!	Ալո՛	[aló!]
perguntar (vt)	հարցնել	[harʦ^{h}nél]
responder (vt)	պատասխանել	[patasχanél]
ouvir (vt)	լսել	[lsel]
bem	լավ	[lav]
mal	վատ	[vat]
ruído (m)	խանգարումներ	[χangarumnér]
auscultador (m)	լսափող	[lsap^{h}óġ]
pegar o telefone	լսափողը վերցնել	[lsap^{h}óġə verʦ^{h}nél]
desligar (vi)	լսափողը դնել	[lsap^{h}óġə dnél]
ocupado	զբաղված	[zbaġváʦ]
tocar (vi)	զանգել	[zangél]
lista (f) telefónica	հեռախոսագիրք	[heraχosagírk^{h}]
local	տեղային	[teġajín]
de longa distância	միջքաղաքային	[miʤkaġak^{h}ajín]
internacional	միջազգային	[miʤazgajín]

114. Telefone móvel

telemóvel (m)	բջջային հեռախոս	[bdʤʤajín heraχós]
ecrã (m)	էկրան	[ēkrán]
botão (m)	կոճակ	[kočák]

cartão SIM (m)	SIM-քարտ	[sim kʰart]
bateria (f)	մարտկոց	[martkótsʰ]
descarregar-se	լիցքաթափվել	[litsʰkʰatʰapʰvél]
carregador (m)	լիցքավորման սարք	[litsʰkavormán sárkʰ]
menu (m)	մենյու	[menjú]
definições (f pl)	լարք	[larkʰ]
melodia (f)	մեղեդի	[meġedí]
escolher (vt)	ընտրել	[əntrél]
calculadora (f)	հաշվիչ	[hašvíč]
correio (m) de voz	ինքնապատասխանիչ	[inkʰnapatasχaníč]
despertador (m)	զարթուցիչ	[zartʰutsʰíč]
contatos (m pl)	հեռախոսագիրք	[heraχosagírkʰ]
mensagem (f) de texto	SMS-հաղորդագրություն	[SMS haġordagrutʰjún]
assinante (m)	բաժանորդ	[baʒanórd]

115. Estacionário

caneta (f)	ինքնահոս գրիչ	[inkʰnahós gríč]
caneta (f) tinteiro	փետրավոր գրիչ	[pʰetravór grič]
lápis (m)	մատիտ	[matít]
marcador (m)	նշիչ	[nšič]
caneta (f) de feltro	ֆլոմաստեր	[flomastér]
bloco (m) de notas	նոթատետր	[notʰatétr]
agenda (f)	օրագիրք	[oragírkʰ]
régua (f)	քանոն	[kʰanón]
calculadora (f)	հաշվիչ	[hašvíč]
borracha (f)	ռետին	[retín]
pionés (m)	սևեռակ	[severák]
clipe (m)	ամրակ	[amrák]
cola (f)	սոսինձ	[sosíndz]
agrafador (m)	ճարմանդակարիչ	[čarmandakaríč]
furador (m)	ծակոտիչ	[tsakotíč]
afia-lápis (m)	սրիչ	[srič]

116. Vários tipos de documentos

relatório (m)	հաշվետվություն	[hašvetvutʰjún]
acordo (m)	համաձայնագիր	[hamadzajnagír]
ficha (f) de inscrição	հայտ	[hajt]
autêntico	բնագիր	[bnagír]
crachá (m)	բեջ	[bedʒ]
cartão (m) de visita	այցեքարտ	[ajtsʰekʰárt]
certificado (m)	սերտիֆիկատ	[sertifikát]
cheque (m)	չեք	[čekʰ]

conta (f)	հաշիվ	[hašív]
constituição (f)	սահմանադրություն	[sahmanadrutʰjún]
contrato (m)	պայմանագիր	[pajmanagír]
cópia (f)	կրկնօրինակ	[krknorinák]
exemplar (m)	օրինակ	[orinák]
declaração (f) alfandegária	հայտարարագիր	[hajtararagír]
documento (m)	փաստաթուղթ	[pʰastatʰúġtʰ]
carta (f) de condução	վարորդական իրավունք	[varordakán iravúnkʰ]
adenda (ao contrato)	հավելված	[havelváʦ]
questionário (m)	հարցաթերթիկ	[harʦʰatʰertʰík]
bilhete (m) de identidade	հավաստագիր	[havastagír]
inquérito (m)	հարցում	[harʦʰúm]
convite (m)	հրավիրատոմս	[hraviratóms]
fatura (f)	հաշիվ	[hašív]
lei (f)	օրենք	[orénkʰ]
carta (correio)	նամակ	[namák]
papel (m) timbrado	բլանկ	[blank]
lista (f)	ցանկ	[ʦʰank]
manuscrito (m)	ձեռագիր	[ʣeragír]
boletim (~ informativo)	տեղեկաթերթ	[teġekatʰértʰ]
bilhete (mensagem breve)	գրություն	[grutʰjún]
passe (m)	անցագիր	[anʦʰagír]
passaporte (m)	անձնագիր	[anʣnagír]
permissão (f)	թույլատրագիր	[tʰujlatragír]
CV, currículo (m)	ինքնակենսագրություն	[inkʰnakensagrutʰjún]
vale (nota promissória)	ստացական	[staʦʰakán]
recibo (m)	անդորրագիր	[andoragír]
talão (f)	չեք	[čekʰ]
relatório (m)	զեկուցագիր	[zekuʦʰagír]
mostrar (vt)	ներկայացնել	[nerkajaʦʰnél]
assinar (vt)	ստորագրել	[storagrél]
assinatura (f)	ստորագրություն	[storagrutʰjún]
carimbo (m)	կնիք	[knikʰ]
texto (m)	տեքստ	[tekʰst]
bilhete (m)	տոմս	[toms]
riscar (vt)	ջնջել	[ʤnʤel]
preencher (vt)	լրացնել	[lraʦʰnél]
guia (f) de remessa	բեռնագիր	[bernagír]
testamento (m)	կտակ	[ktak]

117. Tipos de negócios

serviços (m pl) de contabilidade	հաշվապահական ծառայություններ	[hašvapahakán ʦarajutʰjúnnér]
publicidade (f)	գովազդ	[govázd]
agência (f) de publicidade	գովազդային գործակալություն	[govazdajín gorʦakalutʰjún]

ar (m) condicionado	օդորակիչներ	[odorakičnér]
companhia (f) aérea	ավիաընկերություն	[aviaənkerutʰjún]
bebidas (f pl) alcoólicas	ոգելից խմիչքներ	[vogelíʦʰ χmičkʰnér]
comércio (m) de antiguidades	հնաոճ իրեր	[hnavóč irér]
galeria (f) de arte	սրահ	[srah]
serviços (m pl) de auditoria	աուդիտորական ծառայություններ	[auditorakán ʦarajutʰjún]
negócios (m pl) bancários	բանկային գործ	[bankajín gorʦ]
bar (m)	բար	[bar]
salão (m) de beleza	գեղեցկության սրահ	[geġeʦʰkutʰján sráh]
livraria (f)	գրախանութ	[graχanútʰ]
cervejaria (f)	գարեջրի գործարան	[gareʤrí gorʦarán]
centro (m) de escritórios	բիզնես-կենտրոն	[bíznes kentrón]
escola (f) de negócios	բիզնես-դպրոց	[bíznes dpróʦʰ]
casino (m)	խաղատուն	[χaġatún]
construção (f)	շինարարություն	[šinararutʰjún]
serviços (m pl) de consultoria	խորհրդատվություն	[χorhrdatvutʰjún]
estomatologia (f)	ատամնաբուժություն	[atamnabuʒutʰjún]
design (m)	դիզայն	[dizájn]
farmácia (f)	դեղատուն	[deġatún]
lavandaria (f)	քիմմաքրման կետ	[kʰimmakʰrmán két]
agência (f) de emprego	աշխատանքի տեղավորման գործակալություն	[ašχatankʰí teġavormán gorʦakalutʰjún]
serviços (m pl) financeiros	ֆինանսական ծառայություններ	[finansakán ʦarajutʰjúnnér]
alimentos (m pl)	սննդամթերք	[snndamtʰérkʰ]
agência (f) funerária	թաղման բյուրո	[tʰaġmán bjuró]
mobiliário (m)	կահույք	[kahújkʰ]
roupa (f)	հագուստ	[hagúst]
hotel (m)	հյուրանոց	[hjuranóʦʰ]
gelado (m)	պաղպաղակ	[paġpaġák]
indústria (f)	արդյունաբերություն	[ardjunaberutʰjún]
seguro (m)	ապահովագրություն	[apahovagrutʰjún]
internet (f)	ինտերնետ	[internét]
investimento (m)	ներդրումներ	[nerdrumnér]
joalheiro (m)	ոսկերիչ	[voskeríč]
joias (f pl)	ոսկերչական իրեր	[voskerčakán irér]
lavandaria (f)	լվացքատուն	[lvaʦʰkʰatún]
serviços (m pl) jurídicos	իրավաբանական ծառայություններ	[iravabanakán ʦarajutʰjúnnér]
indústria (f) ligeira	թեթև արդյունաբերություն	[tʰetʰév ardjunaberutʰjún]
revista (f)	ամսագիր	[amsagír]
vendas (f pl) por catálogo	գրացուցակով առևտուր	[graʦʰuʦʰakóv arevtúr]
medicina (f)	բժշկություն	[bʒškutʰjún]
cinema (m)	կինոթատրոն	[kinotʰatrón]
museu (m)	թանգարան	[tʰangarán]
agência (f) de notícias	տեղեկատվական գործակալություն	[teġekatvakán gorʦakalutʰjún]

jornal (m)	թերթ	[tʰertʰ]
clube (m) noturno	գիշերային ակումբ	[gišerajín akúmb]
petróleo (m)	նավթ	[navtʰ]
serviço (m) de encomendas	առաքման ծառայություն	[arakʰmán ʦarajutʰjún]
indústria (f) farmacêutica	դեղագիտություն	[deġagitutʰjún]
poligrafia (f)	տպագրություն	[tpagrutʰjún]
editora (f)	հրատարակչություն	[hratarakčutʰjún]
rádio (m)	ռադիո	[rádio]
imobiliário (m)	անշարժ գույք	[anšárʒ gújkʰ]
restaurante (m)	ռեստորան	[restorán]
empresa (f) de segurança	անվտանգության գործակալություն	[anvtangutʰján gorʦakalutʰjún]
desporto (m)	սպորտ	[sport]
bolsa (f)	բորսա	[bórsa]
loja (f)	խանութ	[χanútʰ]
supermercado (m)	սուպերմարքեթ	[supermarkʰétʰ]
piscina (f)	լողավազան	[loġavazán]
alfaiataria (f)	արվեստանոց	[arvestanóʦʰ]
televisão (f)	հեռուստատեսություն	[herustatesutʰjún]
teatro (m)	թատրոն	[tʰatrón]
comércio (atividade)	առևտուր	[arevtúr]
serviços (m pl) de transporte	փոխադրումներ	[pʰoχadrumnér]
viagens (f pl)	զբոսաշրջություն	[zbosašrʤutʰjún]
veterinário (m)	անասնաբույժ	[anasnabújʒ]
armazém (m)	պահեստ	[pahést]
recolha (f) do lixo	աղբի դուրս հանում	[aġbí dúrs hanúm]

Emprego. Negócios. Parte 2

118. Espetáculo. Feira

feira (f)	ցուցահանդես	[ʦʰuʦʰahandés]
feira (f) comercial	առևտրական ցուցահանդես	[arevtrajín ʦʰuʦʰahandés]
participação (f)	մասնակցություն	[masnakʦʰutʰjún]
participar (vi)	մասնակցել	[masnakʦʰél]
participante (m)	մասնակից	[masnakíʦʰ]
diretor (m)	տնօրեն	[tnorén]
direção (f)	տնօրինություն	[tnorinutʰjún]
organizador (m)	կազմակերպիչ	[kazmakerpíč]
organizar (vt)	կազմակերպել	[kazmakerpél]
ficha (f) de inscrição	մասնակցության հայտ	[masnakʦʰutʰján hajt]
preencher (vt)	լրացնել	[lraʦʰnél]
detalhes (m pl)	մանրամասներ	[manramasnér]
informação (f)	տեղեկատվություն	[teġekatvutʰjún]
preço (m)	գին	[gin]
incluindo	ներառյալ	[nerarjál]
incluir (vt)	ներառել	[nerarél]
pagar (vt)	վճարել	[včarél]
taxa (f) de inscrição	գրանցավճար	[granʦʰavčár]
entrada (f)	մուտք	[mutkʰ]
pavilhão (m)	վաճառասրահ	[vačarasráh]
inscrever (vt)	գրանցել	[granʦʰél]
crachá (m)	բեջ	[beʤ]
stand (m)	ցուցատախտակ	[ʦʰuʦʰataχták]
reservar (vt)	նախօրոք պատվիրել	[naχorókʰ patvirél]
vitrina (f)	ցուցափեղկ	[ʦʰuʦʰapʰéġk]
foco, spot (m)	լրացնել	[lraʦʰnél]
design (m)	դիզայն	[dizájn]
pôr, colocar (vt)	տեղավորել	[teġavorél]
distribuidor (m)	դիստրիբյուտոր	[distribjutór]
fornecedor (m)	մատակարար	[matakarár]
país (m)	երկիր	[erkír]
estrangeiro	օտարերկրյա	[otarerkrjá]
produto (m)	ապրանքատեսակ	[aprankʰatesák]
associação (f)	միություն	[miutʰjún]
sala (f) de conferências	կոնֆերանսների դահլիճ	[konferansnerí dahlíč]
congresso (m)	վեհաժողով	[vehaʒoġóv]

concurso (m)	մրցույթ	[mrʦ^{h}ujt^h]
visitante (m)	հաճախորդ	[hačaχórd]
visitar (vt)	հաճախել	[hačaχél]
cliente (m)	պատվիրատու	[patviratú]

119. Media

jornal (m)	թերթ	[t^{h}ert^h]
revista (f)	ամսագիր	[amsagír]
imprensa (f)	մամուլ	[mamúl]
rádio (m)	ռադիո	[rádio]
estação (f) de rádio	ռադիոկայան	[radiokaján]
televisão (f)	հեռուստատեսություն	[herustatesut^{h}jún]
apresentador (m)	հաղորդավար	[haġordavár]
locutor (m)	հաղորդավար	[haġordavár]
comentador (m)	մեկնաբան	[meknabán]
jornalista (m)	լրագրող	[lragróġ]
correspondente (m)	թղթակից	[t^{h}ġt^{h}akíʦ^h]
repórter (m) fotográfico	ֆոտոթղթակից	[fotot^{h}ġt^{h}akíʦ^h]
repórter (m)	լրագրող	[lragróġ]
redator (m)	խմբագիր	[χmbagír]
redator-chefe (m)	գլխավոր խմբագիր	[glχavór χmbagír]
assinar a ...	բաժանորդագրվել	[baʒanordagrvél]
assinatura (f)	բաժանորդագրություն	[baʒanordagrut^{h}jún]
assinante (m)	բաժանորդագիր	[baʒanordagír]
ler (vt)	ընթերցել	[ənt^{h}erʦ^{h}él]
leitor (m)	ընթերցող	[ənt^{h}erʦ^{h}óġ]
tiragem (f)	տպաքանակ	[tpak^{h}anák]
mensal	ամսական	[amsakán]
semanal	շաբաթական	[šabat^{h}akán]
número (jornal, revista)	համար	[hamár]
recente	թարմ	[t^{h}arm]
manchete (f)	վերնագիր	[vernagír]
pequeno artigo (m)	նյութ	[njut^h]
coluna (~ semanal)	խորագիր	[χoragír]
artigo (m)	հոդված	[hodváʦ]
página (f)	էջ	[ēʤ]
reportagem (f)	լրահաղորդում	[lrahaġordúm]
evento (m)	դեպք	[depk^h]
sensação (f)	սենսացիա	[sensáʦ^{h}ia]
escândalo (m)	սկանդալ	[skandál]
escandaloso	սկանդալային	[skandalajín]
grande	մեծ	[meʦ]
programa (m) de TV	հաղորդում	[haġordúm]
entrevista (f)	հարցազրույց	[harʦ^{h}azrújʦ^h]
transmissão (f) em direto	ուղիղ հեռարձակում	[uġíġ herarʣakúm]
canal (m)	ալիք	[alík^h]

120. Agricultura

agricultura (f)	գյուղատնտեսություն	[gjuġatntesutʰjún]
camponês (m)	գյուղացի	[gjuġatsʰí]
camponesa (f)	գյուղացի	[gjuġatsʰí]
agricultor (m)	ֆերմեր	[fermér]
trator (m)	տրակտոր	[traktór]
ceifeira-debulhadora (f)	կոմբայն	[kombájn]
arado (m)	գութան	[gutʰán]
arar (vt)	վարել	[varél]
campo (m) lavrado	վարելահող	[varelahóġ]
rego (m)	ակոս	[akós]
semear (vt)	ցանել	[tsʰanél]
semeadora (f)	սերմնացան մեքենա	[sermnatsʰán mekʰená]
semeadura (f)	ցանք	[tsʰankʰ]
gadanha (f)	գերանդի	[gerandí]
gadanhar (vt)	հնձել	[hndzél]
pá (f)	բահ	[bah]
cavar (vt)	փորել	[pʰorél]
enxada (f)	կացին	[katsʰín]
carpir (vt)	քաղհանել	[kʰaġhanél]
erva (f) daninha	մոլախոտ	[molaχót]
regador (m)	ցնցուղ	[tsʰntsʰuġ]
regar (vt)	ոռոգել	[vorogél]
rega (f)	ոռոգում	[vorogúm]
forquilha (f)	եղան	[eġán]
ancinho (m)	փոցխ	[pʰosχ]
fertilizante (m)	պարարտանյութ	[parartanjútʰ]
fertilizar (vt)	պարարտացնել	[parartatsʰnél]
estrume (m)	թրիք	[tʰrikʰ]
campo (m)	դաշտ	[dašt]
prado (m)	մարգագետին	[margagetín]
horta (f)	բանջարանոց	[bandʒaranótsʰ]
pomar (m)	այգի	[ajgí]
pastar (vt)	արածացնել	[aratsatsʰnél]
pastor (m)	հովիվ	[hovív]
pastagem (f)	արոտավայր	[arotavájr]
pecuária (f)	անասնաբուծություն	[anasnabutsutʰjún]
criação (f) de ovelhas	ոչխարաբուծություն	[vočχarabutsutʰjún]
plantação (f)	պլանտացիա	[plantátsʰia]
canteiro (m)	մարգ	[marg]
invernadouro (m)	ջերմոց	[dʒermótsʰ]

seca (f)	երաշտ	[erášt]
seco (verão ~)	չորային	[čorajín]
cereais (m pl)	հացաբույսեր	[haʦʰabujsér]
colher (vt)	բերքահավաքել	[berkʰahavakʰél]
moleiro (m)	ջրաղացպան	[ʤraġaʦʰpán]
moinho (m)	ալրաղաց	[alraġáʦʰ]
moer (vt)	ցորեն աղալ	[ʦʰorén aġál]
farinha (f)	ալյուր	[aljúr]
palha (f)	ծղոտ	[ʦġot]

121. Construção. Processo de construção

canteiro (m) de obras	շինարարություն	[šinararutʰjún]
construir (vt)	կառուցել	[karuʦʰél]
construtor (m)	շինարար	[šinarár]
projeto (m)	նախագիծ	[naχagíʦ]
arquiteto (m)	ճարտարապետ	[čartarapét]
operário (m)	բանվոր	[banvór]
fundação (f)	հիմք	[himkʰ]
telhado (m)	տանիք	[taníkʰ]
estaca (f)	ցցագերան	[ʦʰʦʰagerán]
parede (f)	պատ	[pat]
varões (m pl) para betão	ամրան	[amrán]
andaime (m)	շինափայտ	[šinapʰájt]
betão (m)	բետոն	[betón]
granito (m)	գրանիտ	[granít]
pedra (f)	քար	[kʰar]
tijolo (m)	աղյուս	[aġjús]
areia (f)	ավազ	[aváz]
cimento (m)	ցեմենտ	[ʦʰemént]
emboço (m)	ծեփ	[ʦepʰ]
emboçar (vt)	սվաղել	[svaġél]
tinta (f)	ներկ	[nerk]
pintar (vt)	ներկել	[nerkél]
barril (m)	տակառ	[takár]
grua (f), guindaste (m)	ամբարձիչ	[ambarʣíč]
erguer (vt)	բարձրացնել	[barʣraʦʰnél]
baixar (vt)	իջեցնել	[iʤeʦʰnél]
buldózer (m)	բուլդոզեր	[buldozér]
escavadora (f)	էքսկավատոր	[ēkʰskavatór]
caçamba (f)	շերեփ	[šerépʰ]
escavar (vt)	փորել	[pʰorél]
capacete (m) de proteção	սաղավարտ	[saġavárt]

122. Ciência. Investigação. Cientistas

ciência (f)	գիտություն	[gitutʰjún]
científico	գիտական	[gitakán]
cientista (m)	գիտնական	[gitnakán]
teoria (f)	տեսություն	[tesutʰjún]
axioma (m)	աքսիոմ	[akʰsióm]
análise (f)	վերլուծություն	[verluʦutʰjún]
analisar (vt)	վերլուծել	[verluʦél]
argumento (m)	փաստարկ	[pʰastárk]
substância (f)	նյութ	[njutʰ]
hipótese (f)	հիպոտեզ	[hipotéz]
dilema (m)	երկընտրանք	[erkəntránkʰ]
tese (f)	դիսերտացիա	[disertáʦʰia]
dogma (m)	դոգմա	[dógma]
doutrina (f)	ուսմունք	[usmúnkʰ]
pesquisa (f)	հետազոտություն	[hetazotutʰjún]
pesquisar (vt)	հետազոտել	[hetazotél]
teste (m)	վերահսկում	[verahskúm]
laboratório (m)	լաբորատորիա	[laboratória]
método (m)	մեթոդ	[metʰód]
molécula (f)	մոլեկուլ	[molekúl]
monitoramento (m)	մոնիթորինգ	[monitʰóring]
descoberta (f)	հայտնագործություն	[hajtnagorʦutʰjún]
postulado (m)	կանխադրույթ	[kanχadrújtʰ]
princípio (m)	սկզբունք	[skzbúnkʰ]
prognóstico (previsão)	կանխատեսություն	[kanχatesutʰjún]
prognosticar (vt)	կանխատեսել	[kanχatesél]
síntese (f)	սինթեզ	[sintʰéz]
tendência (f)	միտում	[mitúm]
teorema (m)	թեորեմ	[tʰeorém]
ensinamentos (m pl)	ուսմունք	[usmúnkʰ]
facto (m)	փաստ	[pʰast]
expedição (f)	արշավ	[aršáv]
experiência (f)	գիտափորձ	[gitapʰórʣ]
académico (m)	ակադեմիկոս	[akademikós]
bacharel (m)	բակալավր	[bakalávr]
doutor (m)	դոկտոր	[doktór]
docente (m)	դոցենտ	[doʦʰént]
mestre (m)	մագիստրոս	[magistrós]
professor (m) catedrático	պրոֆեսոր	[profesór]

Profissões e ocupações

123. Procura de emprego. Demissão

trabalho (m)	աշխատանք	[ašχatánkʰ]
pessoal (m)	աշխատակազմ	[ašχatakázm]
carreira (f)	կարիերա	[karéra]
perspetivas (f pl)	հեռանկար	[herankár]
mestria (f)	վարպետություն	[varpetutʰjún]
seleção (f)	ընտրություն	[əntrutʰjún]
agência (f) de emprego	աշխատանքի տեղավորման գործակալություն	[ašχatankʰí teġavormán goʦakalutʰjún]
CV, currículo (m)	ինքնակենսագրություն	[inkʰnakensagrutʰjún]
entrevista (f) de emprego	հարցազրույց	[harʦʰazrújʦʰ]
vaga (f)	թափուր աշխատատեղ	[tʰapʰúr ašχatatéġ]
salário (m)	աշխատավարձ	[ašχatavárʣ]
salário (m) fixo	դրույք	[drujkʰ]
pagamento (m)	վարձավճար	[varʣavčár]
posto (m)	պաշտոն	[paštón]
dever (do empregado)	պարտականություն	[partakanutʰjún]
gama (f) de deveres	շրջանակ	[šrʤanák]
ocupado	զբաղված	[zbaġváʦ]
despedir, demitir (vt)	հեռացնել	[heraʦʰnél]
demissão (f)	հեռացում	[heraʦʰúm]
desemprego (m)	գործազրկություն	[gorʦazrkutʰjún]
desempregado (m)	գործազուրկ	[gorʦazúrk]
reforma (f)	թոշակ	[tʰošák]
reformar-se	թոշակի գնալ	[tʰošakí gnál]

124. Gente de negócios

diretor (m)	տնօրեն	[tnorén]
gerente (m)	կառավարիչ	[karavaríč]
patrão, chefe (m)	ղեկավար	[ġekavár]
superior (m)	պետ	[pet]
superiores (m pl)	ղեկավարություն	[ġekavarutʰjún]
presidente (m)	նախագահ	[naχagáh]
presidente (m) de direção	նախագահ	[naχagáh]
substituto (m)	տեղակալ	[teġakál]
assistente (m)	օգնական	[ognakán]

secretário (m)	քարտուղար	[kʰartuġár]
secretário (m) pessoal	անձնական քարտուղար	[anʣnakán kʰartuġár]
homem (m) de negócios	գործարար	[gorʦarár]
empresário (m)	ձեռներեց	[ʣerneréʦʰ]
fundador (m)	հիմնադիր	[himnadír]
fundar (vt)	հիմնադրել	[himnadrél]
fundador, sócio (m)	սահմանադրող	[sahmmanadróġ]
parceiro, sócio (m)	գործընկեր	[gorʦənkér]
acionista (m)	բաժնետեր	[baʒnetér]
milionário (m)	միլիոնատեր	[milionatér]
bilionário (m)	միլիարդատեր	[miliardatér]
proprietário (m)	սեփականատեր	[sepʰakanatér]
proprietário (m) de terras	հողատեր	[hoġatér]
cliente (m)	հաճախորդ	[hačaχórd]
cliente (m) habitual	մշտական հաճախորդ	[mštakán hačaχórd]
comprador (m)	գնորդ	[gnord]
visitante (m)	հաճախորդ	[hačaχórd]
profissional (m)	պրոֆեսիոնալ	[profesionál]
perito (m)	փորձագետ	[pʰorʣagét]
especialista (m)	մասնագետ	[masnagét]
banqueiro (m)	բանկատեր	[bankatér]
corretor (m)	բրոկեր	[bróker]
caixa (m, f)	գանձապահ	[ganʣapáh]
contabilista (m)	հաշվապահ	[hašvapáh]
guarda (m)	անվտանգության աշխատակից	[anvtangutʰján ašχatakíʦʰ]
investidor (m)	ներդրող	[nerdróġ]
devedor (m)	պարտապան	[partapán]
credor (m)	վարկատու	[varkarú]
mutuário (m)	փոխառու	[pʰoχarú]
importador (m)	ներկրող	[nerkróġ]
exportador (m)	արտահանող	[artahanóġ]
produtor (m)	արտադրող	[artadróġ]
distribuidor (m)	դիստրիբյուտոր	[distribjutór]
intermediário (m)	միջնորդ	[miʤnórd]
consultor (m)	խորհրդատու	[χorhrdatú]
representante (m)	ներկայացուցիչ	[nerkajaʦʰuʦʰíč]
agente (m)	գործակալ	[gorʦakál]
agente (m) de seguros	ապահովագրական գործակալ	[apahovagrakán gorʦakál]

125. Profissões de serviços

cozinheiro (m)	խոհարար	[χoharár]
cozinheiro chefe (m)	շեֆ-խոհարար	[šéf χoharár]

padeiro (m)	հացթուխ	[hatsʰtʰúχ]
barman (m)	բարմեն	[barmén]
empregado (m) de mesa	մատուցող	[matutsʰóġ]
empregada (f) de mesa	մատուցողուհի	[matutsʰoġuhí]
advogado (m)	փաստաբան	[pʰastabán]
jurista (m)	իրավաբան	[iravabán]
notário (m)	նոտար	[notár]
eletricista (m)	մոնտյոր	[montjor]
canalizador (m)	սանտեխնիկ	[santeχník]
carpinteiro (m)	ատաղձագործ	[ataġdzagórts]
massagista (m)	մերսող	[mersóġ]
massagista (f)	մերսող	[mersóġ]
médico (m)	բժիշկ	[bʒišk]
taxista (m)	տակսու վարորդ	[taksú varórd]
condutor (automobilista)	վարորդ	[varórd]
entregador (m)	առաքիչ	[arakʰíč]
camareira (f)	սպասավորուհի	[spasavoruhí]
guarda (m)	անվտանգության աշխատակից	[anvtangutʰján ašχatakítsʰ]
hospedeira (f) de bordo	ուղեկցորդուհի	[uġektsʰorduhí]
professor (m)	ուսուցիչ	[usutsʰíč]
bibliotecário (m)	գրադարանավար	[gradaranavár]
tradutor (m)	թարգմանիչ	[tʰargmaníč]
intérprete (m)	թարգմանիչ	[tʰargmaníč]
guia (pessoa)	գիդ	[gid]
cabeleireiro (m)	վարսահարդար	[varsahardár]
carteiro (m)	փոստատար	[pʰostatár]
vendedor (m)	վաճառող	[vačaróġ]
jardineiro (m)	այգեպան	[ajgepán]
criado (m)	աղախին	[aġaχín]
criada (f)	աղախին	[aġaχín]
empregada (f) de limpeza	հավաքարար	[havakʰarár]

126. Profissões militares e postos

soldado (m) raso	շարքային	[šarkʰajín]
sargento (m)	սերժանտ	[serʒánt]
tenente (m)	լեյտենանտ	[lejtenánt]
capitão (m)	կապիտան	[kapitán]
major (m)	մայոր	[majór]
coronel (m)	գնդապետ	[gndapét]
general (m)	գեներալ	[generál]
marechal (m)	մարշալ	[maršál]
almirante (m)	ադմիրալ	[admirál]
militar (m)	զինվորական	[zinvorakán]

soldado (m)	զինվոր	[zinvór]
oficial (m)	սպա	[spa]
comandante (m)	հրամանատար	[hramanatár]
guarda (m) fronteiriço	սահմանապահ	[sahmanapáh]
operador (m) de rádio	ռադիոկապավոր	[radiokapavór]
explorador (m)	հետախույզ	[hetaχújz]
sapador (m)	սակրավոր	[sakravór]
atirador (m)	հրաձիգ	[hradzíg]
navegador (m)	ղեկապետ	[ġekapét]

127. Oficiais. Padres

rei (m)	թագավոր	[tʰagavór]
rainha (f)	թագուհի	[tʰaguhí]
príncipe (m)	արքայազն	[arkʰajázn]
princesa (f)	արքայադուստր	[arkʰajadústr]
czar (m)	թագավոր	[tʰagavór]
czarina (f)	թագուհի	[tʰaguhí]
presidente (m)	նախագահ	[naχagáh]
ministro (m)	նախարար	[naχarár]
primeiro-ministro (m)	վարչապետ	[varčapét]
senador (m)	սենատոր	[senatór]
diplomata (m)	դիվանագետ	[divanagét]
cônsul (m)	հյուպատոս	[hjupatós]
embaixador (m)	դեսպան	[despán]
conselheiro (m)	խորհրդական	[χorhrdakán]
funcionário (m)	պետական պաշտոնյա	[petakán paštonjá]
prefeito (m)	ոստիկանապետ	[vostikanapét]
Presidente (m) da Câmara	քաղաքապետ	[kʰaġakapét]
juiz (m)	դատավոր	[datavór]
procurador (m)	դատախազ	[dataχáz]
missionário (m)	միսիոներ	[misionér]
monge (m)	վանական	[vanakán]
abade (m)	աբբատ	[abbát]
rabino (m)	ռավվին	[ravvín]
vizir (m)	վեզիր	[vezír]
xá (m)	շահ	[šah]
xeque (m)	շեյխ	[šejχ]

128. Profissões agrícolas

apicultor (m)	մեղվապահ	[meġvapáh]
pastor (m)	հովիվ	[hovív]

agrónomo (m) ագրոնոմ [agronóm]
criador (m) de gado անասնաբույծ [anasnabújts]
veterinário (m) անասնաբույժ [anasnabújʒ]

agricultor (m) ֆերմեր [fermér]
vinicultor (m) գինեգործ [ginegórts]
zoólogo (m) կենդանաբան [kendanabán]
cowboy (m) կովբոյ [kovbój]

129. Profissões artísticas

ator (m) դերասան [derasán]
atriz (f) դերասանուհի [derasanuhí]

cantor (m) երգիչ [ergíč]
cantora (f) երգչուհի [ergčuhí]

bailarino (m) պարող [paróġ]
bailarina (f) պարուհի [paruhí]

artista (m) դերասան [derasán]
artista (f) դերասանուհի [derasanuhí]

músico (m) երաժիշտ [eraʒíšt]
pianista (m) դաշնակահար [dašnakahár]
guitarrista (m) կիթառահար [kit^{h}arahár]

maestro (m) դիրիժոր [diriʒor]
compositor (m) կոմպոզիտոր [kompozitór]
empresário (m) իմպրեսարիո [impresário]

realizador (m) ռեժիսոր [reʒisjor]
produtor (m) պրոդյուսեր [prodjusér]
argumentista (m) սցենարի հեղինակ [sts^{h}enarí heġinák]
crítico (m) քննադատ [k^{h}nnadát]

escritor (m) գրող [groġ]
poeta (m) բանաստեղծ [banastéġts]
escultor (m) քանդակագործ [k^{h}andakagórts]
pintor (m) նկարիչ [nkaríč]

malabarista (m) ձեռնածու [dzernatsú]
palhaço (m) ծաղրածու [tsaġratsú]
acrobata (m) ակրոբատ [akrobát]
mágico (m) աճպարար [ačparár]

130. Várias profissões

médico (m) բժիշկ [bʒišk]
enfermeira (f) բուժքույր [buʒk^{h}újr]
psiquiatra (m) հոգեբույժ [hogebújʒ]
estomatologista (m) ատամնաբույժ [atamnabújʒ]

cirurgião (m)	վիրաբույժ	[virabújʒ]
astronauta (m)	աստղանավորդ	[astġanavórd]
astrónomo (m)	աստղագետ	[astġagét]
piloto (m)	օդաչու	[odačú]
motorista (m)	վարորդ	[varórd]
maquinista (m)	մեքենավար	[mekʰenavár]
mecânico (m)	մեխանիկ	[meχaník]
mineiro (m)	հանքափոր	[hankʰapʰór]
operário (m)	բանվոր	[banvór]
serralheiro (m)	փականագործ	[pʰakanagórʦ]
marceneiro (m)	ատաղձագործ	[ataġʣagórʦ]
torneiro (m)	խառատ	[χarát]
construtor (m)	շինարար	[šinarár]
soldador (m)	զոդագործ	[zodagórʦ]
professor (m) catedrático	պրոֆեսոր	[profesór]
arquiteto (m)	ճարտարապետ	[čartarapét]
historiador (m)	պատմաբան	[patmabán]
cientista (m)	գիտնական	[gitnakán]
físico (m)	ֆիզիկոս	[fizikós]
químico (m)	քիմիկոս	[kʰimikós]
arqueólogo (m)	հնագետ	[hnagét]
geólogo (m)	երկրաբան	[erkrabán]
pesquisador (cientista)	հետազոտող	[hetazotóġ]
babysitter (f)	դայակ	[daják]
professor (m)	մանկավարժ	[mankavárʒ]
redator (m)	խմբագիր	[χmbagír]
redator-chefe (m)	գլխավոր խմբագիր	[glχavór χmbagír]
correspondente (m)	թղթակից	[tʰġtʰakíʦʰ]
datilógrafa (f)	մեքենագրուհի	[mekʰenagruhí]
designer (m)	դիզայներ	[dizajnér]
especialista (m) em informática	համակարգչի մասնագետ	[hamakargčí masnagét]
programador (m)	ծրագրավորող	[ʦragravoróġ]
engenheiro (m)	ինժեներ	[inʒenér]
marujo (m)	ծովային	[ʦovajín]
marinheiro (m)	նավաստի	[navastí]
salvador (m)	փրկարար	[pʰrkarár]
bombeiro (m)	հրշեջ	[hršeʤ]
polícia (m)	ոստիկան	[vostikán]
guarda-noturno (m)	պահակ	[pahák]
detetive (m)	խուզարկու	[χuzarkú]
funcionário (m) da alfândega	մաքսավոր	[makʰsavór]
guarda-costas (m)	թիկնապահ	[tʰiknapáh]
guarda (m) prisional	պահակ	[pahák]
inspetor (m)	տեսուչ	[tesúč]
desportista (m)	մարզիկ	[marzík]

treinador (m)	մարզիչ	[marzíč]
talhante (m)	մսավաճառ	[msavačár]
sapateiro (m)	կոշկակար	[koškakár]
comerciante (m)	առևտրական	[arevtrakán]
carregador (m)	բեռնակիր	[bernakír]
estilista (m)	մոդելյեր	[modelér]
modelo (f)	մոդել	[modél]

131. Ocupações. Estatuto social

aluno, escolar (m)	աշակերտ	[ašakért]
estudante (~ universitária)	ուսանող	[usanóġ]
filósofo (m)	փիլիսոփա	[pʰilisopá]
economista (m)	տնտեսագետ	[tntesagét]
inventor (m)	գյուտարար	[gjutarár]
desempregado (m)	գործազուրկ	[gortsazúrk]
reformado (m)	թոշակառու	[tʰošakarú]
espião (m)	լրտես	[lrtes]
preso (m)	բանտարկյալ	[bantarkjál]
grevista (m)	գործադուլավոր	[gortsadulavór]
burocrata (m)	բյուրոկրատ	[bjurokrát]
viajante (m)	ճանապարհորդ	[čanaparhórd]
homossexual (m)	համասեռամոլ	[hamaseramól]
hacker (m)	խակեր	[χakér]
bandido (m)	ավազակ	[avazák]
assassino (m) a soldo	վարձու մարդասպան	[vardzú mardaspán]
toxicodependente (m)	թմրամոլ	[tʰmramól]
traficante (m)	թմրավաճառ	[tʰmravačár]
prostituta (f)	պոռնիկ	[porník]
chulo (m)	կավատ	[kavát]
bruxo (m)	կախարդ	[kaχárd]
bruxa (f)	կախարդուհի	[kaχarduhí]
pirata (m)	ծովահեն	[tsovahén]
escravo (m)	ստրուկ	[struk]
samurai (m)	սամուրայ	[samuráj]
selvagem (m)	վայրագ	[vajrág]

Desportos

132. Tipos de desportos. Desportistas

desportista (m)	մարզիկ	[marzík]
tipo (m) de desporto	մարզաձև	[marzaʣév]
basquetebol (m)	բասկետբոլ	[basketból]
jogador (m) de basquetebol	բասկետբոլիստ	[basketbolíst]
beisebol (m)	բեյսբոլ	[bejsból]
jogador (m) de beisebol	բեյսբոլիստ	[bejsbolíst]
futebol (m)	ֆուտբոլ	[futból]
futebolista (m)	ֆուտբոլիստ	[futbolíst]
guarda-redes (m)	դարպասապահ	[darpasapáh]
hóquei (m)	հոկեյ	[hokéj]
jogador (m) de hóquei	հոկեյիստ	[hokeíst]
voleibol (m)	վոլեյբոլ	[volejból]
jogador (m) de voleibol	վոլեյբոլիստ	[volejbolíst]
boxe (m)	բռնցքամարտ	[brnʦʰkʰamárt]
boxeador, pugilista (m)	բռնցքամարտիկ	[brnʦʰkʰamartík]
luta (f)	ըմբշամարտ	[əmbšamárt]
lutador (m)	ըմբիշ	[əmbíš]
karaté (m)	կարատե	[karaté]
karateca (m)	կարատեիստ	[karateíst]
judo (m)	ձյուդո	[dzjudó]
judoca (m)	ձյուդոիստ	[dzjudoíst]
ténis (m)	թենիս	[tʰenís]
tenista (m)	թենիսիստ	[tʰenisíst]
natação (f)	լող	[loġ]
nadador (m)	լողորդ	[loġórd]
esgrima (f)	սուսերամարտ	[suseramárt]
esgrimista (m)	սուսերամարտիկ	[suseramartík]
xadrez (m)	շախմատ	[šaχmát]
xadrezista (m)	շախմատիստ	[šaχmatíst]
alpinismo (m)	լեռնագնացություն	[lernagnaʦʰutʰjún]
alpinista (m)	լեռնագնաց	[lernagnáʦʰ]
corrida (f)	մրցավազք	[mrʦʰavázkʰ]

corredor (m)	մրցավազող	[mrʦʰavazóġ]
atletismo (m)	թեթև աթլետիկա	[tʰetʰév atlétika]
atleta (m)	աթլետ	[atlét]
hipismo (m)	ձիասպորտ	[ʣiaspórt]
cavaleiro (m)	հեծյալ	[heʦjál]
patinagem (f) artística	գեղասահք	[geġasáhkʰ]
patinador (m)	գեղասահորդ	[geġasahórd]
patinadora (f)	գեղասահորդուհի	[geġasahorduhí]
halterofilismo (m)	ծանրամարտ	[ʦanramárt]
halterofilista (m)	ծանրամարտիկ	[ʦanramartík]
corrida (f) de carros	ավտոմրցարշավ	[avtomrʦʰaršáv]
piloto (m)	ավտոմրցարշավորդ	[avtomrʦʰaršavórd]
ciclismo (m)	հեծանվասպորտ	[heʦanvaspórt]
ciclista (m)	հեծանվորդ	[heʦanvórd]
salto (m) em comprimento	երկարացատկ	[erkaraʦʰátk]
salto (m) à vara	ձողով ցատկ	[ʣoġóv ʦʰatk]
atleta (m) de saltos	ցատկորդ	[ʦʰatkórd]

133. Tipos de desportos. Diversos

futebol (m) americano	ամերիկյան ֆուտբոլ	[amerikján futból]
badminton (m)	բադմինտոն	[badmintón]
biatlo (m)	բիատլոն	[biatlón]
bilhar (m)	բիլյարդ	[biljárd]
bobsled (m)	բոբսլեյ	[bobsléj]
musculação (f)	բոդիբիլդինգ	[bodibílding]
polo (m) aquático	ջրային պոլո	[ʤrajín pólo]
andebol (m)	գանդբոլ	[gandból]
golfe (m)	գոլֆ	[golf]
remo (m)	թիավարություն	[tʰiavarutʰjún]
mergulho (m)	դայվինգ	[dájving]
corrida (f) de esqui	դահուկային մրցավազք	[dahukajín mrʦʰavázkʰ]
ténis (m) de mesa	սեղանի թենիս	[seġaní tʰenís]
vela (f)	առագաստանավային սպորտ	[aragastanavajín sport]
rali (m)	ավտոմրցարշավ	[avtomrʦʰaršáv]
râguebi (m)	ռեգբի	[régbi]
snowboard (m)	սնոուբորդ	[snoubórd]
tiro (m) com arco	նետաձգություն	[netaʣgutʰjún]

134. Ginásio

barra (f)	ծանրաձող	[ʦanraʣóġ]
halteres (m pl)	մարզագնդեր	[marzagndér]

aparelho (m) de musculaçao	մարզային սարքավորանք	[marzajín sarkavoránkʰ]
bicicleta (f) ergométrica	հեծանվային մարզասարք	[hetsanvajín marzasárkʰ]
passadeira (f) de corrida	վազքուղի	[vazkʰuġí]
barra (f) fixa	մարզաձող	[marzadzóġ]
barras (f) paralelas	զուգափայտեր	[zugapʰajtér]
cavalo (m)	նժույգ	[nʒujg]
tapete (m) de ginástica	մատ	[mat]
aeróbica (f)	աէրոբիկա	[aēróbika]
ioga (f)	յոգա	[jóga]

135. Hóquei

hóquei (m)	հոկեյ	[hokéj]
jogador (m) de hóquei	հոկեյիստ	[hokeíst]
jogar hóquei	հոկեյ խաղալ	[hokéj χaġál]
gelo (m)	սառույց	[sarújtsʰ]
disco (m)	տափօղակ	[tapʰoġák]
taco (m) de hóquei	մական	[makán]
patins (m pl) de gelo	չմուշկներ	[čmušknér]
muro (m)	եզրակող	[ezrakóġ]
tiro (m)	նետում	[netúm]
guarda-redes (m)	դարպասապահ	[darpasapáh]
golo (m)	գոլ	[gol]
marcar um golo	գոլ խփել	[gol χpʰel]
tempo (m)	խաղաշրջան	[χaġašrdʒán]
banco (m) de reservas	պահեստայինների նստարան	[pahestajinnerí nstarán]

136. Futebol

futebol (m)	ֆուտբոլ	[futból]
futebolista (m)	ֆուտբոլիստ	[futbolíst]
jogar futebol	ֆուտբոլ խաղալ	[futból χaġál]
Liga Principal (f)	բարձրագույն լիգա	[bardzragújn líga]
clube (m) de futebol	ֆուտբոլային ակումբ	[futbolajín akúmb]
treinador (m)	մարզիչ	[marzíč]
proprietário (m)	սեփականատեր	[sepʰakanatér]
equipa (f)	թիմ	[tʰim]
capitão (m) da equipa	թմի ավագ	[tʰmi avág]
jogador (m)	խաղացող	[χaġatsʰóġ]
jogador (m) de reserva	պահեստային խաղացող	[pahestajín χaġatsʰóġ]
atacante (m)	հարձակվող	[hardzakvóġ]
avançado (m) centro	կենտրոնական հարձակվող	[kentronakán hardzakvóġ]

marcador (m)	ռմբարկու	[rmbarkú]
defesa (m)	պաշտպան	[paštpán]
médio (m)	կիսապաշտպան	[kisapaštpán]
jogo (desafio)	հանդիպում	[handipúm]
encontrar-se (vr)	հանդիպել	[handipél]
final (m)	եզրափակիչ	[ezrap^{h}akíč]
meia-final (f)	կիսաեզրափակիչ	[kisaezrap^{h}akíč]
campeonato (m)	առաջնություն	[araʤnut^{h}jún]
tempo (m)	խաղակես	[χaġakés]
primeiro tempo (m)	առաջին խաղակես	[araʤín χaġakés]
intervalo (m)	ընդմիջում	[əndmiʤúm]
baliza (f)	դարպաս	[darpás]
guarda-redes (m)	դարպասապահ	[darpasapáh]
trave (f)	դարպասաձող	[darpasaʣóġ]
barra (f) transversal	դարպասաձող	[darpasaʣóġ]
rede (f)	ցանց	[ʦ^{h}anʦ^{h}]
sofrer um golo	գոլ բաց թողնել	[gol báʦ^{h} t^{h}oġnél]
bola (f)	գնդակ	[gndak]
passe (m)	փոխանցում	[p^{h}oχanʦ^{h}úm]
chute (m)	հարված	[harváʦ]
chutar (vt)	հարվածել	[harvaʦél]
tiro (m) livre	տուգանային հարված	[tuganajín harváʦ]
canto (m)	անկյունային հարված	[ankjunajín harváʦ]
ataque (m)	հարձակում	[harʣakúm]
contra-ataque (m)	հակահարձակում	[hakaharʣakúm]
combinação (f)	կոմբինացիա	[kombináʦ^{h}ia]
árbitro (m)	մրցավար	[mrʦ^{h}avár]
apitar (vi)	սուլել	[sulél]
apito (m)	սուլիչ	[sulíč]
falta (f)	խախտում	[χaχtúm]
cometer a falta	խախտել	[χaχtél]
expulsar (vt)	դաշտից հեռացնել	[daštíʦ^{h} heraʦ^{h}nél]
cartão (m) amarelo	դեղին քարտ	[deġín k^{h}art]
cartão (m) vermelho	կարմիր քարտ	[karmír k^{h}árt]
desqualificação (f)	որակազրկում	[vorakazrkúm]
desqualificar (vt)	որակազրկել	[vorakazrkél]
penálti (m)	տասնմեկ մետրանոց տուգանային հարված	[tasnmék metranóʦ^{h} tuganajín harváʦ]
barreira (f)	պատնեշ	[patnéš]
marcar (vt)	խփել	[χp^{h}el]
golo (m)	գոլ	[gol]
marcar um golo	գոլ խփել	[gol χp^{h}el]
substituição (f)	փոխարինում	[p^{h}oχarinúm]
substituir (vt)	փոխարինել	[p^{h}oχarinél]
regras (f pl)	կանոն	[kanón]
tática (f)	մարտավարություն	[martavarut^{h}jún]
estádio (m)	մարզադաշտ	[marzadášt]

bancadas (f pl)	տրիբունա	[tribúna]
fã, adepto (m)	ֆուտբոլասեր	[futbolasér]
gritar (vi)	գոռալ	[gorál]
marcador (m)	լուսատախտակ	[lusataχták]
resultado (m)	հաշիվ	[hašív]
derrota (f)	պարտություն	[partut^{h}jún]
perder (vt)	պարտվել	[partvél]
empate (m)	ոչ ոքի	[voč vok^{h}í]
empatar (vi)	ոչ ոքի խաղալ	[voč vok^{h}í χaġál]
vitória (f)	հաղթանակ	[haġt^{h}anák]
ganhar, vencer (vi, vt)	հաղթել	[haġt^{h}él]
campeão (m)	չեմպիոն	[čempión]
melhor	լավագույն	[lavagújn]
felicitar (vt)	շնորհավորել	[šnorhavorél]
comentador (m)	մեկնաբան	[meknabán]
comentar (vt)	մեկնաբանել	[meknabanél]
transmissão (f)	հեռարձակում	[herarʣakúm]

137. Esqui alpino

esqui (m)	դահուկներ	[dahuknér]
esquiar (vi)	դահուկներով սահել	[dahukneróv sahél]
estância (f) de esqui	լեռնադահուկային առողջարան	[lernadahukajín aroġʤarán]
teleférico (m)	ճոպանուղի	[čopanuġí]
bastões (m pl) de esqui	փայտեր	[p^{h}ajtér]
declive (m)	սարալանջ	[saralánʤ]
slalom (m)	սլալոմ	[slálom]

138. Ténis. Golfe

golfe (m)	գոլֆ	[golf]
clube (m) de golfe	գոլֆ-ակումբ	[golf akúmb]
jogador (m) de golfe	գոլֆ խաղացող	[golf χaġats^{h}óġ]
buraco (m)	խաղափոսիկ	[χaġap^{h}osík]
taco (m)	մական	[makán]
trolley (m)	մականների սայլակ	[makanneri sajlák]
ténis (m)	թենիս	[t^{h}enís]
quadra (f) de ténis	հարթակ	[hart^{h}ák]
saque (m)	նետում	[netúm]
sacar (vi)	նետել	[netél]
raquete (f)	ռակետ	[rakét]
rede (f)	ցանց	[ts^{h}ants^h]
bola (f)	գնդակ	[gndak]

139. Xadrez

xadrez (m)	շախմատ	[šaχmát]
peças (f pl) de xadrez	խաղաքար	[χaġakʰár]
xadrezista (m)	շախմատիստ	[šaχmatíst]
tabuleiro (m) de xadrez	շախմատի տախտակ	[šaχmatí taχták]
peça (f) de xadrez	խաղաքարեր	[χaġakʰarér]
brancas (f pl)	սպիտակներ	[spitaknér]
pretas (f pl)	սևեր	[sevér]
peão (m)	զինվոր	[zinvór]
bispo (m)	նավակ	[navák]
cavalo (m)	ձի	[ʣi]
torre (f)	փիղ	[pʰiġ]
dama (f)	թագուհի	[tʰaguhí]
rei (m)	արքա	[arkʰá]
vez (m)	խաղաքայլ	[χaġakʰájl]
mover (vt)	խաղալ	[χaġál]
sacrificar (vt)	զոհաբերել	[zohaberél]
roque (m)	փոխատեղում	[pʰoχateġúm]
xeque (m)	շախ	[šaχ]
xeque-mate (m)	մատ	[mat]
torneio (m) de xadrez	շախմատային մրցախաղ	[šaχmatajín mrʦʰaχáġ]
grão-mestre (m)	գրոսմեյստեր	[grosméjster]
combinação (f)	կոմբինացիա	[kombináʦʰia]
partida (f)	պարտիա	[pártia]
jogo (m) de damas	շաշկի	[šaškí]

140. Boxe

boxe (m)	բռնցքամարտ	[brnʦʰkʰamárt]
combate (m)	մենամարտ	[menamárt]
duelo (m)	մրցամարտ	[mrʦʰamárt]
round (m)	ռաունդ	[ráund]
ringue (m)	ռինգ	[ring]
gongo (m)	կոչնազանգ	[kočnazáng]
murro, soco (m)	հարված	[harváʦ]
knockdown (m)	նոկդաուն	[nokdáun]
nocaute (m)	նոկաուտ	[nokáut]
nocautear (vt)	նոկաուտել	[nokautél]
luva (f) de boxe	բռնցքամարտիկի ձեռնոց	[brnʦʰkʰamartí ʣernóʦʰ]
árbitro (m)	մրցավար	[mrʦʰavár]
peso-leve (m)	թեթև քաշ	[tʰetʰév kʰaš]
peso-médio (m)	միջին քաշ	[miʤín kʰaš]
peso-pesado (m)	ծանր քաշ	[ʦanr kʰaš]

141. Desportos. Diversos

Jogos (m pl) Olímpicos	օլիմպիական խաղեր	[olimpiakán χaġér]
vencedor (m)	հաղթող	[haġtʰóġ]
vencer (vi)	հաղտել	[haġtél]
vencer, ganhar (vi)	հաղթել	[haġtʰél]
líder (m)	առաջատար	[araʤatár]
liderar (vt)	գլխավորել	[glχavorél]
primeiro lugar (m)	առաջին տեղ	[araʤín téġ]
segundo lugar (m)	երկրորդ տեղ	[erkrórd teġ]
terceiro lugar (m)	երրորդ տեղ	[errórd teġ]
medalha (f)	մեդալ	[medál]
troféu (m)	հաղթանշան	[haġtʰanšán]
taça (f)	գավաթ	[gavátʰ]
prémio (m)	մրցանակ	[mrʦʰanák]
prémio (m) principal	գլխավոր մրցանակ	[glχavór mrʦʰanák]
recorde (m)	ռեկորդ	[rekórd]
estabelecer um recorde	սահմանել ռեկորդ	[sahmanél rekórd]
final (m)	ավարտ	[avárt]
final	եզրափակիչ	[ezrapʰakíč]
campeão (m)	չեմպյոն	[čempión]
campeonato (m)	առաջնություն	[araʤnutʰjún]
estádio (m)	մարզադաշտ	[marzadášt]
bancadas (f pl)	տրիբունա	[tribúna]
fã, adepto (m)	մարզասեր	[marzasér]
adversário (m)	հակառակորդ	[hakarakórd]
partida (f)	մեկնարկ	[meknárk]
chegada, meta (f)	վերջնագիծ	[verʤnagíʦ]
derrota (f)	պարտություն	[partutʰjún]
perder (vt)	պարտվել	[partvél]
árbitro (m)	մրցավար	[mrʦʰavár]
júri (m)	ժյուրի	[ʒjúri]
resultado (m)	հաշիվ	[hašív]
empate (m)	ոչ ոքի	[voč vokʰí]
empatar (vi)	ոչ ոքի խաղալ	[voč vokʰí χaġál]
ponto (m)	միավոր	[miavór]
resultado (m) final	արդյունք	[ardjúnkʰ]
intervalo (m)	ընդմիջում	[əndmiʤúm]
doping (m)	դոպինգ	[dopíng]
penalizar (vt)	տուգանել	[tuganél]
desqualificar (vt)	որակազրկել	[vorakazrkél]
aparelho (m)	մարզագործիք	[marzagorʦíkʰ]
dardo (m)	նիզակ	[nizák]

peso (m)	գունդ	[gund]
bola (f)	գնդակ	[gndak]
alvo, objetivo (m)	նշանակետ	[nšanakét]
alvo (~ de papel)	նշանակետ	[nšanakét]
atirar, disparar (vi)	կրակել	[krakél]
preciso (tiro ~)	ճշգրիտ	[čšgrit]
treinador (m)	մարզիչ	[marzíč]
treinar (vt)	մարզել	[marzél]
treinar-se (vr)	մարզվել	[marzvél]
treino (m)	մարզում	[marzúm]
ginásio (m)	մարզադահլիճ	[marzadahlíč]
exercício (m)	վարժություն	[varʒut^{h}jún]
aquecimento (m)	նախավարժանք	[naχavarʒánk^{h}]

Educação

142. Escola

escola (f)	դպրոց	[dproʦʰ]
diretor (m) de escola	դպրոցի տնօրեն	[dproʦʰí tnorén]
aluno (m)	աշակերտ	[ašakért]
aluna (f)	աշակերտուհի	[ašakertuhí]
escolar (m)	աշակերտ	[ašakért]
escolar (f)	դպրոցական	[dproʦʰakán]
ensinar (vt)	դասավանդել	[dasavandél]
aprender (vt)	սովորել	[sovorél]
aprender de cor	անգիր անել	[angír anél]
estudar (vi)	սովորել	[sovorél]
andar na escola	սովորել	[sovorél]
ir à escola	դպրոց գնալ	[dpróʦʰ gnal]
alfabeto (m)	այբուբեն	[ajbubén]
disciplina (f)	առարկա	[ararká]
sala (f) de aula	դասարան	[dasarán]
lição (f)	դաս	[das]
recreio (m)	դասամիջոց	[dasamiʤóʦʰ]
toque (m)	զանգ	[zang]
carteira (f)	դասասեղան	[dasaseġán]
quadro (m) negro	գրատախտակ	[grataχták]
nota (f)	թվանշան	[tʰvanšán]
boa nota (f)	լավ թվանշան	[lav tʰvanšán]
nota (f) baixa	վատ թվանշան	[vat tʰvanšán]
dar uma nota	թվանշան նշանակել	[tʰvanšán nšanakél]
erro (m)	սխալ	[sχal]
fazer erros	սխալներ թույլ տալ	[sχalnér tʰujl tal]
corrigir (vt)	ուղղել	[uġġél]
cábula (f)	ծածկաթերթիկ	[ʦaʦkatʰertík]
dever (m) de casa	տնային առաջադրանք	[tnajín araʤadránkʰ]
exercício (m)	վարժություն	[varʒutʰjún]
estar presente	ներկա լինել	[nerká linél]
estar ausente	բացակայել	[baʦʰakaél]
punir (vt)	պատժել	[patʒél]
punição (f)	պատիժ	[patíʒ]
comportamento (m)	վարք	[varkʰ]

boletim (m) escolar	օրագիր	[oragír]
lápis (m)	մատիտ	[matít]
borracha (f)	ռետին	[retín]
giz (m)	կավիճ	[kavíč]
estojo (m)	գրչատուփ	[grčatúpʰ]
pasta (f) escolar	դասապայուսակ	[dasapajusák]
caneta (f)	գրիչ	[grič]
caderno (m)	տետր	[tetr]
manual (m) escolar	դասագիրք	[dasagírkʰ]
compasso (m)	կարկին	[karkín]
traçar (vt)	գծագրել	[gʦagrél]
desenho (m) técnico	գծագիր	[gʦagír]
poesia (f)	բանաստեղծություն	[banasteġʦutʰjún]
de cor	անգիր	[angír]
aprender de cor	անգիր անել	[angír anél]
férias (f pl)	արձակուրդներ	[arʣakurdnér]
estar de férias	արձակուրդների մեջ լինել	[arʣakurdnerí méʤ linél]
teste (m)	ստուգողական աշխատանք	[stugoġakán ašχatánkʰ]
composição, redação (f)	շարադրություն	[šaradrutʰjún]
ditado (m)	թելադրություն	[tʰeladrutʰjún]
exame (m)	քննություն	[kʰnnutʰjún]
fazer exame	քննություն հանձնել	[kʰnnutʰjún handznél]
experiência (~ química)	փորձ	[pʰorʣ]

143. Colégio. Universidade

academia (f)	ակադեմիա	[akadémia]
universidade (f)	համալսարան	[hamalsarán]
faculdade (f)	ֆակուլտետ	[fakultét]
estudante (m)	ուսանող	[usanóġ]
estudante (f)	ուսանողուհի	[usanoġuhí]
professor (m)	դասախոս	[dasaχós]
sala (f) de palestras	լսարան	[lsarán]
graduado (m)	շրջանավարտ	[šrʤanavárt]
diploma (m)	դիպլոմ	[diplóm]
tese (f)	դիսերտացիա	[disertáʦʰia]
estudo (obra)	հետազոտություն	[hetazotutʰjún]
laboratório (m)	լաբորատորիա	[laboratória]
palestra (f)	դասախոսություն	[dasaχosutʰjún]
colega (m) de curso	համակուրսեցի	[hamakurseʦʰí]
bolsa (f) de estudos	կրթաթոշակ	[krtʰatʰošák]
grau (m) académico	գիտական աստիճան	[gitakán astičán]

144. Ciências. Disciplinas

matemática (f)	մաթեմատիկա	[matʰemátika]
álgebra (f)	հանրահաշիվ	[hanrahašív]
geometria (f)	երկրաչափություն	[erkračapʰutʰjún]
astronomia (f)	աստղագիտություն	[astġagitutʰjún]
biologia (f)	կենսաբանություն	[kensabanutʰjún]
geografia (f)	աշխարհագրություն	[ašχarhagrutʰjún]
geologia (f)	երկրաբանություն	[erkrabanutʰjún]
história (f)	պատմություն	[patmutʰjún]
medicina (f)	բժշկություն	[bʒškutʰjún]
pedagogia (f)	մանկավարժություն	[mankavarʒutʰjún]
direito (m)	իրավունք	[iravúnkʰ]
física (f)	ֆիզիկա	[fízika]
química (f)	քիմիա	[kʰímia]
filosofia (f)	փիլիսոփայություն	[pʰilisopajutʰjún]
psicologia (f)	հոգեբանություն	[hogebanutʰjún]

145. Sistema de escrita. Ortografia

gramática (f)	քերականություն	[kʰerakanutʰjún]
vocabulário (m)	բառագիտություն	[baragitutʰjún]
fonética (f)	հնչյունաբանություն	[hnčjunabanutʰjún]
substantivo (m)	գոյական	[gojakán]
adjetivo (m)	ածական	[aʦakán]
verbo (m)	բայ	[baj]
advérbio (m)	մակբայ	[makbáj]
pronome (m)	դերանուն	[deranún]
interjeição (f)	ձայնարկություն	[ʣajnarkutʰjún]
preposição (f)	նախդիր	[naχdír]
raiz (f) da palavra	արմատ	[armát]
terminação (f)	վերջավորություն	[verʤavorutʰjún]
prefixo (m)	նախածանց	[naχaʦánʦʰ]
sílaba (f)	վանկ	[vank]
sufixo (m)	վերջածանց	[verʤaʦánʦʰ]
acento (m)	շեշտ	[šešt]
apóstrofo (m)	ապաթարց	[apatʰárʦʰ]
ponto (m)	վերջակետ	[verʤakét]
vírgula (f)	ստորակետ	[storakét]
ponto e vírgula (m)	միջակետ	[miʤakét]
dois pontos (m pl)	բութ	[butʰ]
reticências (f pl)	բազմակետ	[bazmakét]
ponto (m) de interrogação	հարցական նշան	[harʦʰakán nšan]
ponto (m) de exclamação	բացականչական նշան	[baʦʰakančakán nšán]

aspas (f pl)	չակերտներ	[čakertnér]
entre aspas	չակերտների մեջ	[čakertnerí méʤ]
parênteses (m pl)	փակագծեր	[pʰakagʦér]
entre parênteses	փակագծերի մեջ	[pʰakagʦerí meʤ]
hífen (m)	միացման գիծ	[miaʦʰmán giʦ]
travessão (m)	անջատման գիծ	[anʤatmán gíʦ]
espaço (m)	բաց	[baʦʰ]
letra (f)	տառ	[tar]
letra (f) maiúscula	մեծատառ	[meʦatár]
vogal (f)	ձայնավոր	[ʣajnavór]
consoante (f)	բաղաձայն	[baġaʣájn]
frase (f)	նախադասություն	[naχadasutʰjún]
sujeito (m)	ենթակա	[entʰaká]
predicado (m)	ստորոգյալ	[storogjál]
linha (f)	տող	[toġ]
em uma nova linha	նոր տողից	[nor toġíʦʰ]
parágrafo (m)	պարբերություն	[parberutʰjún]
palavra (f)	բառ	[bar]
grupo (m) de palavras	բառակապակցություն	[barakapakʦʰutʰjún]
expressão (f)	արտահայտություն	[artahajtutʰjún]
sinónimo (m)	հոմանիշ	[homaníš]
antónimo (m)	հականիշ	[hakaníš]
regra (f)	կանոն	[kanón]
exceção (f)	բացառություն	[baʦʰarutʰjún]
correto	ճիշտ	[čišt]
conjugação (f)	խոնարհում	[χonarhúm]
declinação (f)	հոլովում	[holovúm]
caso (m)	հոլով	[holóv]
pergunta (f)	հարց	[harʦʰ]
sublinhar (vt)	ընդգծել	[əndgʦél]
linha (f) pontilhada	կետագիծ	[ketagíʦ]

146. Línguas estrangeiras

língua (f)	լեզու	[lezú]
língua (f) estrangeira	օտար լեզու	[otár lezú]
estudar (vt)	ուսումնասիրել	[usumnasirél]
aprender (vt)	սովորել	[sovorél]
ler (vt)	կարդալ	[kardál]
falar (vi)	խոսել	[χosél]
compreender (vt)	հասկանալ	[haskanál]
escrever (vt)	գրել	[grel]
rapidamente	արագ	[arág]
devagar	դանդաղ	[dandáġ]

fluentemente	ազատ	[azát]
regras (f pl)	կանոն	[kanón]
gramática (f)	քերականություն	[kʰerakanutʰjún]
vocabulário (m)	բառագիտություն	[baragitutʰjún]
fonética (f)	հնչյունաբանություն	[hnčjunabanutʰjún]
manual (m) escolar	դասագիրք	[dasagírkʰ]
dicionário (m)	բառարան	[bararán]
manual (m) de autoaprendizagem	ինքնուսույց	[inkʰnusújtsʰ]
guia (m) de conversação	զրուցարան	[zrutsʰarán]
cassete (f)	ձայներիզ	[dzajneríz]
vídeo cassete (m)	տեսաերիզ	[tesaeríz]
CD (m)	խտասկավառակ	[χtaskavarák]
DVD (m)	DVD-սկավառակ	[dividí skavarák]
alfabeto (m)	այբուբեն	[ajbubén]
soletrar (vt)	տառերով արտասանել	[tarerόv artasanél]
pronúncia (f)	արտասանություն	[artasanutʰjún]
sotaque (m)	ակցենտ	[aktsʰént]
com sotaque	ակցենտով	[aktsʰentóv]
sem sotaque	առանց ակցենտ	[arántsʰ aktsʰént]
palavra (f)	բառ	[bar]
sentido (m)	իմաստ	[imást]
cursos (m pl)	դասընթաց	[dasəntʰátsʰ]
inscrever-se (vr)	գրանցվել	[grantsʰvél]
professor (m)	ուսուցիչ	[usutsʰíč]
tradução (processo)	թարգմանություն	[tʰargmanutʰjún]
tradução (texto)	թարգմանություն	[tʰargmanutʰjún]
tradutor (m)	թարգմանիչ	[tʰargmaníč]
intérprete (m)	թարգմանիչ	[tʰargmaníč]
poliglota (m)	պոլիգլոտ	[poliglót]
memória (f)	հիշողություն	[hišoġutʰjún]

147. Personagens de contos de fadas

Pai (m) Natal	Սանթա Քլաուս	[sántʰa kʰláus]
sereia (f)	ջրահարս	[dʒrahárs]
mago (m)	կախարդ	[kaχárd]
fada (f)	կախարդուհի	[kaχarduhí]
mágico	կախարդական	[kaχardakán]
varinha (f) mágica	կախարդական փայտիկ	[kaχardakán pʰajtík]
conto (m) de fadas	հեքիաթ	[hekʰiátʰ]
milagre (m)	հրաշք	[hraškʰ]
anão (m)	թզուկ	[tʰzuk]
transformar-se em ...	... դառնալ	[... darnál]

fantasma (m)	ուրվական	[urvakán]
espetro (m)	ուրվական	[urvakán]
monstro (m)	հրեշ	[hreš]
dragão (m)	դեվ	[dev]
gigante (m)	հսկա	[hska]

148. Signos do Zodíaco

Carneiro	Խոյ	[χoj]
Touro	Ցուլ	[ʦʰul]
Gémeos	Երկվորյակներ	[erkvorjaknér]
Caranguejo	Խեցգետին	[χeʦʰgetín]
Leão	Առյուծ	[arjúʦ]
Virgem (f)	Կույս	[kujs]
Balança	Կշեռք	[kšerkʰ]
Escorpião	Կարիճ	[karíč]
Sagitário	Աղեղնավոր	[aġeġnavór]
Capricórnio	Այծեղջյուր	[ajʦeġʤjúr]
Aquário	Ջրհոս	[dʒrhos]
Peixes	Ձկներ	[ʣkner]
caráter (m)	բնավորություն	[bnavorutʰjún]
traços (m pl) do caráter	բնավորության գծեր	[bnavorutʰján gʦér]
comportamento (m)	վարքագիծ	[varkʰagíʦ]
predizer (vt)	գուշակել	[gušakél]
adivinha (f)	գուշակ	[gušák]
horóscopo (m)	աստղագուշակ	[astġagušák]

Artes

149. Teatro

teatro (m)	թատրոն	[tʰatrón]
ópera (f)	օպերա	[operá]
opereta (f)	օպերետ	[operét]
balé (m)	բալետ	[balét]
cartaz (m)	ազդագիր	[azdagír]
companhia (f) teatral	թատերախումբ	[tʰatʰeraχúmb]
turné (digressão)	հյուրախաղեր	[hjuraχaġér]
estar em turné	հյուրախաղերով հանդես գալ	[hjuraχaġeróv handés gál]
ensaiar (vt)	փորձ	[pʰorʣ]
ensaio (m)	փորձել	[pʰorʣél]
repertório (m)	խաղացանկ	[χaġaʦʰánk]
apresentação (f)	ներկայացում	[nerkajaʦʰúm]
espetáculo (m)	թատերական ներկայացում	[tʰatʰerakán nerkajaʦʰúm]
peça (f)	պիես	[piés]
bilhete (m)	տոմս	[toms]
bilheteira (f)	տոմսարկղ	[tomsárkġ]
hall (m)	նախասրահ	[naχasráh]
guarda-roupa (m)	հանդերձարան	[handerʣarán]
senha (f) numerada	համարապիտակ	[hamarapiták]
binóculo (m)	հեռադիտակ	[heraditák]
lanterninha (m)	հսկիչ	[hskič]
plateia (f)	պարտեր	[partér]
balcão (m)	պատշգամբ	[patšgámb]
primeiro balcão (m)	դստիկոն	[dstikón]
camarote (m)	օթյակ	[otʰják]
fila (f)	շարք	[šarkʰ]
assento (m)	տեղ	[teġ]
público (m)	հասարակություն	[hasarakutʰjún]
espetador (m)	հանդիսատես	[handisatés]
aplaudir (vt)	ծափահարել	[ʦapʰaharél]
aplausos (m pl)	ծափահարություններ	[ʦapʰaharutʰjúnnér]
ovação (f)	բուռն ծափահարություններ	[búrn ʦapʰaharutʰjúnnér]
palco (m)	բեմ	[bem]
pano (m) de boca	վարագույր	[varagújr]
cenário (m)	բեմանկար	[bemankár]
bastidores (m pl)	կուլիսներ	[kulisnér]
cena (f)	տեսարան	[tesarán]
ato (m)	ակտ	[akt]
entreato (m)	ընդմիջում	[əndmiʤúm]

150. Cinema

ator (m)	դերասան	[derasán]
atriz (f)	դերասանուհի	[derasanuhí]
cinema (m)	կինո	[kinó]
filme (m)	կինոնկար	[kinonkár]
episódio (m)	սերիա	[séria]
filme (m) policial	դետեկտիվ	[detektív]
filme (m) de ação	մարտաֆիլմ	[martafílm]
filme (m) de aventuras	արկածային ֆիլմ	[arkatsajín fílm]
filme (m) de ficção científica	ֆանտաստիկ ֆիլմ	[fantastík fílm]
filme (m) de terror	սարսափ տեսաֆիլմ	[sarsápʰ film]
comédia (f)	կինոկատակերգություն	[kinokatakergutʰjún]
melodrama (m)	մելոդրամա	[melodráma]
drama (m)	դրամա	[dráma]
filme (m) ficcional	գեղարվեստական կինոնկար	[geġarvestakán kinonkár]
documentário (m)	փաստագրական կինոնկար	[pʰastagrakán kinonkár]
desenho (m) animado	մուլտֆիլմ	[martafílm]
cinema (m) mudo	համր ֆիլմ	[hamr film]
papel (m)	դեր	[der]
papel (m) principal	գլխավոր դեր	[glχavór dér]
representar (vt)	խաղալ	[χaġál]
estrela (f) de cinema	կինոաստղ	[kinoástġ]
conhecido	հայտնի	[hajtní]
famoso	հայտնի	[hajtní]
popular	հանրաճանաչ	[hanračanáč]
argumento (m)	սցենար	[stsʰenár]
argumentista (m)	սցենարի հեղինակ	[stsʰenarí heġinák]
realizador (m)	ռեժիսոր	[reʒisjor]
produtor (m)	պրոդյուսեր	[prodjusér]
assistente (m)	օգնական	[ognakán]
diretor (m) de fotografia	օպերատոր	[operátor]
duplo (m)	կասկադյոր	[kaskadjor]
filmar (vt)	ֆիլմ նկարահանել	[fílm nkarahanél]
audição (f)	փորձ	[pʰordz]
filmagem (f)	նկարահանումներ	[nkarahanumnér]
equipe (f) de filmagem	նկարահանող խումբ	[nkarahanóġ χumb]
set (m) de filmagem	նկարահանման հարթակ	[nkarahanmán hartʰák]
câmara (f)	տեսախցիկ	[tesaχtsʰík]
cinema (m)	կինոթատրոն	[kinotʰatrón]
ecrã (m), tela (f)	էկրան	[ēkrán]
exibir um filme	ֆիլմ ցուցադրել	[fílm tsʰutsʰadrél]
pista (f) sonora	հնչյունային ուղի	[hnčjunajín uġí]
efeitos (m pl) especiais	հատուկ էֆեկտներ	[hatúk ēfektnér]

legendas (f pl)	ենթագիր	[entʰagír]
crédito (m)	մակագիր	[makagír]
tradução (f)	թարգմանություն	[tʰargmanutʰjún]

151. Pintura

arte (f)	արվեստ	[arvést]
belas-artes (f pl)	գեղեցիկ արվեստներ	[geġetsʰík arvestnér]
galeria (f) de arte	ցուցասրահ	[tsʰutsʰasráh]
exposição (f) de arte	նկարների ցուցահանդես	[nkarnerí tsʰutsʰahandés]
pintura (f)	գեղանկարչություն	[geġankarčutʰjún]
arte (f) gráfica	գծանկար	[gtsankár]
arte (f) abstrata	աբստրակցիոնիզմ	[abstraktsʰionízm]
impressionismo (m)	իմպրեսիոնիզմ	[impressionízm]
pintura (f), quadro (m)	նկար	[nkar]
desenho (m)	նկար	[nkar]
cartaz, póster (m)	ձգապաստառ	[dzgapastár]
ilustração (f)	պատկերազարդում	[patkerazardúm]
miniatura (f)	մանրանկարչություն	[manrankarčutʰjún]
cópia (f)	կրկնօրինակ	[krknorinák]
reprodução (f)	վերարտադրություն	[verartadrutʰjún]
mosaico (m)	խճանկար	[χčankár]
vitral (m)	ապակենախշ	[apakenáχš]
fresco (m)	որմնանկար	[vormnankár]
gravura (f)	փորագրանկար	[pʰoragrankár]
busto (m)	կիսանդրի	[kisandrí]
escultura (f)	քանդակ	[kʰandák]
estátua (f)	արձան	[ardzán]
gesso (m)	գիպս	[gips]
em gesso	գիպսե	[gipsé]
retrato (m)	դիմանկար	[dimankár]
autorretrato (m)	ինքնապատկեր	[inkʰnapatkér]
paisagem (f)	բնապատկեր	[bnapatkér]
natureza (f) morta	նատյուրմորտ	[natjurmórt]
caricatura (f)	ծաղրանկար	[tsaġrankár]
esboço (m)	ուրվանկար	[urvankár]
tinta (f)	ներկ	[nerk]
aguarela (f)	ջրաներկ	[dʒranérk]
óleo (m)	յուղաներկ	[juġanérk]
lápis (m)	մատիտ	[matít]
tinta da China (f)	ստվերաներկ	[stveranérk]
carvão (m)	ածխամատիտ	[atsχamatít]
desenhar (vt)	նկարել	[nkarél]
pintar (vt)	նկարել	[nkarél]
posar (vi)	կեցվածք ընդունել	[ketsʰvátskʰ əndunél]
modelo (m)	բնորդ	[bnord]

modelo (f)	բնորդուհի	[bnorduhí]
pintor (m)	նկարիչ	[nkaríč]
obra (f)	ստեղծագործություն	[steġtsagortsut^{h}jún]
obra-prima (f)	գլուխգործոց	[gluχgortsóts^h]
estúdio (m)	արվեստանոց	[arvestanóts^h]
tela (f)	կտավ	[ktav]
cavalete (m)	նկարակալ	[nkarakál]
paleta (f)	ներկապնակ	[nerkapnák]
moldura (f)	շրջանակ	[šrʤanák]
restauração (f)	վերականգնում	[verakangnúm]
restaurar (vt)	վերականգնել	[verakangnél]

152. Literatura & Poesia

literatura (f)	գրականություն	[grakanut^{h}jún]
autor (m)	հեղինակ	[heġinák]
pseudónimo (m)	մականուն	[makanún]
livro (m)	գիրք	[girk^h]
volume (m)	հատոր	[hatór]
índice (m)	բովանդակություն	[bovandakut^{h}jún]
página (f)	էջ	[ēʤ]
protagonista (m)	գլխավոր հերոս	[glχavór herós]
autógrafo (m)	ինքնագիր	[ink^{h}nagír]
conto (m)	պատմվածք	[patmvátsk^h]
novela (f)	վեպ	[vep]
romance (m)	սիրավեպ	[siravép]
obra (f)	ստեղծագործություն	[steġtsagortsut^{h}jún]
fábula (m)	առակ	[arák]
romance (m) policial	դետեկտիվ	[detektív]
poesia (obra)	բանաստեղծություն	[banasteġtsut^{h}jún]
poesia (arte)	բանաստեղծություն	[banasteġtsut^{h}jún]
poema (m)	պոեմ	[poém]
poeta (m)	բանաստեղծ	[banastéġts]
ficção (f)	արձակագրություն	[arʣakagrut^{h}jún]
ficção (f) científica	գիտական ֆանտաստիկա	[gitakán fantástika]
aventuras (f pl)	արկածներ	[arkatsnér]
literatura (f) didática	ուսուցողական գրականություն	[usuts^{h}oġakán grakanut^{h}jún]
literatura (f) infantil	մանկական գրականություն	[mankakán grakanut^{h}jún]

153. Circo

circo (m)	կրկես	[krkes]
circo (m) ambulante	շապիտո կրկես	[šapitó krkés]
programa (m)	ծրագիր	[tsragír]
número (m)	համար	[hamár]

arena (f)	հրապարակ	[hraparák]
pantomima (f)	մնջախաղ	[mnʤaχáġ]
palhaço (m)	ծաղրածու	[ʦaġraʦú]
acrobata (m)	ակրոբատ	[akrobát]
acrobacia (f)	ակրոբատիկա	[akrobátika]
ginasta (m)	մարմնամարզիկ	[marmnamarzík]
ginástica (f)	մարմնամարզություն	[marmnamarzutʰjún]
salto (m) mortal	սալտո	[sálto]
homem forte (m)	ծանրամարտիկ	[ʦanramartík]
domador (m)	վարժեցնող	[varʒeʦʰnóġ]
cavaleiro (m) equilibrista	հեծյալ	[heʦjál]
assistente (m)	օգնական	[ognakán]
truque (m)	տրյուկ	[trjuk]
truque (m) de mágica	աճպարարություն	[ačpararutʰjún]
mágico (m)	աճպարար	[ačparár]
malabarista (m)	ձեռնածու	[ʣernaʦú]
fazer malabarismos	ձեռնածություն անել	[ʣernaʦutʰjún anél]
domador (m)	վարժեցնող	[varʒeʦʰnóġ]
adestramento (m)	վարժեցում	[vaʒeʦʰúm]
adestrar (vt)	վարժեցնել	[varʒeʦʰnél]

154. Música. Música popular

música (f)	երաժշտություն	[eraʒštutʰjún]
músico (m)	երաժիշտ	[eraʒíšt]
instrumento (m) musical	երաժշտական գործիք	[eraʒštakán gorʦíkʰ]
tocar ...	նվագել ...	[nvagél ...]
guitarra (f)	կիթառ	[kitʰár]
violino (m)	ջութակ	[ʤutʰák]
violoncelo (m)	թավջութակ	[tʰavʤutʰák]
contrabaixo (m)	կոնտրաբաս	[kontrabás]
harpa (f)	տավիղ	[tavíġ]
piano (m)	դաշնամուր	[dašnamúr]
piano (m) de cauda	դաշնամուր	[dašnamúr]
órgão (m)	երգեհոն	[ergehón]
instrumentos (m pl) de sopro	փողավոր գործիքներ	[pʰoġavór gorʦikʰnér]
oboé (m)	հոբոյ	[hobój]
saxofone (m)	սաքսոֆոն	[sakʰsofón]
clarinete (m)	կլարնետ	[klarnét]
flauta (f)	ֆլեյտա	[fléjta]
trompete (m)	շեփոր	[šepʰór]
acordeão (m)	ակորդեոն	[akordeón]
tambor (m)	թմբուկ	[tʰmbuk]
duo, dueto (m)	դուետ	[duét]
trio (m)	եռյակ	[erják]

quarteto (m)	քառյակ	[kʰarják]
coro (m)	երգչախումբ	[ergčaχúmb]
orquestra (f)	նվագախումբ	[nvagaχúmb]
música (f) pop	պոպ երաժշտություն	[pop eraʒštutʰjún]
música (f) rock	ռոք երաժշտություն	[rokʰ eraʒštutʰjún]
grupo (m) de rock	ռոք երաժշտական խումբ	[rokʰ eraʒštakán χúmb]
jazz (m)	ջազ	[ʤaz]
ídolo (m)	կուռք	[kurkʰ]
fã, admirador (m)	երկրպագու	[erkrpagú]
concerto (m)	համերգ	[hamérg]
sinfonia (f)	սիմֆոնիա	[simfónia]
composição (f)	ստեղծագործություն	[steġʦagorʦutʰjún]
compor (vt)	ստեղծագործել	[steġʦagorʦél]
canto (m)	երգ	[erg]
canção (f)	երգ	[erg]
melodia (f)	մեղեդի	[meġedí]
ritmo (m)	ռիթմ	[ritʰm]
blues (m)	բլյուզ	[bljuz]
notas (f pl)	նոտաներ	[notanér]
batuta (f)	փայտիկ	[pʰajtík]
arco (m)	աղեղ	[aġéġ]
corda (f)	լար	[lar]
estojo (m)	պատյան	[patján]

Descanso. Entretenimento. Viagens

155. Viagens

turismo (m)	զբոսաշրջություն	[zbosašrʤutʰjún]
turista (m)	զբոսաշրջիկ	[zbosašrʤík]
viagem (f)	ճանապարհորդություն	[čanaparhordutʰjún]
aventura (f)	արկած	[arkáʦ]
viagem (f)	ուղևորություն	[uġevorutʰjún]
férias (f pl)	արձակուրդ	[arʣakúrd]
estar de férias	արձակուրդի մեջ լինել	[arʣakurdí méʤ linél]
descanso (m)	հանգիստ	[hangíst]
comboio (m)	գնացք	[gnaʦʰkʰ]
de comboio (chegar ~)	գնացքով	[gnaʦʰkʰóv]
avião (m)	ինքնաթիռ	[inkʰnatʰír]
de avião	ինքնաթիռով	[inkʰnatʰiróv]
de carro	ավտոմեքենայով	[avtomekʰenajóv]
de navio	նավով	[navóv]
bagagem (f)	ուղեբեռ	[uġebér]
mala (f)	ճամպրուկ	[čamprúk]
carrinho (m)	սայլակ	[sajlák]
passaporte (m)	անձնագիր	[anʣnagír]
visto (m)	վիզա	[víza]
bilhete (m)	տոմս	[toms]
bilhete (m) de avião	ավիատոմս	[aviatóms]
guia (m) de viagem	ուղեցույց	[uġeʦʰújʦʰ]
mapa (m)	քարտեզ	[kʰartéz]
local (m), area (f)	տեղանք	[teġánkʰ]
lugar, sítio (m)	տեղ	[teġ]
exotismo (m)	էկզոտիկա	[ēkzótika]
exótico	էկզոտիկ	[ēkzotík]
surpreendente	զարմանահրաշ	[zarmanahráš]
grupo (m)	խումբ	[χumb]
excursão (f)	էքսկուրսիա	[ēkʰskúrsia]
guia (m)	էքսկուրսավար	[ēkʰskursavár]

156. Hotel

hotel (m)	հյուրանոց	[hjuranóʦʰ]
motel (m)	մոթել	[motʰél]
três estrelas	երեք աստղանի	[erékʰ astġaní]

cinco estrelas	հինգ աստղանի	[hing astġaní]
ficar (~ num hotel)	կանգ առնել	[káng arnél]
quarto (m)	համար	[hamár]
quarto (m) individual	մեկտեղանի համար	[mekteġaní hamár]
quarto (m) duplo	երկտեղանի համար	[erkteġaní hamár]
reservar um quarto	համար ամրագրել	[hamár amragrél]
meia pensão (f)	կիսագիշերօթիկ	[kisagišerotʰík]
pensão (f) completa	լրիվ գիշերօթիկ	[lrív gišerotʰík]
com banheira	լոգարանով	[logaranóv]
com duche	դուշով	[dušóv]
televisão (m) satélite	արբանյակային հեռուստատեսություն	[arbanjakajín herustatesutʰjún]
ar (m) condicionado	օդորակիչ	[odorakíč]
toalha (f)	սրբիչ	[srbič]
chave (f)	բանալի	[banalí]
administrador (m)	ադմինիստրատոր	[administrátor]
camareira (f)	սպասավորուհի	[spasavoruhí]
bagageiro (m)	բեռնակիր	[bernakír]
porteiro (m)	դռնապահ	[drnapáh]
restaurante (m)	ռեստորան	[restorán]
bar (m)	բար	[bar]
pequeno-almoço (m)	նախաճաշ	[naχačáš]
jantar (m)	ընթրիք	[əntʰríkʰ]
buffet (m)	շվեդական սեղան	[švedakán seġán]
elevador (m)	վերելակ	[verelák]
NÃO PERTURBE	ՉԱՆՀԱՆԳՍՏԱՑՆԵԼ	[čanhangstaʦʰnél]
PROIBIDO FUMAR!	ՉԾԽԵԼ	[čʦχél!]

157. Livros. Leitura

livro (m)	գիրք	[girkʰ]
autor (m)	հեղինակ	[heġinák]
escritor (m)	գրող	[groġ]
escrever (vt)	գրել	[grel]
leitor (m)	ընթերցող	[əntʰerʦʰóġ]
ler (vt)	կարդալ	[kardál]
leitura (f)	ընթերցանություն	[əntʰerʦʰanutʰjún]
para si	մտքում	[mtkʰum]
em voz alta	բարձրաձայն	[barʣraʣájn]
publicar (vt)	հրատարակել	[hratarakél]
publicação (f)	հրատարակություն	[hratarakutʰjún]
editor (m)	հրատարակիչ	[hratarakíč]
editora (f)	հրատարակչություն	[hratarakčutʰjún]
sair (vi)	լույս տեսնել	[lújs tesnél]
lançamento (m)	լույս տեսնելը	[lújs tesnélə]

tiragem (f)	տպաքանակ	[tpakʰanák]
livraria (f)	գրախանութ	[graχanútʰ]
biblioteca (f)	գրադարան	[gradarán]
novela (f)	վեպ	[vep]
conto (m)	պատմվածք	[patmvát͡skʰ]
romance (m)	սիրավեպ	[siravép]
romance (m) policial	դետեկտիվ	[detektív]
memórias (f pl)	հուշագրություններ	[hušagrutʰjunnér]
lenda (f)	առասպել	[araspél]
mito (m)	առասպել	[araspél]
poesia (f)	բանաստեղծություններ	[banasteġt͡sutʰjunnér]
autobiografia (f)	ինքնակենսագրություն	[inkʰnakensagrutʰjún]
obras (f pl) escolhidas	ընտրանի	[əntraní]
ficção (f) científica	ֆանտաստիկա	[fantástika]
título (m)	անվանում	[anvanúm]
introdução (f)	ներածություն	[nerat͡sutʰjún]
folha (f) de rosto	տիտղոսաթերթ	[titġosatʰértʰ]
capítulo (m)	գլուխ	[gluχ]
excerto (m)	հատված	[hatvát͡s]
episódio (m)	դրվագ	[drvag]
tema (m)	սյուժե	[sjuʒé]
conteúdo (m)	բովանդակություն	[bovandakutʰjún]
índice (m)	բովանդակություն	[bovandakutʰjún]
protagonista (m)	գլխավոր հերոս	[glχavór herós]
tomo, volume (m)	հատոր	[hatór]
capa (f)	կազմ	[kazm]
encadernação (f)	կազմ	[kazm]
marcador (m) de livro	էջանիշ	[ēd͡ʒaníš]
página (f)	էջ	[ēd͡ʒ]
folhear (vt)	թերթել	[tʰertʰél]
margem (f)	լուսանցքներ	[lusant͡sʰkʰnér]
anotação (f)	նշում	[nšum]
nota (f) de rodapé	ծանոթագրություն	[t͡sanotʰagrutʰjún]
texto (m)	տեքստ	[tekʰst]
fonte (f)	տառատեսակ	[taratesák]
gralha (f)	տպասխալ	[tpasχál]
tradução (f)	թարգմանություն	[tʰargmanutʰjún]
traduzir (vt)	թարգմանել	[tʰargmanél]
original (m)	բնագիր	[bnagír]
famoso	հայտնի	[hajtní]
desconhecido	անհայտ	[anhájt]
interessante	հետաքրքիր	[hetakʰrkʰír]
best-seller (m)	բեստսելեր	[bestséler]
dicionário (m)	բառարան	[bararán]
manual (m) escolar	դասագիրք	[dasagírkʰ]
enciclopédia (f)	հանրագիտարան	[hanragitarán]

158. Caça. Pesca

caça (f)	որս	[vors]
caçar (vi)	որս անել	[vors anél]
caçador (m)	որսորդ	[vorsórd]
atirar (vi)	կրակել	[krakél]
caçadeira (f)	հրացան	[hrats^{h}án]
cartucho (m)	փամփուշտ	[p^{h}ampúšt]
chumbo (m) de caça	մանրագնդակ	[manragndák]
armadilha (f)	թակարդ	[t^{h}akárd]
armadilha (com corda)	ծուղակ	[tsuġák]
pôr a armadilha	թակարդ դնել	[t^{h}akárd dnel]
caçador (m) furtivo	որսագող	[vorsagóġ]
caça (f)	որսամիս	[vorsamís]
cão (m) de caça	որսորդական շուն	[vorsordakán šún]
safári (m)	սաֆարի	[safári]
animal (m) empalhado	խրտվիլակ	[χrtvilák]
pescador (m)	ձկնորս	[dzknors]
pesca (f)	ձկնորսություն	[dzknorsut^{h}jún]
pescar (vt)	ձուկ որսալ	[dzuk vorsál]
cana (f) de pesca	կարթ	[kart^h]
linha (f) de pesca	կարթաթել	[kart^{h}at^{h}él]
anzol (m)	կարթ	[kart^h]
boia (f)	լողան	[loġán]
isca (f)	խայծ	[χajts]
lançar a linha	կարթը գցել	[kart^{h}ə gts^{h}el]
morder (vt)	բռնվել	[brnvel]
pesca (f)	որս	[vors]
buraco (m) no gelo	սառցանցք	[sarts^{h}ánts^{h}k^h]
rede (f)	ցանց	[ts^{h}ants^h]
barco (m)	նավակ	[navák]
pescar com rede	ցանցով բռնել	[ts^{h}ants^{h}óv brnel]
lançar a rede	ցանցը գցել	[ts^{h}ánts^{h}ə gts^{h}el]
puxar a rede	ցանցը հանել	[ts^{h}ánts^{h}ə hanél]
baleeiro (m)	կետորս	[ketórs]
baleeira (f)	կետորսական նավ	[ketorsakán náv]
arpão (m)	որսատեգ	[vorsatéχ]

159. Jogos. Bilhar

bilhar (m)	բիլյարդ	[biljárd]
sala (f) de bilhar	բիլյարդի սրահ	[biljardí srah]
bola (f) de bilhar	բիլյարդի գնդակ	[biljárd gndák]
embolsar uma bola	ներս խփել	[ners χp^{h}el]
taco (m)	խաղաձող	[χaġadzóġ]
caçapa (f)	գնդապարկ	[gndapárk]

160. Jogos. Jogar cartas

ouros (m pl)	քարպինջ	[k^{h}arpíndʒ]
espadas (f pl)	ղառ	[ġar]
copas (f pl)	սիրտ	[sirt]
paus (m pl)	խաչ	[χač]
ás (m)	տուզ	[tuz]
rei (m)	թագավոր	[t^{h}agavór]
dama (f)	աղջիկ	[aġdʒík]
valete (m)	զինվոր	[zinvór]
carta (f) de jogar	խաղաթուղթ	[χaġat^{h}úġt^h]
cartas (f pl)	խաղաթղթեր	[χaġat^{h}ġt^{h}ér]
trunfo (m)	հաղթաթուղթ	[haġt^{h}at^{h}úġt^h]
baralho (m)	կապուկ	[kapúk]
dar, distribuir (vt)	բաժանել	[baʒanél]
embaralhar (vt)	խառնել	[χarnél]
vez, jogada (f)	քայլ	[k^{h}ajl]
batoteiro (m)	շուլեր	[šulér]

161. Casino. Roleta

casino (m)	խաղատուն	[χaġatún]
roleta (f)	պտուտախաղ	[ptutaχáġ]
aposta (f)	դրույք	[drujk^h]
apostar (vt)	դրույքներ կատարել	[drujk^{h}nér katarél]
vermelho (m)	կարմիր	[karmír]
preto (m)	սև	[sev]
apostar no vermelho	կարմիրի վրա դնել	[karmirí vrá dnél]
apostar no preto	սևի վրա դնել	[seví vra dnel]
crupiê (m, f)	կրուպյե	[krupjé]
girar a roda	պտտել անիվը	[ptətél anívə]
regras (f pl) do jogo	խաղի կանոններ	[χaġí kanonnér]
ficha (f)	խաղանիշ	[χaġaníš]
ganhar (vi, vt)	շահել	[šahél]
ganho (m)	շահում	[šahúm]
perder (dinheiro)	տարվել	[tarvél]
perda (f)	տարվածը	[tarvátsə]
jogador (m)	խաղացող	[χaġats^{h}óġ]
blackjack (m)	բլեք ջեք	[blek dʒék^h]
jogo (m) de dados	զառախաղ	[zaraχáġ]
máquina (f) de jogo	խաղային ավտոմատ	[χaġajín avtomát]

162. Descanso. Jogos. Diversos

passear (vi)	զբոսնել	[zbosnél]
passeio (m)	զբոսանք	[zbosánkʰ]
viagem (f) de carro	շրջագայություն	[šrdʒagajutʰjún]
aventura (f)	արկած	[arkáts]
piquenique (m)	զբոսախնջույք	[zbosaχndʒújkʰ]
jogo (m)	խաղ	[χaġ]
jogador (m)	խաղացող	[χaġatsʰóġ]
partida (f)	պարտիա	[pártia]
colecionador (m)	հավաքող	[havakʰóġ]
colecionar (vt)	հավաքել	[havakʰél]
coleção (f)	հավաքածու	[havakʰatsú]
palavras (f pl) cruzadas	խաչբառ	[χačbár]
hipódromo (m)	ձիարշավարան	[dziaršavarán]
discoteca (f)	դիսկոտեկ	[diskoték]
sauna (f)	սաունա	[sáuna]
lotaria (f)	վիճակախաղ	[vičakaχáġ]
campismo (m)	արշավ	[aršáv]
acampamento (m)	ճամբար	[čambár]
tenda (f)	վրան	[vran]
bússola (f)	կողմնացույց	[koġmnatsʰújtsʰ]
campista (m)	արշավորդ	[aršavórd]
ver (vt), assistir à ...	դիտել	[ditél]
telespectador (m)	հեռուստադիտող	[herustaditóġ]
programa (m) de TV	հեռուստահաղորդում	[herustahaġordúm]

163. Fotografia

máquina (f) fotográfica	լուսանկարչական ապարատ	[lusankarčakán aparát]
foto, fotografia (f)	լուսանկար	[lusankár]
fotógrafo (m)	լուսանկարիչ	[lusankaríč]
estúdio (m) fotográfico	ֆոտո ստուդիա	[fóto stúdia]
álbum (m) de fotografias	ֆոտոալբոմ	[fotoalbóm]
objetiva (f)	օբյեկտիվ	[obъektív]
teleobjetiva (f)	տեսախցիկի օբյեկտիվ	[tesaχtsʰikí obъektív]
filtro (m)	ֆիլտր	[filtr]
lente (f)	ոսպնյակ	[vospnják]
ótica (f)	օպտիկա	[óptika]
abertura (f)	դիաֆրագմա	[diafrágma]
exposição (f)	պահելու տևողություն	[pahelú tevoġutʰjún]
visor (m)	դիտան	[ditán]
câmara (f) digital	թվային տեսախցիկ	[tʰvajín tesaχtsʰík]
tripé (m)	ամրակալան	[amrakalán]

flash (m)	բռնկում	[brnkum]
fotografar (vt)	լուսանկարել	[lusankarél]
tirar fotos	լուսանկարել	[lusankarél]
fotografar-se	լուսանկարվել	[lusankarvél]
foco (m)	ցայտունություն	[tsʰajtunutʰjún]
focar (vt)	ցայտուն դարձնել	[tsʰajtún dardznél]
nítido	ցայտուն	[tsʰajtún]
nitidez (f)	ցայտունություն	[tsʰajtunutʰjún]
contraste (m)	ցայտագունություն	[tsʰajtagunutʰjún]
contrastante	ցայտունագույն	[tsʰajtunagújn]
retrato (m)	լուսանկար	[lusankár]
negativo (m)	նեգատիվ	[negatív]
filme (m)	ֆոտոժապավեն	[fotoʒapavén]
fotograma (m)	կադր	[kadr]
imprimir (vt)	տպել	[tpel]

164. Praia. Natação

praia (f)	լողափ	[loġápʰ]
areia (f)	ավազ	[aváz]
deserto	անապատային	[anapatajín]
bronzeado (m)	արևառություն	[arevarutʰjún]
bronzear-se (vr)	արևառ լինել	[arevár linél]
bronzeado	արևառ	[arevár]
protetor (m) solar	արևառության կրեմ	[arevarutʰján krém]
biquíni (m)	բիկինի	[bikíni]
fato (m) de banho	լողազգեստ	[loġazgést]
calção (m) de banho	լողավարտիք	[loġavartíkʰ]
piscina (f)	լողավազան	[loġavazán]
nadar (vi)	լողալ	[loġál]
duche (m)	ցնցուղ	[tsʰntsʰuġ]
mudar de roupa	զգեստափոխվել	[zgestapʰoχvél]
toalha (f)	սրբիչ	[srbič]
barco (m)	նավակ	[navák]
lancha (f)	մոտորանավակ	[motoranavák]
esqui (m) aquático	ջրային դահուկներ	[dʒrajín dahuknér]
barco (m) de pedais	ջրային հեծանիվ	[dʒrajín hetsanív]
surf (m)	սերֆինգ	[sérfing]
surfista (m)	սերֆինգիստ	[serfingíst]
equipamento (m) de mergulho	ակվալանգ	[akvaláng]
barbatanas (f pl)	լողաթաթեր	[loġatʰatʰér]
máscara (f)	դիմակ	[dimák]
mergulhador (m)	ջրասույզ	[dʒrasújz]
mergulhar (vi)	սուզվել	[suzvél]
debaixo d'água	ջրի տակ	[dʒri ták]

guarda-sol (m)	**հովանոց**	[hovanótsʰ]
espreguiçadeira (f)	**շեզլոնգ**	[šezlóng]
óculos (m pl) de sol	**ակնոցներ**	[aknotsʰnér]
colchão (m) de ar	**լողամատրաս**	[loġamatrás]
brincar (vi)	**խաղալ**	[χaġál]
ir nadar	**լողալ**	[loġál]
bola (f) de praia	**գնդակ**	[gndak]
encher (vt)	**փչել**	[pʰčel]
inflável, de ar	**փչովի**	[pʰčoví]
onda (f)	**ալիք**	[alíkʰ]
boia (f)	**լողան**	[loġán]
afogar-se (pessoa)	**խեղդվել**	[χeġdvél]
salvar (vt)	**փրկել**	[pʰrkel]
colete (m) salva-vidas	**փրկագոտի**	[pʰrkagotí]
observar (vt)	**հետևել**	[hetevél]
nadador-salvador (m)	**փրկարար**	[pʰrkarár]

EQUIPAMENTO TÉCNICO. TRANSPORTES

Equipamento técnico. Transportes

165. Computador

computador (m)	համակարգիչ	[hamakargíč]
portátil (m)	նոութբուք	[nout^{h}búk^{h}]
ligar (vt)	միացնել	[miaʦ^{h}nél]
desligar (vt)	անջատել	[anʤatél]
teclado (m)	ստեղնաշար	[steġnašár]
tecla (f)	ստեղն	[steġn]
rato (m)	մուկ	[muk]
tapete (m) de rato	գորգ	[gorg]
botão (m)	կոճակ	[kočák]
cursor (m)	սլաք	[slak^{h}]
monitor (m)	մոնիտոր	[monitór]
ecrã (m)	էկրան	[ēkrán]
disco (m) rígido	կոշտ սկավառակակիր	[košt skavarakakír]
capacidade (f) do disco rígido	կոշտ սկավառակրի ծավալը	[košt skavarakakrí ʦaválə]
memória (f)	հիշողություն	[hišoġut^{h}jún]
memória RAM (f)	օպերատիվ հիշողություն	[operatív hišoġut^{h}jún]
ficheiro (m)	ֆայլ	[fajl]
pasta (f)	թղթապանակ	[t^{h}ġt^{h}apanák]
abrir (vt)	բացել	[baʦ^{h}él]
fechar (vt)	փակել	[p^{h}akél]
guardar (vt)	գրանցել	[granʦ^{h}él]
apagar, eliminar (vt)	հեռացնել	[heraʦ^{h}nél]
copiar (vt)	պատճենել	[patčenél]
ordenar (vt)	սորտավորել	[sortavorél]
copiar (vt)	արտատպել	[artatpél]
programa (m)	ծրագիր	[ʦragír]
software (m)	ծրագրային ապահովում	[ʦragrajín apahovúm]
programador (m)	ծրագրավորող	[ʦragravoróġ]
programar (vt)	ծրագրավորել	[ʦragravorél]
hacker (m)	խակեր	[χakér]
senha (f)	անցագիր	[anʦ^{h}agír]
vírus (m)	վիրուս	[virús]
detetar (vt)	հայտնաբերել	[hajtnaberél]
byte (m)	բայտ	[bajt]

megabyte (m)	մեգաբայտ	[megabájt]
dados (m pl)	տվյալներ	[tvjalnér]
base (f) de dados	տվյալների բազա	[tvjalnerí báza]
cabo (m)	մալուխ	[malúχ]
desconectar (vt)	անջատել	[andʒatél]
conetar (vt)	միացնել	[miatsʰnél]

166. Internet. E-mail

internet (f)	ինտերնետ	[internét]
browser (m)	ցանցախույզ	[tsʰantsʰaχújz]
motor (m) de busca	որոնիչ համակարգ	[voroníč hamakárg]
provedor (m)	պրովայդեր	[provajdér]
webmaster (m)	վեբ-մաստեր	[veb máster]
website, sítio web (m)	ինտերնետային կայք	[internetajín kajkʰ]
página (f) web	ինտերնետային էջ	[internetajín ēdʒ]
endereço (m)	հասցե	[hastsʰé]
livro (m) de endereços	հասցեների գրքույկ	[hastsʰenerí grkʰújk]
caixa (f) de correio	փոստարկղ	[pʰostárkġ]
correio (m)	փոստ	[pʰost]
mensagem (f)	հաղորդագրություն	[haġordagrutʰjún]
remetente (m)	ուղարկող	[uġarkóġ]
enviar (vt)	ուղարկել	[uġarkél]
envio (m)	ուղարկում	[uġarkúm]
destinatário (m)	ստացող	[statsʰóġ]
receber (vt)	ստանալ	[stanál]
correspondência (f)	նամակագրություն	[namakagrutʰjún]
corresponder-se (vr)	նամակագրական կապի մեջ լինել	[namakagrakán kapí médʒ linél]
ficheiro (m)	ֆայլ	[fajl]
fazer download, baixar	քաշել	[kʰašél]
criar (vt)	ստեղծել	[steġtsél]
apagar, eliminar (vt)	հեռացնել	[heratsʰnél]
eliminado	հեռացված	[heratsʰváts]
conexão (f)	կապ	[kap]
velocidade (f)	արագություն	[aragutʰjún]
modem (m)	մոդեմ	[modém]
acesso (m)	մուտք	[mutkʰ]
porta (f)	մուտ	[mut]
conexão (f)	միացում	[miatsʰúm]
conetar (vi)	միանալ	[mianál]
escolher (vt)	ընտրել	[əntrél]
buscar (vt)	փնտրել	[pʰntrel]

167. Eletricidade

eletricidade (f)	էլեկտրականություն	[ēlektrakanutʰjún]
elétrico	էլեկտրական	[ēlektrakán]
central (f) elétrica	էլեկտրակայան	[ēlektrakaján]
energia (f)	էներգիա	[ēnérgia]
energia (f) elétrica	էլեկտրաէներգիա	[ēlektraēnérgia]
lâmpada (f)	լամպ	[lamp]
lanterna (f)	լապտեր	[laptér]
poste (m) de iluminação	լուսարձակ	[lusardzák]
luz (f)	լույս	[lujs]
ligar (vt)	միացնել	[miatsʰnél]
desligar (vt)	անջատել	[andʒatél]
apagar a luz	լույսը հանգցնել	[lújsə hangtsʰnél]
fundir (vi)	վառվել	[varél]
curto-circuito (m)	կարճ միացում	[karč miatsʰúm]
rutura (f)	կտրվածք	[ktrvatskʰ]
contacto (m)	միացում	[miatsʰúm]
interruptor (m)	անջատիչ	[andʒatíč]
tomada (f)	վարդակ	[vardák]
ficha (f)	խրոց	[χrotsʰ]
extensão (f)	երկարացուցիչ	[erkaratsʰutsʰíč]
fusível (m)	ապահովիչ	[apahovíč]
fio, cabo (m)	լար	[lar]
instalação (f) elétrica	էլեկտրացանց	[ēlektratsʰántsʰ]
ampere (m)	ամպեր	[ampér]
amperagem (f)	հոսանքի ուժը	[hosankʰí úʒə]
volt (m)	վոլտ	[volt]
voltagem (f)	լարում	[larúm]
aparelho (m) elétrico	էլեկտրական սարք	[ēlektrakán sárkʰ]
indicador (m)	ինդիկատոր	[indikátor]
eletricista (m)	էլեկտրիկ	[ēlektrík]
soldar (vt)	զոդել	[zodél]
ferro (m) de soldar	զոդիչ	[zodíč]
corrente (f) elétrica	հոսանք	[hosánkʰ]

168. Ferramentas

ferramenta (f)	գործիք	[gortsíkʰ]
ferramentas (f pl)	գործիքներ	[gortsikʰnér]
equipamento (m)	սարքավորում	[sarkʰavorúm]
martelo (m)	մուրճ	[murč]
chave (f) de fendas	պտուտակահան	[ptutakahán]
machado (m)	կացին	[katsʰín]

serra (f)	սղոց	[sġoʦʰ]
serrar (vt)	սղոցել	[sġoʦʰél]
plaina (f)	ռանդ	[rand]
aplainar (vt)	ռանդել	[randél]
ferro (m) de soldar	զոդիչ	[zodíč]
soldar (vt)	զոդել	[zodél]
lima (f)	խարտոց	[χartóʦʰ]
tenaz (f)	ունելի	[unelí]
alicate (m)	տափակաբերան աքցան	[tapʰakaberán akʰʦʰán]
formão (m)	դուր	[dur]
broca (f)	գայլիկոն	[gajlikón]
berbequim (f)	շաղափիչ	[šaġapʰíč]
furar (vt)	գայլիկոնել	[gajlikonél]
faca (f)	դանակ	[danák]
lâmina (f)	շեղբ	[šeġb]
afiado	սուր	[sur]
cego	բութ	[butʰ]
embotar-se (vr)	բթանալ	[btʰanál]
afiar, amolar (vt)	սրել	[srel]
parafuso (m)	հեղույս	[heġújs]
porca (f)	պտուտակամեր	[ptutakamér]
rosca (f)	պարուրակ	[parurák]
parafuso (m) para madeira	պտուտամեխ	[ptutaméχ]
prego (m)	մեխ	[meχ]
cabeça (f) do prego	գլուխ	[gluχ]
régua (f)	քանոն	[kʰanón]
fita (f) métrica	չափերիզ	[čapʰeríz]
nível (m)	մակարդակ	[makardák]
lupa (f)	խոշորացույց	[χošoraʦʰújʦʰ]
medidor (m)	չափող գործիք	[čapʰóġ gorʦíkʰ]
medir (vt)	չափել	[čapʰél]
escala (f)	սանդղակ	[sandġák]
indicação (f), registo (m)	ցուցմունք	[ʦʰuʦʰmúnkʰ]
compressor (m)	կոմպրեսոր	[kompresór]
microscópio (m)	մանրադիտակ	[manraditák]
bomba (f)	պոմպ	[pomp]
robô (m)	ռոբոտ	[robót]
laser (m)	լազեր	[lazér]
chave (f) de boca	մանեկադարձակ	[manekadarʣák]
fita (f) adesiva	կպչուն ժապավեն	[kpčún ʒapavén]
cola (f)	սոսինձ	[sosínʣ]
lixa (f)	շուշաթուղթ	[šušatʰúġtʰ]
mola (f)	զսպանակ	[zspanák]
íman (m)	մագնիս	[magnís]

luvas (f pl)	ձեռնոցներ	[dzernotsʰnér]
corda (f)	պարան	[parán]
cordel (m)	առասան	[arasán]
fio (m)	լար	[lar]
cabo (m)	մալուխ	[malúχ]
marreta (f)	կռան	[kran]
pé de cabra (m)	լինգ	[ling]
escada (f) de mão	աստիճան	[astičán]
escadote (m)	աստիճան	[astičán]
enroscar (vt)	պտուտակել, ձգել	[ptutakél, dzgel]
desenroscar (vt)	ետ պտտացնել	[et pttatsʰnél]
apertar (vt)	սեղմել	[seġmél]
colar (vt)	կպցնել	[kptsʰnel]
cortar (vt)	կտրել	[ktrel]
falha (mau funcionamento)	անսարքություն	[ansarkʰutʰjún]
conserto (m)	նորոգում	[norogúm]
consertar, reparar (vt)	վերանորոգել	[veranorogél]
regular, ajustar (vt)	կարգավորել	[kargavorél]
verificar (vt)	ստուգել	[stugél]
verificação (f)	ստուգում	[stugúm]
indicação (f), registo (m)	ցուցմունք	[tsʰutsʰmúnkʰ]
seguro	հուսալի	[husalí]
complicado	բարդ	[bard]
enferrujar (vi)	ժանգոտել	[ʒangotél]
enferrujado	ժանգոտ	[ʒangót]
ferrugem (f)	ժանգ	[ʒang]

Transportes

169. Avião

avião (m)	ինքնաթիռ	[inkʰnatʰír]
bilhete (m) de avião	ավիատոմս	[aviatóms]
companhia (f) aérea	ավիաընկերություն	[aviaənkerutʰjún]
aeroporto (m)	օդանավակայան	[odanavakaján]
supersónico	գերձայնային	[gerdzajnajín]
comandante (m) do avião	օդանավի հրամանատար	[odanaví hramanatár]
tripulação (f)	անձնակազմ	[andznakázm]
piloto (m)	օդաչու	[odačú]
hospedeira (f) de bordo	ուղեկցորդուհի	[uġektsʰorduhí]
copiloto (m)	ղեկապետ	[ġekapét]
asas (f pl)	թևեր	[tʰevér]
cauda (f)	պոչ	[poč]
cabine (f) de pilotagem	խցիկ	[χtsʰik]
motor (m)	շարժիչ	[šarʒíč]
trem (m) de aterragem	շասսի	[šassí]
turbina (f)	տուրբին	[turbín]
hélice (f)	պրոպելլեր	[propellér]
caixa-preta (f)	սև արկղ	[sev árkġ]
coluna (f) de controlo	ղեկանիվ	[ġekanív]
combustível (m)	վառելիք	[varelíkʰ]
instruções (f pl) de segurança	ձեռնարկ	[dzernárk]
máscara (f) de oxigénio	թթվածնային դիմակ	[tʰtʰvatsnajín dimák]
uniforme (m)	համազգեստ	[hamazgést]
colete (m) salva-vidas	փրկագոտի	[pʰrkagotí]
paraquedas (m)	պարաշյուտ	[parašjút]
descolagem (f)	թռիչք	[tʰričkʰ]
descolar (vi)	թռնել	[tʰrnel]
pista (f) de descolagem	թռիչքուղի	[tʰričkʰuġí]
visibilidade (f)	տեսանելիություն	[tesaneliutʰjún]
voo (m)	թռիչք	[tʰričkʰ]
altura (f)	բարձրություն	[bardzrutʰjún]
poço (m) de ar	օդային փոս	[odajín pʰós]
assento (m)	տեղ	[teġ]
auscultadores (m pl)	ականջակալներ	[akandʒakalnér]
mesa (f) rebatível	բացվող սեղանիկ	[batsʰvóġ seġaník]
vigia (f)	իլյումինատոր	[iljuminátor]
passagem (f)	անցուղի	[antsʰuġí]

170. Comboio

comboio (m)	գնացք	[gnaʦʰkʰ]
comboio (m) suburbano	էլեկտրագնացք	[ēlektragnáʦʰkʰ]
comboio (m) rápido	արագընթաց գնացք	[aragəntʰáʦʰ gnáʦʰkʰ]
locomotiva (f) diesel	ջերմաքարշ	[ʤermakʰárš]
locomotiva (f) a vapor	շոգեքարշ	[šokekʰárš]
carruagem (f)	վագոն	[vagón]
carruagem restaurante (f)	վագոն-ռեստորան	[vagón restorán]
carris (m pl)	գծեր	[gʦer]
caminho de ferro (m)	երկաթգիծ	[erkatʰgíʦ]
travessa (f)	կոճ	[koč]
plataforma (f)	կառամատույց	[karamatújʦʰ]
linha (f)	ուղի	[uġí]
semáforo (m)	նշանասյուն	[nšanasjún]
estação (f)	կայարան	[kajarán]
maquinista (m)	մեքենավար	[mekʰenavár]
bagageiro (m)	բեռնակիր	[bernakír]
hospedeiro, -a (da carruagem)	ուղեկից	[uġekíʦʰ]
passageiro (m)	ուղևոր	[uġevór]
revisor (m)	հսկիչ	[hskič]
corredor (m)	միջանցք	[miʤánʦʰkʰ]
freio (m) de emergência	ավտոմատ կանգառման սարք	[avtomát kangarmán sárkʰ]
compartimento (m)	կուպե	[kupé]
cama (f)	մահճակ	[mahčák]
cama (f) de cima	վերևի մահճակատեղ	[vereví mahčakatéġ]
cama (f) de baixo	ներքևի մահճակատեղ	[nerkʰeví mahčakatéġ]
roupa (f) de cama	անկողին	[ankoġín]
bilhete (m)	տոմս	[toms]
horário (m)	չվացուցակ	[čvaʦʰuʦʰák]
painel (m) de informação	ցուցատախտակ	[ʦʰuʦʰataχták]
partir (vt)	մեկնել	[meknél]
partida (f)	մեկնում	[meknúm]
chegar (vi)	ժամանել	[ʒamanél]
chegada (f)	ժամանում	[ʒamanúm]
chegar de comboio	ժամանել գնացքով	[ʒamanél gnaʦʰkʰóv]
apanhar o comboio	գնացք նստել	[gnáʦʰkʰ nstel]
sair do comboio	գնացքից իջնել	[gnaʦʰkʰíʦʰ iʤnél]
acidente (m) ferroviário	խորտակում	[χortakúm]
locomotiva (f) a vapor	շոգեքարշ	[šokekʰárš]
fogueiro (m)	հնոցապան	[hnoʦʰapán]
fornalha (f)	վառարան	[vararán]
carvão (m)	ածուխ	[aʦúχ]

171. Barco

navio (m)	նավ	[nav]
embarcação (f)	նավ	[nav]
vapor (m)	շոգենավ	[šogenáv]
navio (m)	ջերմանավ	[ʤermanáv]
transatlântico (m)	լայներ	[lájner]
cruzador (m)	հածանավ	[haʦanáv]
iate (m)	զբոսանավ	[zbosanáv]
rebocador (m)	նավաքարշ	[navakʰárš]
barcaça (f)	բեռնանավ	[bernanáv]
ferry (m)	լաստանավ	[lastanáv]
veleiro (m)	առագաստանավ	[aragastanáv]
bergantim (m)	բրիգանտինա	[brigantína]
quebra-gelo (m)	սառցահատ	[sarʦʰapát]
submarino (m)	սուզանավ	[suzanáv]
bote, barco (m)	նավակ	[navák]
bote, dingue (m)	մակույկ	[makújk]
bote (m) salva-vidas	փրկարարական մակույկ	[pʰrkararakán makújk]
lancha (f)	մոտորանավակ	[motoranavák]
capitão (m)	նավապետ	[navapét]
marinheiro (m)	նավաստի	[navastí]
marujo (m)	ծովային	[ʦovajín]
tripulação (f)	անձնակազմ	[anʣnakázm]
contramestre (m)	բոցման	[boʦʰmán]
grumete (m)	նավի փոքրավոր	[naví pʰokʰravór]
cozinheiro (m) de bordo	նավի խոհարար	[naví χoharár]
médico (m) de bordo	նավի բժիշկ	[naví bʒíšk]
convés (m)	տախտակամած	[taχtakamáʦ]
mastro (m)	կայմ	[kajm]
vela (f)	առագաստ	[aragást]
porão (m)	նավամբար	[navambár]
proa (f)	նավաքիթ	[navakʰítʰ]
popa (f)	նավախել	[navaχél]
remo (m)	թիակ	[tʰiak]
hélice (f)	պտուտակ	[ptuták]
camarote (m)	նավասենյակ	[navasenják]
sala (f) dos oficiais	ընդհանուր նավասենյակ	[əndhanúr navasenják]
sala (f) das máquinas	մեքենաների բաժանմունք	[mekenanerí baʒanmúnkʰ]
ponte (m) de comando	նավապետի կամրջակ	[navapetí kamrʤák]
sala (f) de comunicações	ռադիոխցիկ	[radioχʦʰík]
onda (f) de rádio	ալիք	[alíkʰ]
diário (m) de bordo	նավամատյան	[navamatján]
luneta (f)	հեռադիտակ	[heraditák]
sino (m)	զանգ	[zang]

bandeira (f)	դրոշ	[droš]
cabo (m)	ճոպան	[čopán]
nó (m)	հանգույց	[hangújtsʰ]
corrimão (m)	բռնաձող	[brnadzóġ]
prancha (f) de embarque	նավասանդուղք	[navasandúġkʰ]
âncora (f)	խարիսխ	[χarísχ]
recolher a âncora	խարիսխը բարձրացնել	[χarísχə bardzratsʰnél]
lançar a âncora	խարիսխը գցել	[χarísχə gtsʰél]
amarra (f)	խարսխաշղթա	[χarsχašġtʰá]
porto (m)	նավահանգիստ	[navahangíst]
cais, amarradouro (m)	նավամատույց	[navamatújtsʰ]
atracar (vi)	կառանել	[karanél]
desatracar (vi)	մեկնել	[meknél]
viagem (f)	ճանապարհորդություն	[čanaparhordutʰjún]
cruzeiro (m)	ծովագնացություն	[tsovagnatsʰutʰjún]
rumo (m), rota (f)	ուղղություն	[uġutʰjún]
itinerário (m)	երթուղի	[ertʰuġí]
canal (m) navegável	նավարկուղի	[navarkuġí]
banco (m) de areia	ծանծաղուտ	[tsantsaġút]
encalhar (vt)	ծանծաղուտ ընկնել	[tsantsaġút əknél]
tempestade (f)	փոթորիկ	[pʰotʰorík]
sinal (m)	ազդանշան	[azdanšán]
afundar-se (vr)	խորտակվել	[χortakvél]
SOS	SOS	[sos]
boia (f) salva-vidas	փրկագոտի	[pʰrkagotí]

172. Aeroporto

aeroporto (m)	օդանավակայան	[odanavakaján]
avião (m)	ինքնաթիռ	[inkʰnatʰír]
companhia (f) aérea	ավիաընկերություն	[aviaənkerutʰjún]
controlador (m) de tráfego aéreo	դիսպետչեր	[dispetčér]
partida (f)	թռիչք	[tʰričkʰ]
chegada (f)	ժամանում	[ʒamanúm]
chegar (~ de avião)	ժամանել	[ʒamanél]
hora (f) de partida	թռիչքի ժամանակը	[tʰričkʰí ʒamanákə]
hora (f) de chegada	ժամանման ժամանակը	[ʒamanmán ʒamanákə]
estar atrasado	ուշանալ	[ušanál]
atraso (m) de voo	թռիչքի ուշացում	[tʰričkʰí ušatsʰúm]
painel (m) de informação	տեղեկատվական վահանակ	[teġekatvakán vahanák]
informação (f)	տեղեկատվություն	[teġekatvutʰjún]
anunciar (vt)	հայտարարել	[hajtararél]
voo (m)	ռեյս	[rejs]

alfândega (f)	մաքսատուն	[makʰsatún]
funcionário (m) da alfândega	մաքսավոր	[makʰsavór]
declaração (f) alfandegária	հայտարարագիր	[hajtararagír]
preencher a declaração	հայտարարագիր լրացնել	[hajtararagír lraʦʰnél]
controlo (m) de passaportes	անձնագրային ստուգում	[anʣnagrajín stugúm]
bagagem (f)	ուղեբեռ	[uġebér]
bagagem (f) de mão	ձեռքի ուղեբեռ	[ʣerkʰí uġebér]
carrinho (m)	սայլակ	[sajlák]
aterragem (f)	վայրէջք	[vajrēʤkʰ]
pista (f) de aterragem	վայրէջքի ուղի	[vajrēʤkʰí uġí]
aterrar (vi)	վայրէջք կատարել	[vajrēʤkʰ katarél]
escada (f) de avião	օդանավասանդուղք	[odanavasandúġkʰ]
check-in (m)	գրանցում	[granʦʰúm]
balcão (m) do check-in	գրանցասեղան	[granʦʰaseġán]
fazer o check-in	գրանցվել	[granʦʰvél]
cartão (m) de embarque	տեղակտրոն	[teġaktrón]
porta (f) de embarque	ելք	[elkʰ]
trânsito (m)	տարանցիկ չվերթ	[taranʦʰík čvertʰ]
esperar (vi, vt)	սպասել	[spasél]
sala (f) de espera	սպասասրահ	[spasasráh]
despedir-se de ...	ճանապարհել	[čanaparhél]
despedir-se (vr)	հրաժեշտ տալ	[hraʒéšt tál]

173. Bicicleta. Motocicleta

bicicleta (f)	հեծանիվ	[heʦaním]
scotter, lambreta (f)	մոտոռոլլեր	[motoróller]
mota (f)	մոտոցիկլ	[motoʦʰíkl]
ir de bicicleta	հեծանիվ քշել	[heʦanív kʰšel]
guiador (m)	ղեկ	[ġek]
pedal (m)	ոտնակ	[votnák]
travões (m pl)	արգելակ	[argelák]
selim (m)	թամբիկ	[tʰambík]
bomba (f) de ar	պոմպ	[pomp]
porta-bagagens (m)	բեռնախցիկ	[bernaχʦʰík]
lanterna (f)	լապտեր	[laptér]
capacete (m)	սաղավարտ	[saġavárt]
roda (f)	անիվ	[anív]
guarda-lamas (m)	թև	[tʰev]
aro (m)	անվագոտի	[anvagotí]
raio (m)	ճաղ	[čaġ]

Carros

174. Tipos de carros

carro, automóvel (m)	ավտոմեքենա	[avtomekʰená]
carro (m) desportivo	սպորտային ավտոմեքենա	[sportajín avtomekʰená]
limusine (f)	լիմուզին	[limuzín]
todo o terreno (m)	արտաճանապարհային ավտոմեքենա	[artačanaparhajín avtomekʰená]
descapotável (m)	կաբրիոլետ	[kabriolét]
minibus (m)	միկրոավտոբուս	[mikroavtobús]
ambulância (f)	շտապ օգնություն	[štáp ognutʰjún]
limpa-neve (m)	ձյունամաքրիչ մեքենա	[ʣjunamakʰríč mekʰená]
camião (m)	բեռնատար	[bernatár]
camião-cisterna (m)	բենզինատար	[benzinatár]
carrinha (f)	ֆուրգոն	[furgón]
camião-trator (m)	ավտոքարշակ	[avtokʰaršák]
atrelado (m)	կցորդ	[kʦʰord]
confortável	հարմարավետ	[harmaravét]
usado	օգտագործված	[ogtagorʦváʦ]

175. Carros. Carroçaria

capô (m)	ծածկոց	[ʦaʦkóʦʰ]
guarda-lamas (m)	անվածածկոց	[anvaʦaʦkóʦʰ]
tejadilho (m)	տանիք	[taníkʰ]
para-brisa (m)	առջևի ապակի	[arʤeví apakí]
espelho (m) retrovisor	հետին դիտահայելի	[hetín ditahajelí]
lavador (m)	ապակի լվացող սարք	[apakí lvaʦʰóġ sárkʰ]
limpa-para-brisas (m)	ապակեմաքրիչ	[apakemakʰríč]
vidro (m) lateral	կողային ապակի	[koġajín apakí]
elevador (m) do vidro	ապակիների բարձրացնող սարք	[apakinerí barʣraʦʰnóġ sárkʰ]
antena (f)	ալեհավաք	[alehavákʰ]
teto solar (m)	լյուկ	[ljuk]
para-choques (m pl)	բախարգել	[baχargél]
bagageira (f)	բեռնախցիկ	[bernaχʦʰík]
porta (f)	դուռ	[dur]
maçaneta (f)	բռնիչ	[brnič]
fechadura (f)	փական	[pʰakán]
matrícula (f)	համարանիշ	[hamaraníš]

silenciador (m)	խլացուցիչ	[χlatsʰutsʰíč]
tanque (m) de gasolina	բենզինաբաք	[benzinabákʰ]
tubo (m) de escape	արտաժայթքման խողովակ	[artaʒajtʰkʰmán χoġovák]
acelerador (m)	գազ	[gaz]
pedal (m)	ոտնակ	[votnák]
pedal (m) do acelerador	գազի ոտնակ	[gazí votnák]
travão (m)	արգելակ	[argelák]
pedal (m) do travão	արգելակի ոտնակ	[argelakí votnák]
travar (vt)	արգելակել	[argelakél]
travão (m) de mão	կայանային արգելակ	[kajanajín argelák]
embraiagem (f)	կցորդիչ	[ktsʰordíč]
pedal (m) da embraiagem	կցորդիչ ոտնակ	[ktsʰordíč votnák]
disco (m) de embraiagem	կցորդիչ սկավառակ	[ktsʰordíč skavarák]
amortecedor (m)	ամորտիզատոր	[amortizátor]
roda (f)	անիվ	[anív]
pneu (m) sobresselente	պահեստային անիվ	[pahestajín anív]
pneu (m)	ավտոդող	[avtodóġ]
tampão (m) de roda	կափարիչ	[kapʰaríč]
rodas (f pl) motrizes	քարշակ անիվներ	[kʰaršák anivnér]
de tração dianteira	առջևի քարշակ անիվներ	[ardʒeví kʰaršák anivnér]
de tração traseira	ետևի քարշակ անիվներ	[eteví kʰaršák anivnér]
de tração às 4 rodas	չորս քարշակ անիվներ	[čórs kʰaršák anivnér]
caixa (f) de mudanças	փոխանցատուփ	[poχantsʰatúpʰ]
automático	ավտոմատ	[avtomát]
mecânico	մեխանիկական	[meχanikakán]
alavanca (f) das mudanças	փոխանցատուփի լծակ	[pʰoχantsʰatupí ltsák]
farol (m)	լուսարձակ	[lusardzák]
faróis, luzes	լույսեր	[lujsér]
médios (m pl)	մոտակա լույս	[motaká lújs]
máximos (m pl)	հեռակա լույս	[heraká lújs]
luzes (f pl) de stop	ստոպ ազդանշան	[stóp azdanšán]
mínimos (m pl)	գաբարիտային լույսեր	[gabaritajín lujsér]
luzes (f pl) de emergência	վթարային լույսեր	[vtʰarajín lujsér]
faróis (m pl) antinevoeiro	հակամառախուղային լուսարձակներ	[hakamaraχuġajín lusardzaknér]
pisca-pisca (m)	շրջադարձի ցուցիչ	[šrdʒadardzí tsʰutsʰíč]
luz (f) de marcha atrás	ետընթացի ցուցիչ	[etəntatʰí tsʰutsʰíč]

176. Carros. Habitáculo

interior (m) do carro	սրահ	[srah]
de couro, de pele	կաշեպատ	[kašepát]
de veludo	թավշյա	[tʰavšjá]
estofos (m pl)	պաստառ	[pastár]
indicador (m)	սարքավորում	[sarkʰavorúm]

painel (m) de instrumentos	սարքավորումների վահանակ	[sarkʰavorumnerí vahanák]
velocímetro (m)	արագաչափ	[aragačápʰ]
ponteiro (m)	սլաք	[slakʰ]
conta-quilómetros (m)	հաշվիչ	[hašvíč]
sensor (m)	ցուցիչ	[tsʰutsʰíč]
nível (m)	մակարդակ	[makardák]
luz (f) avisadora	լամպ	[lamp]
volante (m)	ղեկ	[ġek]
buzina (f)	ազդանշան	[azdanšán]
botão (m)	կոճակ	[kočák]
interruptor (m)	փոխարկիչ	[pʰoχarkíč]
assento (m)	նստատեղ	[nstatéġ]
costas (f pl) do assento	հենակ	[henák]
cabeceira (f)	գլխատեղ	[glχatéġ]
cinto (m) de segurança	անվտանգության գոտի	[anvtangutʰján gotí]
apertar o cinto	ամրացնել անվտանգության գոտին	[amratsʰnél anvtangutʰján gotín]
regulação (f)	կարգավորում	[kargavorúm]
airbag (m)	օդային բարձիկ	[odajín bardzík]
ar (m) condicionado	օդորակիչ	[odorakíč]
rádio (m)	ռադիո	[rádio]
leitor (m) de CD	SD-նվագարկիչ	[sidí nvagarkíč]
ligar (vt)	միացնել	[miatsʰnél]
antena (f)	ալեհավաք	[alehavákʰ]
porta-luvas (m)	պահախցիկ	[pahaχtsʰík]
cinzeiro (m)	մոխրաման	[moχramán]

177. Carros. Motor

motor (m)	շարժիչ	[šarʒíč]
diesel	դիզելային	[dizelajín]
a gasolina	բենզինային	[benzinajín]
cilindrada (f)	շարժիչի ծավալ	[šarʒičí tsavál]
potência (f)	հզորություն	[hzorutʰjún]
cavalo-vapor (m)	ձիաուժ	[dziaúʒ]
pistão (m)	մխոց	[mχotsʰ]
cilindro (m)	գլան	[glan]
válvula (f)	փական	[pʰakán]
injetor (m)	ինժեկտոր	[inʒektór]
gerador (m)	գեներատոր	[generatór]
carburador (m)	կարբյուրատոր	[karbjuratór]
óleo (m) para motor	շարժիչի յուղ	[šarʒičí juġ]
radiador (m)	ռադիատոր	[radiatór]
refrigerante (m)	սառեցնող հեղուկ	[saretsʰnóġ heġúk]
ventilador (m)	օդափոխիչ	[odapʰoχíč]

bateria (f)	մարտկոց	[martkótsʰ]
dispositivo (m) de arranque	ընթացաշարժիչ	[əntʰatsʰašarʒíč]
ignição (f)	լուցիչ	[lutsʰíč]
vela (f) de ignição	շարժիչի մոմիկ	[šarʒičí momík]
borne (m)	սեղմակ	[seġmák]
borne (m) positivo	պլյուս	[pljus]
borne (m) negativo	մինուս	[mínus]
fusível (m)	ապահովիչ	[apahovíč]
filtro (m) de ar	օդի ֆիլտր	[odí filtr]
filtro (m) de óleo	յուղի ֆիլտր	[juġí filtr]
filtro (m) de combustível	վառելիքային ֆիլտր	[varelikʰajín fíltr]

178. Carros. Batidas. Reparação

acidente (m) de carro	վթար	[vtʰar]
acidente (m) rodoviário	ճանապարհային պատահար	[čanaparhajín patahár]
ir contra ...	բախվել	[baχvél]
sofrer um acidente	վնասվածքներ ստանալ	[vnasvatskʰnér stanál]
danos (m pl)	վնաս	[vnas]
intato	ողջ	[voġdʒ]
avariar (vi)	փչանալ	[pʰčanál]
cabo (m) de reboque	քարշակառան	[kʰaršakarán]
furo (m)	ծակում	[tsakúm]
estar furado	օդը դուրս գալ	[ódə durs gal]
encher (vt)	փչել	[pʰčel]
pressão (f)	ճնշում	[čnšum]
verificar (vt)	ստուգել	[stugél]
reparação (f)	նորոգում	[norogúm]
oficina (f) de reparação de carros	արհեստանոց	[arhestanótsʰ]
peça (f) sobresselente	պահեստամաս	[pahestamás]
peça (f)	մաս	[mas]
parafuso (m)	հեղույս	[heġújs]
parafuso (m)	պողոսակ	[poġosák]
porca (f)	պտուտակամեր	[ptutakamér]
anilha (f)	մեջդիր	[medʒdír]
rolamento (m)	առանցքակալ	[arantsʰkʰakál]
tubo (m)	խողովակիկ	[χoġovakík]
junta (f)	միջադիր	[midʒadír]
fio, cabo (m)	լար	[lar]
macaco (m)	ամբարձակ	[ambardzák]
chave (f) de boca	մանեկադարձակ	[manekadardzák]
martelo (m)	մուրճ	[murč]
bomba (f)	պոմպ	[pomp]
chave (f) de fendas	պտուտակահան	[ptutakahán]
extintor (m)	կրակմարիչ	[krakmaríč]

triângulo (m) de emergência	վթարային կանգ	[vt^{h}arajín káng]
parar (vi) (motor)	մարել	[marél]
paragem (f)	կանգ առնելը	[káng arnél]
estar quebrado	կոտրված լինել	[kotrváʦ linél]
superaquecer-se (vr)	գերտաքանալ	[gertak^{h}anál]
entupir-se (vr)	խցանվել	[χʦ^{h}anvél]
congelar-se (vr)	սառչել	[sarčél]
rebentar (vi)	ծակվել	[ʦakvél]
pressão (f)	ճնշում	[čnšum]
nível (m)	մակարդակ	[makardák]
frouxo	թույլ	[t^{h}ujl]
mossa (f)	փոս ընկած տեղ	[p^{h}ós ənkáʦ téġ]
ruído (m)	թխկոց	[t^{h}χkoʦ^h]
fissura (f)	ճեղք	[čeġk^h]
arranhão (m)	քերծվածք	[kerʦváʦk^h]

179. Carros. Estrada

estrada (f)	ճանապարհ	[čanapárh]
autoestrada (f)	մայրուղի	[majruġí]
rodovia (f)	խճուղի	[χčuġí]
direção (f)	ուղղություն	[uġut^{h}jún]
distância (f)	հեռավորություն	[heravorut^{h}jún]
ponte (f)	կամուրջ	[kamúrʤ]
parque (m) de estacionamento	ավտոկայանատեղի	[avtokajanateġí]
praça (f)	հրապարակ	[hraparák]
nó (m) rodoviário	հանգուցալուծում	[hanguʦ^{h}aluʦúm]
túnel (m)	թունել	[t^{h}unél]
posto (m) de gasolina	ավտոլցակայան	[avtolʦ^{h}akaján]
parque (m) de estacionamento	ավտոկայանատեղի	[avtokajanateġí]
bomba (f) de gasolina	բենզալցակայան	[benzalʦ^{h}akaján]
oficina (f) de reparação de carros	արհեստանոց	[arhestanóʦ^h]
abastecer (vt)	լցավորում	[lʦ^{h}avorúm]
combustível (m)	վառելիք	[varelík^h]
bidão (m) de gasolina	թիթեղ	[t^{h}it^{h}éġ]
asfalto (m)	ասֆալտ	[asfált]
marcação (f) de estradas	նշագիծ	[nšagíʦ]
lancil (m)	մայթեզր	[majt^{h}ézr]
proteção (f) guard-rail	պատվար	[patvár]
valeta (f)	խրամառու	[χramáru]
berma (f) da estrada	ճամփեզր	[čamp^{h}ézr]
poste (m) de luz	սյուն	[sjun]
conduzir, guiar (vt)	վարել	[varél]
virar (ex. ~ à direita)	թեքվել	[t^{h}ek^{h}vél]
dar retorno	ետ դառնալ	[et darnál]
marcha-atrás (f)	ետընթացք	[etənt^{h}áʦ^{h}k^h]

buzinar (vi)	ազդանշանել	[azdanšanél]
buzina (f)	ձայնային ազդանշան	[ʣajnajín azdanšán]
atolar-se (vr)	մնալ	[mnal]
patinar (na lama)	քաշել	[kʰašél]
desligar (vt)	անջատել	[anʤatél]
velocidade (f)	արագություն	[aragutʰjún]
exceder a velocidade	արագությունը գերազանցել	[aragutʰjúnə gerazanʦʰél]
multar (vt)	տուգանել	[tuganél]
semáforo (m)	լուսակիր	[lusakír]
carta (f) de condução	վարորդական իրավունքներ	[varordakán iravunkʰnér]
passagem (f) de nível	շրջանցում	[šrʤanʦʰúm]
cruzamento (m)	խաչմերուկ	[χačmerúk]
passadeira (f)	հետիոտնի անցում	[hetiotní anʦʰúm]
curva (f)	ոլորան	[volorán]
zona (f) pedonal	հետիոտն ճանապարհ	[hetiótn čanapárh]

180. Sinais de trânsito

código (m) da estrada	ճանապարհային երթևեկության կանոններ	[čanaparhajín ertʰevekutʰján kanonnér]
sinal (m) de trânsito	նշան	[nšan]
ultrapassagem (f)	վազանց	[vazánʦʰ]
curva (f)	շրջադարձ	[šrʤadárʣ]
inversão (f) de marcha	հետադարձ	[hetadárʣ]
rotunda (f)	շրջանաձև երթևեկություն	[šrʤanaʣév ertʰevekutʰjún]
sentido proibido	մուտքն արգելվում է	[mutkʰn argelvúm ē]
trânsito proibido	շարժումն արգելվում է	[šarʒúmn argelvúm ē]
proibição de ultrapassar	վազանցն արգելվում է	[vazánʦʰn argelvúm ē]
estacionamento proibido	կանգառն արգելվում է	[kangárn argelvúm ē]
paragem proibida	կայանելն արգելվում է	[kajanéln argelvúm ē]
curva (f) perigosa	վտանգավոր շրջադարձ	[vtangavór šrʤadárʣ]
descida (f) perigosa	կտրուկ վայրէջք	[ktruk vajrēʤkʰ]
trânsito de sentido único	միակողմանի երթևեկություն	[miakoġmaní ertʰevekutʰjún]
passadeira (f)	հետիոտնի անցում	[hetiotní anʦʰúm]
pavimento (m) escorregadio	սահուն ճանապարհ	[sahún čanapárh]
cedência de passagem	ճանապարհը զիջի	[čanapárhə ziʤí]

PESSOAS. EVENTOS

Eventos

181. Férias. Evento

festa (f)	տոն	[ton]
festa (f) nacional	ազգային տոն	[azgajín tón]
feriado (m)	տոնական օր	[tonakán or]
festejar (vt)	տոնել	[tonél]
evento (festa, etc.)	դեպք	[depkʰ]
evento (banquete, etc.)	միջոցառում	[midʒotsʰarúm]
banquete (m)	ճաշկերույթ	[čaškerújtʰ]
receção (f)	ընդունելություն	[əndunelutʰjún]
festim (m)	խնջույք	[χndʒujkʰ]
aniversário (m)	տարեդարձ	[taredárdz]
jubileu (m)	հոբելյան	[hobelján]
celebrar (vt)	նշել	[nšel]
Ano (m) Novo	Ամանոր	[amanór]
Feliz Ano Novo!	Շնորհավոր Ամանո՛ր	[šnorhavór amanór]
Natal (m)	Սուրբ Ծնունդ	[surb tsnund]
Feliz Natal!	Ուրախ Սուրբ Ծնո՛ւնդ	[uráχ súrb tsnúnd]
árvore (f) de Natal	տոնածառ	[tonatsár]
fogo (m) de artifício	հրավառություն	[hravarutʰjún]
boda (f)	հարսանիք	[harsaníkʰ]
noivo (m)	փեսացու	[pʰesatsʰú]
noiva (f)	հարսնացու	[harsnatsʰú]
convidar (vt)	հրավիրել	[hravirél]
convite (m)	հրավիրատոմս	[hraviratóms]
convidado (m)	հյուր	[hjur]
visitar (vt)	հյուր գնալ	[hjur gnal]
receber os hóspedes	հյուրերին դիմավորել	[hjurerín dimavorél]
presente (m)	նվեր	[nver]
oferecer (vt)	նվիրել	[nvirél]
receber presentes	նվերներ ստանալ	[nvernér stanál]
ramo (m) de flores	ծաղկեփունջ	[tsaġkepʰúndʒ]
felicitações (f pl)	շնորհավորանք	[šnorhavoránkʰ]
felicitar (dar os parabéns)	շնորհավորել	[šnorhavorél]
cartão (m) de parabéns	շնորհավորական բացիկ	[šnorhavorakán batsʰík]
enviar um postal	բացիկ ուղարկել	[batsʰík uġarkél]

receber um postal	բացիկ ստանալ	[baʦ^{h}ík stanál]
brinde (m)	կենաց	[kenáʦ^h]
oferecer (vt)	հյուրասիրել	[hjurasirél]
champanhe (m)	շամպայն	[šampájn]
divertir-se (vr)	զվարճանալ	[zvarčanál]
diversão (f)	զվարճանք	[zvarčánk^h]
alegria (f)	ուրախություն	[uraχut^{h}jún]
dança (f)	պար	[par]
dançar (vi)	պարել	[parél]
valsa (f)	վալս	[vals]
tango (m)	տանգո	[tángo]

182. Funerais. Enterro

cemitério (m)	գերեզմանոց	[gerezmanóʦ^h]
sepultura (f), túmulo (m)	գերեզման	[gerezmán]
cruz (f)	խաչ	[χač]
lápide (f)	տապանաքար	[tapanak^{h}ár]
cerca (f)	ցանկապատ	[ʦ^{h}ankapát]
capela (f)	մատուռ	[matúr]
morte (f)	մահ	[mah]
morrer (vi)	մահանալ	[mahanál]
defunto (m)	հանգուցյալ	[hanguʦ^{h}jál]
luto (m)	սուգ	[sug]
enterrar, sepultar (vt)	թաղել	[t^{h}aġél]
agência (f) funerária	թաղման բյուրո	[t^{h}aġmán bjuró]
funeral (m)	թաղման արարողություն	[t^{h}aġmán araroġut^{h}jún]
coroa (f) de flores	պսակ	[psak]
caixão (m)	դագաղ	[dagáġ]
carro (m) funerário	դիակառք	[diakárk^h]
mortalha (f)	սավան	[saván]
urna (f) funerária	աճյունասափոր	[ačjunasap^{h}ór]
crematório (m)	դիակիզարան	[diakizarán]
obituário (m), necrologia (f)	մահախոսական	[mahaχosakán]
chorar (vi)	լացել	[laʦ^{h}él]
soluçar (vi)	ողբալ	[voġbál]

183. Guerra. Soldados

pelotão (m)	դասակ	[dasák]
companhia (f)	վաշտ	[vašt]
regimento (m)	գունդ	[gund]
exército (m)	բանակ	[banák]
divisão (f)	դիվիզիա	[divízia]

destacamento (m) ջոկատ [ʤokát]
hoste (f) զորք [zorkʰ]

soldado (m) զինվոր [zinvór]
oficial (m) սպա [spa]

soldado (m) raso շարքային [šarkʰajín]
sargento (m) սերժանտ [serʒánt]
tenente (m) լեյտենանտ [lejtenánt]
capitão (m) կապիտան [kapitán]
major (m) մայոր [majór]
coronel (m) գնդապետ [gndapét]
general (m) գեներալ [generál]

marujo (m) ծովային [ʦovajín]
capitão (m) կապիտան [kapitán]
contramestre (m) բոցման [boʦʰmán]

artilheiro (m) հրետանավոր [hretanavór]
soldado (m) paraquedista դեսանտային [desantajín]
piloto (m) օդաչու [odačú]
navegador (m) ղեկապետ [ġekapét]
mecânico (m) մեխանիկ [meχaník]

sapador (m) սակրավոր [sakravór]
paraquedista (m) պարաշյուտիստ [parašjutíst]
explorador (m) հետախույզ [hetaχújz]
franco-atirador (m) սնայպեր [snájper]

patrulha (f) պարեկ [parék]
patrulhar (vt) պարեկել [parekél]
sentinela (f) ժամապահ [ʒamapáh]

guerreiro (m) ռազմիկ [razmík]
patriota (m) հայրենասեր [hajrenasér]
herói (m) հերոս [herós]
heroína (f) հերոսուհի [herosuhí]

traidor (m) դավաճան [davačán]
desertor (m) դասալիք [dasalíkʰ]
desertar (vt) դասալքել [dasalkʰél]

mercenário (m) վարձկան [varʣkán]
recruta (m) նորակոչիկ [norakočík]
voluntário (m) կամավոր [kamavór]

morto (m) սպանվածը [spanváʦə]
ferido (m) վիրավոր [viravór]
prisioneiro (m) de guerra գերի [gerí]

184. Guerra. Ações militares. Parte 1

guerra (f) պատերազմ [paterázm]
guerrear (vt) պատերազմել [paterazmél]

guerra (f) civil	քաղաքացիական պատերազմ	[kʰaġakaʦʰiakán paterázm]
perfidamente	նենգորեն	[nengorén]
declaração (f) de guerra	հայտարարում	[hajtararúm]
declarar (vt) guerra	հայտարարել	[hajtararél]
agressão (f)	ագրեսիա	[agrésia]
atacar (vt)	հարձակվել	[harʣakvél]
invadir (vt)	զավթել	[zavtʰél]
invasor (m)	զավթիչ	[zavtʰíč]
conquistador (m)	նվաճող	[nvačóġ]
defesa (f)	պաշտպանություն	[paštpanutʰjún]
defender (vt)	պաշտպանել	[paštpanél]
defender-se (vr)	պաշտպանվել	[paštpanvél]
inimigo (m)	թշնամի	[tʰšnamí]
adversário (m)	հակառակորդ	[hakarakórd]
inimigo	թշնամական	[tʰšnamakán]
estratégia (f)	ռազմավարություն	[razmavarutʰjún]
tática (f)	մարտավարություն	[martavarutʰjún]
ordem (f)	հրաման	[hramán]
comando (m)	հրաման	[hramán]
ordenar (vt)	հրամայել	[hramajél]
missão (f)	առաջադրանք	[araʤadránkʰ]
secreto	գաղտնի	[gaġtní]
batalha (f)	ճակատամարտ	[čakatamárt]
combate (m)	մարտ	[mart]
ataque (m)	հարձակում	[harʣakúm]
assalto (m)	գրոհ	[groh]
assaltar (vt)	գրոհել	[grohél]
assédio, sítio (m)	պաշարում	[pašarúm]
ofensiva (f)	հարձակում	[harʣakúm]
passar à ofensiva	հարձակվել	[harʣakvél]
retirada (f)	նահանջ	[nahánʤ]
retirar-se (vr)	նահանջել	[nahanʤél]
cerco (m)	շրջապատում	[šrʤapatúm]
cercar (vt)	շրջապատել	[šrʤapatél]
bombardeio (m)	ռմբակոծություն	[rmbakoʦutʰjún]
lançar uma bomba	ռումբ նետել	[rúmb netél]
bombardear (vt)	ռմբակոծել	[rmbakoʦél]
explosão (f)	պայթյուն	[pajtʰjún]
tiro (m)	կրակոց	[krakóʦʰ]
disparar um tiro	կրակել	[krakél]
tiroteio (m)	հրաձգություն	[hraʣgutʰjún]
apontar para ...	նշան բռնել	[nšán brnel]
apontar (vt)	ուղղել	[uġġél]

acertar (vt)	դիպչել	[dipčél]
afundar (um navio)	խորտակել	[χortakél]
brecha (f)	ճեղքվածք	[čeģkvátskʰ]
afundar-se (vr)	ընդհատակ գնալ	[əndhaták gnal]
frente (m)	ճակատ	[čakát]
evacuação (f)	էվակուացիա	[ēvakuátsʰia]
evacuar (vt)	էվակուացնել	[ēvakuatsʰnél]
trincheira (f)	խրամատ	[χramát]
arame (m) farpado	փշալար	[pʰšalár]
obstáculo (m) anticarro	փակոց	[pʰakótsʰ]
torre (f) de vigia	աշտարակ	[aštarák]
hospital (m)	գոսպիտալ	[gospitál]
ferir (vt)	վիրավորել	[viravorél]
ferida (f)	վերք	[verkʰ]
ferido (m)	վիրավոր	[viravór]
ficar ferido	վիրավորվել	[viravorvél]
grave (ferida ~)	ծանր	[tsanr]

185. Guerra. Ações militares. Parte 2

cativeiro (m)	գերություն	[gerutʰjún]
capturar (vt)	գերի վերցնել	[gerí vertsʰnél]
estar em cativeiro	գերի լինել	[gerí linél]
ser aprisionado	գերի ընկնել	[gerí ənknél]
campo (m) de concentração	համակենտրոնացման ճամբար	[hamakentronatsʰmán čambár]
prisioneiro (m) de guerra	գերի	[gerí]
escapar (vi)	փախչել	[pʰaχčél]
trair (vt)	դավաճանել	[davačanél]
traidor (m)	դավաճան	[davačán]
traição (f)	դավաճանություն	[davačanutʰjún]
fuzilar, executar (vt)	գնդակահարել	[gndakaharél]
fuzilamento (m)	գնդակահարություն	[gndakaharutʰjún]
equipamento (m)	համդերձանք	[handerdzánkʰ]
platina (f)	ուսադիր	[usadír]
máscara (f) antigás	հակագազ	[hakagáz]
rádio (m)	ռադիոկայան	[radiokaján]
cifra (f), código (m)	գաղտնագիր	[gaģtnagír]
conspiração (f)	կոնսպիրացիա	[konspirátsʰia]
senha (f)	նշանաբառ	[nšanabár]
mina (f)	ական	[akán]
minar (vt)	ականապատել	[akanapatél]
campo (m) minado	ականային դաշտ	[akanajín dášt]
alarme (m) aéreo	օդային տագնապ	[odajín tagnáp]
alarme (m)	տագնապ	[tagnáp]

sinal (m)	ազդանշան	[azdanšán]
sinalizador (m)	ազդանշանային հրթիռ	[azdanšanajín hrtʰir]
estado-maior (m)	շտաբ	[štab]
reconhecimento (m)	հետախուզություն	[hetaχuzutʰjún]
situação (f)	իրադրություն	[iradrutʰjún]
relatório (m)	զեկուցագիր	[zekuʦʰagír]
emboscada (f)	դարան	[darán]
reforço (m)	օգնություն	[ognutʰjún]
alvo (m)	նշանակետ	[nšanakét]
campo (m) de tiro	հրաձգարան	[hraʣgarán]
manobras (f pl)	զորավարժություններ	[zoravarʒutʰjunnér]
pânico (m)	խուճապ	[χučáp]
devastação (f)	ավերմունք	[avermúnkʰ]
ruínas (f pl)	ավիրածություններ	[avirvaʦutʰjunnér]
destruir (vt)	ավիրել	[avirél]
sobreviver (vi)	կենդանի մնալ	[kendaní mnal]
desarmar (vt)	զինաթափել	[zinatʰapʰél]
manusear (vt)	վարվել	[varvél]
Firmes!	Զգա՛ստ	[zgast!]
Descansar!	Ազա՛տ	[azát!]
façanha (f)	հերոսագործություն	[herosagorʦutʰjún]
juramento (m)	երդում	[erdúm]
jurar (vi)	երդվել	[erdvél]
condecoração (f)	պարգևանշան	[pargevanšán]
condecorar (vt)	պարգևատրել	[pargevatrél]
medalha (f)	մեդալ	[medál]
ordem (f)	շքանշան	[škʰanšán]
vitória (f)	հաղթանակ	[haġtʰanák]
derrota (f)	պարտություն	[partutʰjún]
armistício (m)	զինադադար	[zinadadár]
bandeira (f)	դրոշ	[droš]
glória (f)	փառք	[pʰarkʰ]
desfile (m) militar	զորահանդես	[zorahandés]
marchar (vi)	երթաքայլել	[ertʰakʰajlél]

186. Armas

arma (f)	զենք	[zenkʰ]
arma (f) de fogo	հրազեն	[hrazén]
arma (f) branca	սառը զենք	[sárə zenkʰ]
arma (f) química	քիմիական զենք	[kimiakán zénkʰ]
nuclear	միջուկային	[miʤukajín]
arma (f) nuclear	միջուկային զենք	[miʤukajín zénkʰ]
bomba (f)	ռումբ	[rumb]

bomba (f) atómica	ատոմային ռումբ	[atomajín rúmb]
pistola (f)	ատրճանակ	[atrčanák]
caçadeira (f)	հրացան	[hratsʰán]
pistola-metralhadora (f)	ավտոմատ	[avtomát]
metralhadora (f)	գնդացիր	[gndatsʰír]
boca (f)	փողաբերան	[pʰoġaberán]
cano (m)	փող	[pʰoġ]
calibre (m)	տրամաչափ	[tramačápʰ]
gatilho (m)	հրահան	[hrahán]
mira (f)	նշան	[nšan]
carregador (m)	պահեստատուփ	[pahestatúpʰ]
coronha (f)	կոթ	[kotʰ]
granada (f) de mão	նռնակ	[nrnak]
explosivo (m)	պայթուցիկ	[pajtʰutsʰík]
bala (f)	գնդակ	[gndak]
cartucho (m)	փամփուշտ	[pʰampúšt]
carga (f)	լից	[litsʰ]
munições (f pl)	զինամթերք	[zinamtʰérkʰ]
bombardeiro (m)	ռմբակոծիչ	[rmbakotsíč]
avião (m) de caça	կործանիչ	[kortsaníč]
helicóptero (m)	ուղղաթիռ	[uġatʰír]
canhão (m) antiaéreo	զենիթային թնդանոթ	[zenitʰajín tʰndanótʰ]
tanque (m)	տանկ	[tank]
canhão (de um tanque)	թնդանոթ	[tʰndanótʰ]
artilharia (f)	հրետանի	[hretaní]
fazer a pontaria	ուղղել	[uġġél]
obus (m)	արկ	[ark]
granada (f) de morteiro	ական	[akán]
morteiro (m)	ականանետ	[akananét]
estilhaço (m)	բեկոր	[bekór]
submarino (m)	սուզանավ	[suzanáv]
torpedo (m)	տորպեդ	[torpéd]
míssil (m)	հրթիռ	[hrtʰir]
carregar (uma arma)	լցնել	[ltsʰnel]
atirar, disparar (vi)	կրակել	[krakél]
apontar para ...	նշան բռնել	[nšán brnel]
baioneta (f)	սվին	[svin]
espada (f)	սուսեր	[susér]
sabre (m)	սուր	[sur]
lança (f)	նիզակ	[nizák]
arco (m)	աղեղ	[aġéġ]
flecha (f)	նետ	[net]
mosquete (m)	մուշկետ	[muškét]
besta (f)	աղեղնազեն	[aġeġnazén]

187. Povos da antiguidade

primitivo	նախնադարյան	[naχnadarján]
pré-histórico	նախապատմական	[naχapatmakán]
antigo	հին	[hin]
Idade (f) da Pedra	քարե դար	[kʰaré dár]
Idade (f) do Bronze	բրոնզե դար	[bronzé dár]
período (m) glacial	սառցե դարաշրջան	[sartsʰé darašrdʒán]
tribo (f)	ցեղ	[tsʰeġ]
canibal (m)	մարդակեր	[mardakér]
caçador (m)	որսորդ	[vorsórd]
caçar (vi)	որս անել	[vors anél]
mamute (m)	մամոնտ	[mamónt]
caverna (f)	քարանձավ	[kʰarandzáv]
fogo (m)	կրակ	[krak]
fogueira (f)	խարույկ	[χarújk]
pintura (f) rupestre	ժայռանկար	[ʒajrapatkér]
ferramenta (f)	աշխատանքի գործիք	[ašχatankí gortsíkʰ]
lança (f)	նիզակ	[nizák]
machado (m) de pedra	քարե կացին	[kʰaré katsʰín]
guerrear (vt)	պատերազմել	[paterazmél]
domesticar (vt)	ընտելացնել	[əntelatsʰnél]
ídolo (m)	կուռք	[kurkʰ]
adorar, venerar (vt)	պաշտել	[paštél]
superstição (f)	սնապաշտություն	[snapaštutʰjún]
evolução (f)	էվոլյուցիա	[ēvoljútsʰia]
desenvolvimento (m)	զարգացում	[zargatsʰúm]
desaparecimento (m)	անհետացում	[anhetatsʰúm]
adaptar-se (vr)	ընտելանալ	[əntelanál]
arqueologia (f)	հնէաբանություն	[hnēabanutʰjún]
arqueólogo (m)	հնագետ	[hnagét]
arqueológico	հնէաբանական	[hnēabanakán]
local (m) das escavações	պեղումներ	[peġumnér]
escavações (f pl)	պեղումներ	[peġumnér]
achado (m)	գտածո	[gtatsó]
fragmento (m)	բեկոր	[bekór]

188. Idade média

povo (m)	ժողովուրդ	[ʒoġovúrd]
povos (m pl)	ժողովուրդներ	[ʒoġovurdnér]
tribo (f)	ցեղ	[tsʰeġ]
tribos (f pl)	ցեղեր	[tsʰeġér]
bárbaros (m pl)	բարբարոսներ	[barbarosnér]
gauleses (m pl)	գալլեր	[gallér]

godos (m pl) գոտեր [gotér]
eslavos (m pl) սլավոններ [slavonnér]
víquingues (m pl) վիկինգներ [vikingnér]

romanos (m pl) հռոմեացիներ [hromeaʦʰinér]
romano հռոմեական [hromeakán]

bizantinos (m pl) բաբելոնացիներ [babelonaʦʰinér]
Bizâncio Բաբելոն [babelón]
bizantino բաբելոնյան [babelonakán]

imperador (m) կայսր [kajsr]
líder (m) առաջնորդ [araʤnórd]
poderoso հզոր [hzor]
rei (m) թագավոր [tʰagavór]
governante (m) ղեկավար [ġekavár]

cavaleiro (m) ասպետ [aspét]
senhor feudal (m) ավատատեր [avatatér]
feudal ավատատիրական [avatatirakán]
vassalo (m) վասսալ [vassál]

duque (m) դուքս [dukʰs]
conde (m) կոմս [koms]
barão (m) բարոն [barón]
bispo (m) եպիսկոպոս [episkopós]

armadura (f) զենք ու զրահ [zenkʰ u zrah]
escudo (m) վահան [vahán]
espada (f) թուր [tʰur]
viseira (f) երեսկալ [ereskál]
cota (f) de malha օղազրահ [oġazráh]

cruzada (f) խաչակրաց արշավանք [χačakráʦʰ aršavánkʰ]
cruzado (m) խաչակիր [χačakír]

território (m) տարածք [taráʦkʰ]
atacar (vt) հարձակվել [harʣakvél]
conquistar (vt) գրավել [gravél]
ocupar, invadir (vt) զավթել [zavtʰél]

assédio, sítio (m) պաշարում [pašarúm]
sitiado պաշարված [pašarváʦ]
assediar, sitiar (vt) պաշարել [pašarél]

inquisição (f) հավատաքննություն [havatakʰnnutʰjún]
inquisidor (m) հավատաքննիչ [havatakʰnníč]
tortura (f) խոշտանգում [χoštangúm]
cruel դաժան [daʒán]
herege (m) հերետիկոս [heretikós]
heresia (f) հերետիկոսություն [heretikutʰjún]

navegação (f) marítima ծովագնացություն [ʦovagnaʦʰutʰjún]
pirata (m) ծովահեն [ʦovahén]
pirataria (f) ծովահենություն [ʦovahenutʰjún]
abordagem (f) նավագզեռում [navagzerúm]

presa (f), butim (m)	որս	[vors]
tesouros (m pl)	գանձեր	[gandzér]
descobrimento (m)	հայտնագործություն	[hajtnagortsutʰjún]
descobrir (novas terras)	հայտնագործել	[hajtnagortsél]
expedição (f)	արշավ	[aršáv]
mosqueteiro (m)	հրացանակիր	[hratsʰanakír]
cardeal (m)	կարդինալ	[kardinál]
heráldica (f)	զինանիշագիտություն	[zinanišagitutʰjún]
heráldico	զինանիշագիտական	[zinanišagitakán]

189. Líder. Chefe. Autoridades

rei (m)	թագավոր	[tʰagavór]
rainha (f)	թագուհի	[tʰaguhí]
real	թագավորական	[tʰagavorakán]
reino (m)	թագավորություն	[tʰagavorutʰjún]
príncipe (m)	արքայազն	[arkʰajázn]
princesa (f)	արքայադուստր	[arkʰajadústr]
presidente (m)	նախագահ	[naχagáh]
vice-presidente (m)	փոխնախագահ	[pʰoχnaχagáh]
senador (m)	սենատոր	[senatór]
monarca (m)	միապետ	[marzpét]
governante (m)	ղեկավար	[ġekavár]
ditador (m)	դիկտատոր	[diktatór]
tirano (m)	բռնապետ	[brnapét]
magnata (m)	մագնատ	[magnát]
diretor (m)	տնօրեն	[tnorén]
chefe (m)	շեֆ	[šef]
dirigente (m)	կառավարիչ	[karavaríč]
patrão (m)	պետ	[pet]
dono (m)	տեր	[ter]
chefe (~ de delegação)	գլուխ	[gluχ]
autoridades (f pl)	իշխանություններ	[išχanutʰjunnér]
superiores (m pl)	ղեկավարություն	[ġekavarutʰjún]
governador (m)	գուբերնատոր	[gubernátor]
cônsul (m)	հյուպատոս	[hjupatós]
diplomata (m)	դիվանագետ	[divanagét]
Presidente (m) da Câmara	քաղաքապետ	[kʰaġakapét]
xerife (m)	ոստիկանապետ	[vostikanapét]
imperador (m)	կայսր	[kajsr]
czar (m)	թագավոր	[tʰagavór]
faraó (m)	փարավոն	[pʰaravón]
cã (m)	խան	[χan]

190. Estrada. Caminho. Direções

estrada (f)	ճանապարհ	[čanapárh]
caminho (m)	ուղի	[uġí]
rodovia (f)	խճուղի	[χčuġí]
autoestrada (f)	մայրուղի	[majruġí]
estrada (f) nacional	ազգային ճանապարհ	[azgajín čanapárh]
estrada (f) principal	գլխավոր ճանապարհ	[glχavór čanapárh]
caminho (m) de terra batida	գյուղական ճանապարհ	[gjuġakán čanapárh]
trilha (f)	արահետ	[arahét]
vereda (f)	կածան	[kaʦán]
Onde?	Որտե՞ղ	[vortéġ?]
Para onde?	Ո՞ւր	[ur?]
De onde?	Որտեղի՞ց	[vorteġíʦ^h?]
direção (f)	ուղղություն	[uġut^{h}jún]
indicar (orientar)	ցույց տալ	[ʦ^{h}újʦ^h tal]
para esquerda	ձախ	[ʣaχ]
para direita	աջ	[aʤ]
em frente	ուղիղ	[uġíġ]
para trás	ետ	[et]
curva (f)	ոլորան	[volorán]
virar (ex. ~ à direita)	թեքվել	[t^{h}ek^{h}vél]
dar retorno	ետ դառնալ	[et darnál]
estar visível	երևալ	[ereválj]
aparecer (vi)	երևալ	[ereválj]
paragem (pausa)	կանգ	[kang]
descansar (vi)	հանգստանալ	[hangstanál]
descanso (m)	հանգիստ	[hangíst]
perder-se (vr)	մոլորվել	[molorvél]
conduzir (caminho)	տանել դեպի …	[tanél depí …]
chegar a …	դուրս գալ … մոտ	[durs gal … mot]
trecho (m)	հատված	[hatváʦ]
asfalto (m)	ասֆալտ	[asfált]
lancil (m)	մայթեզր	[majt^{h}ézr]
valeta (f)	առու	[arú]
tampa (f) de esgoto	լյուկ	[ljuk]
berma (f) da estrada	ճամփեզր	[čamp^{h}ézr]
buraco (m)	փոս	[p^{h}os]
ir (a pé)	գնալ	[gnal]
ultrapassar (vt)	առաջ անցնել	[aráʤ anʦ^{h}nél]
passo (m)	քայլ	[k^{h}ajl]
a pé	ոտքով	[votk^{h}óv]

bloquear (vt)	անջատել	[anʤatél]
cancela (f)	արգելափակոց	[argelap^{h}akóʦ^{h}]
beco (m) sem saída	փակուղի	[p^{h}akuġí]

191. Viloação da lei. Criminosos. Parte 1

bandido (m)	ավազակ	[avazák]
crime (m)	հանցագործություն	[hanʦ^{h}agorʦut^{h}jún]
criminoso (m)	հանցագործ	[hanʦ^{h}agórʦ]
ladrão (m)	գող	[goġ]
roubar (vt)	գողանալ	[goġanál]
furto, roubo (m)	գողություն	[goġut^{h}jún]
raptar (ex. ~ uma criança)	առևանգել	[arevangél]
rapto (m)	առևանգում	[arevangúm]
raptor (m)	առևանգող	[arevangóġ]
resgate (m)	փրկագին	[p^{h}rkagín]
pedir resgate	փրկագին պահանջել	[p^{h}rkagín pahanʤél]
roubar (vt)	կողոպտել	[koġoptél]
assaltante (m)	կողոպտիչ	[koġoptíč]
extorquir (vt)	շորթել	[šort^{h}él]
extorsionário (m)	շորթիչ	[šort^{h}íč]
extorsão (f)	շորթում	[šort^{h}úm]
matar, assassinar (vt)	սպանել	[spanél]
homicídio (m)	սպանություն	[spanut^{h}jún]
homicida, assassino (m)	մարդասպան	[mardaspán]
tiro (m)	կրակոց	[krakóʦ^{h}]
dar um tiro	կրակել	[krakél]
matar a tiro	կրակել	[krakél]
atirar, disparar (vi)	կրակել	[krakél]
tiroteio (m)	հրաձգություն	[hraʣgut^{h}jún]
incidente (m)	պատահար	[patahár]
briga (~ de rua)	կռիվ	[kriv]
vítima (f)	զոհ	[zoh]
danificar (vt)	վնաս հասցնել	[vnas hasʦ^{h}nél]
dano (m)	վնաս	[vnas]
cadáver (m)	դիակ	[diák]
grave	ծանր	[ʦanr]
atacar (vt)	հարձակում կատարել	[harʣakúm katarél]
bater (espancar)	հարվածել	[harvaʦél]
espancar (vt)	ծեծել	[ʦeʦél]
tirar, roubar (dinheiro)	խլել	[χlel]
esfaquear (vt)	մորթել	[mort^{h}él]
mutilar (vt)	խեղանդամացնել	[χeġandamaʦ^{h}nél]
ferir (vt)	վիրավորել	[viravorél]

chantagem (f) շորթում [šortʰúm]
chantagear (vt) շորթել [šortʰél]
chantagista (m) շորթումնագործ [šortʰumnagórts]

extorsão (em troca de proteção) դրամաշորթություն [dramašhortʰutʰjún]
extorsionário (m) դրամաշորթ [dramašórtʰ]
gângster (m) ավազակ [avazák]
máfia (f) մաֆիա [máfia]

carteirista (m) գրպանահատ [grpanahát]
assaltante, ladrão (m) կոտրանք կատարող [kotránkʰ kataróġ]
contrabando (m) մաքսանենգություն [makʰsanengutʰjún]
contrabandista (m) մաքսանենգ [makʰsanéng]

falsificação (f) կեղծիք [keġtsíkʰ]
falsificar (vt) կեղծել [keġtsél]
falsificado կեղծ [keġts]

192. Viloação da lei. Criminosos. Parte 2

violação (f) բռնաբարություն [brnabarutʰjún]
violar (vt) բռնաբարել [brnabarél]
violador (m) բռնաբարող [brnabaróġ]
maníaco (m) մոլագար [molagár]

prostituta (f) պոռնիկ [porník]
prostituição (f) պոռնկություն [pornkutʰjún]
chulo (m) կավատ [kavát]

toxicodependente (m) թմրամոլ [tʰmramól]
traficante (m) թմրավաճառ [tʰmravačár]

explodir (vt) պայթեցնել [pajtʰetsʰnél]
explosão (f) պայթյուն [pajtʰjún]
incendiar (vt) հրկիզել [hrkizél]
incendiário (m) հրկիզող [hrkizóġ]

terrorismo (m) ահաբեկչություն [ahabekčutʰjún]
terrorista (m) ահաբեկիչ [ahabekíč]
refém (m) պատանդ [patánd]

enganar (vt) խաբել [χabél]
engano (m) խաբեություն [χabeutʰjún]
vigarista (m) խարդախ [χardáχ]

subornar (vt) կաշառել [kašarél]
suborno (atividade) կաշառք [kašárkʰ]
suborno (dinheiro) կաշառք [kašárkʰ]

veneno (m) թույն [tʰujn]
envenenar (vt) թունավորել [tʰunavorél]
envenenar-se (vr) թունավորվել [tʰunavorél]
suicídio (m) ինքնասպանություն [inkʰnaspanutʰjún]

suicida (m) ինքնասպան [inkʰnaspán]
ameaçar (vt) սպառնալ [sparnál]
ameaça (f) սպառնալիք [sparnalíkʰ]
atentar contra a vida de ... մահափորձ կատարել [mahapʰórʣ kataréI]
atentado (m) մահափորձ [mahapʰórʣ]

roubar (o carro) առևանգել [arevangél]
desviar (o avião) առևանգել [arevangél]

vingança (f) վրեժ [vreʒ]
vingar (vt) վրեժ լուծել [vreʒ luʦél]

torturar (vt) խոշտանգել [χoštangél]
tortura (f) խոշտանգում [χoštangúm]
atormentar (vt) խոշտանգել [χoštangél]

pirata (m) ծովահեն [ʦovahén]
desordeiro (m) խուլիգան [χuligán]
armado զինված [zinváʦ]
violência (f) բռնություն [brnutʰjún]

espionagem (f) լրտեսություն [lrtesutʰjún]
espionar (vi) լրտեսել [lrtesél]

193. Polícia. Lei. Parte 1

justiça (f) դատ [dat]
tribunal (m) դատարան [datarán]

juiz (m) դատավոր [datavór]
jurados (m pl) ատենակալ [atenakál]
tribunal (m) do júri ատենակալների դատարան [atenakalnerí datarán]
julgar (vt) դատել [datél]

advogado (m) փաստաբան [pʰastabán]
réu (m) ամբաստանյալ [ambastanjál]
banco (m) dos réus ամբաստանյալների աթոռ [ambastanjalnerí atʰór]

acusação (f) մեղադրանք [meġadránkʰ]
acusado (m) մեղադրյալ [meġadrjál]

sentença (f) դատավճիռ [datavčír]
sentenciar (vt) դատապարտել [datapartél]

culpado (m) հանցավոր [hanʦʰavór]
punir (vt) պատժել [patʒél]
punição (f) պատժամիջոց [patʒamiʤóʦʰ]

multa (f) տուգանք [tugánkʰ]
prisão (f) perpétua ցմահ բանտարկություն [ʦʰmáh bantarkutʰjún]
pena (f) de morte մահապատիժ [mahapatíʒ]
cadeira (f) elétrica էլեկտրական աթոռ [ēlektrakán atʰór]
forca (f) կախաղան [kaχaġán]
executar (vt) մահապատժի ենթարկել [mahapatʒí entʰarkél]

execução (f)	մահապատիժ	[mahapatíʒ]
prisão (f)	բանտ	[bant]
cela (f) de prisão	բանտախցիկ	[bantaχtsʰík]
escolta (f)	պահակախումբ	[pahakaχúmb]
guarda (m) prisional	հսկիչ	[hskič]
preso (m)	բանտարկյալ	[bantarkjál]
algemas (f pl)	ձեռնաշղթաներ	[dzernašġtʰanér]
algemar (vt)	ձեռնաշղթաներ հագցնել	[dzernašġtʰanér hagtsʰnél]
fuga, evasão (f)	փախուստ	[pʰaχúst]
fugir (vi)	փախչել	[pʰaχčél]
desaparecer (vi)	անհայտանալ	[anhajtanál]
soltar, libertar (vt)	ազատել	[azatél]
amnistia (f)	ներում	[nerúm]
polícia (instituição)	ոստիկանություն	[vostikanutʰjún]
polícia (m)	ոստիկան	[vostikán]
esquadra (f) de polícia	ոստիկանության բաժանմունք	[vostikanutʰján baʒanmúnkʰ]
cassetete (m)	ռետինե մահակ	[retiné mahák]
megafone (m)	խոսափող	[χosapʰóġ]
carro (m) de patrulha	պարեկային ավտոմեքենա	[parekajín avtomekʰená]
sirene (f)	շչակ	[ščak]
ligar a sirene	շչակը միացնել	[ščákə miatsʰnél]
toque (m) da sirene	շչակի ոռնոց	[ščakí vornótsʰ]
cena (f) do crime	դեպքի վայր	[depkʰí vajr]
testemunha (f)	վկա	[vka]
liberdade (f)	ազատություն	[azatutʰjún]
cúmplice (m)	հանցակից	[hantsʰakítsʰ]
escapar (vi)	փախչել	[pʰaχčél]
traço (não deixar ~s)	հետք	[hetkʰ]

194. Polícia. Lei. Parte 2

procura (f)	հետաքննություն	[hetakʰnnutʰjún]
procurar (vt)	փնտրել	[pʰntrel]
suspeita (f)	կասկած	[kaskáts]
suspeito	կասկածելի	[kaskatselí]
parar (vt)	կանգնեցնել	[kangnetsʰnél]
deter (vt)	ձերբակալել	[dzerbakalél]
caso (criminal)	գործ	[gorts]
investigação (f)	հետաքննություն	[hetakʰnnutʰjún]
detetive (m)	խուզարկու	[χuzarkú]
investigador (m)	քննիչ	[kʰnnič]
versão (f)	վարկած	[varkáts]
motivo (m)	շարժառիթ	[šarʒarítʰ]
interrogatório (m)	հարցաքննություն	[hartsʰakʰnnutʰjún]
interrogar (vt)	հարվաքննել	[hartsakʰnnél]

questionar (vt) | հարցաքննել | [hartsʰakʰnnél]
verificação (f) | ստուգում | [stugúm]

batida (f) policial | շուրջկալ | [šurdʒkál]
busca (f) | խուզարկություն | [χuzarkutʰjún]
perseguição (f) | հետապնդում | [hetapndúm]
perseguir (vt) | հետապնդել | [hetapndél]
seguir (vt) | հետևել | [hetevél]

prisão (f) | ձերբակալություն | [dzerbakalutʰjún]
prender (vt) | ձերբակալել | [dzerbakalél]
pegar, capturar (vt) | բռնել | [brnel]
captura (f) | բռնելը | [brnelə]

documento (m) | փաստաթուղթ | [pʰastatʰúġtʰ]
prova (f) | ապացույց | [apatsʰújtsʰ]
provar (vt) | ապացուցել | [apatsʰutsʰél]
pegada (f) | հետք | [hetkʰ]
impressões (f pl) digitais | մատնահետքեր | [matnahetkʰér]
prova (f) | հանցանշան | [hantsʰanšán]

álibi (m) | ալիբի | [álibi]
inocente | անմեղ | [anméġ]
injustiça (f) | անարդարություն | [anardarutʰjún]
injusto | անարդար | [anardár]

criminal | քրեական | [kʰreakán]
confiscar (vt) | բռնագրավել | [brnagravél]
droga (f) | թմրանյութ | [tʰmranjútʰ]
arma (f) | զենք | [zenkʰ]
desarmar (vt) | զինաթափել | [zinatʰapʰél]
ordenar (vt) | հրամայել | [hramajél]
desaparecer (vi) | անհետանալ | [anhetanál]

lei (f) | օրենք | [orénkʰ]
legal | օրինական | [orinakán]
ilegal | անօրինական | [anorinakán]

responsabilidade (f) | պատասխանատվություն | [patasχanatvutʰjún]
responsável | պատասխանատու | [patasχanatú]

NATUREZA

A Terra. Parte 1

195. Espaço sideral

cosmos (m)	տիեզերք	[tiezérkʰ]
cósmico	տիեզերական	[tiezerakán]
espaço (m) cósmico	տիեզերական տարածություն	[tiezerakán taraʦutʰjún]
mundo (m)	աշխարհ	[ašχárh]
universo (m)	տիեզերք	[tiezérkʰ]
galáxia (f)	գալակտիկա	[galáktika]
estrela (f)	աստղ	[astġ]
constelação (f)	համաստեղություն	[hamasteġutʰjún]
planeta (m)	մոլորակ	[molorák]
satélite (m)	արբանյակ	[arbanják]
meteorito (m)	երկնաքար	[erknakʰár]
cometa (m)	գիսաստղ	[gisástġ]
asteroide (m)	աստղակերպ	[astġakérp]
órbita (f)	ուղեծիր	[uġeʦír]
girar (vi)	պտտվել	[ptətvél]
atmosfera (f)	մթնոլորտ	[mtʰnolórt]
Sol (m)	արեգակ	[aregák]
Sistema (m) Solar	արեգակնային համակարգ	[aregaknajín hamakárg]
eclipse (m) solar	արևի խավարում	[areví χavarúm]
Terra (f)	Երկիր	[erkír]
Lua (f)	Լուսին	[lusín]
Marte (m)	Մարս	[mars]
Vénus (f)	Վեներա	[venéra]
Júpiter (m)	Յուպիտեր	[jupíter]
Saturno (m)	Սատուրն	[satúrn]
Mercúrio (m)	Մերկուրի	[merkúri]
Urano (m)	Ուրան	[urán]
Neptuno (m)	Նեպտուն	[neptún]
Plutão (m)	Պլուտոն	[plutón]
Via Láctea (f)	Կաթնածիր	[katʰnaʦír]
Ursa Maior (f)	Մեծ Արջ	[meʦ arʤ]
Estrela Polar (f)	Բևեռային Աստղ	[beverajín ástġ]
marciano (m)	Մարսի բնակիչ	[marsí bnakíč]

extraterrestre (m)	այլմոլորակային	[ajlmolorakajín]
alienígena (m)	եկվոր	[ekvór]
disco (m) voador	թռչող ափսե	[tʰrčóġ apʰsé]
nave (f) espacial	տիեզերանավ	[tiezeragnáʦ]
estação (f) orbital	ուղեծրային կայան	[uġeʦrajín kaján]
lançamento (m)	մեկնաթռիչք	[meknatʰríčkʰ]
motor (m)	շարժիչ	[šarʒíč]
bocal (m)	փողելք	[pʰoġélkʰ]
combustível (m)	վառելիք	[varelíkʰ]
cabine (f)	խցիկ	[χʦʰik]
antena (f)	ալեհավաք	[alehavákʰ]
vigia (f)	իլյումինատոր	[iljuminátor]
bateria (f) solar	արևային մարտկոց	[arevajín martkóʦʰ]
traje (m) espacial	սկաֆանդր	[skafándr]
imponderabilidade (f)	անկշռություն	[ankšrutʰjún]
oxigénio (m)	թթվածին	[tʰtʰvaʦín]
acoplagem (f)	միակցում	[miakʦʰúm]
fazer uma acoplagem	միակցում կատարել	[miakʦʰúm katarél]
observatório (m)	աստղադիտարան	[astġaditarán]
telescópio (m)	աստղադիտակ	[astġaditák]
observar (vt)	հետևել	[hetevél]
explorar (vt)	հետազոտել	[hetazotél]

196. A Terra

Terra (f)	Երկիր	[erkír]
globo terrestre (Terra)	երկրագունդ	[erkragúnd]
planeta (m)	մոլորակ	[molorák]
atmosfera (f)	մթնոլորտ	[mtʰnolórt]
geografia (f)	աշխարհագրություն	[ašχarhagrutʰjún]
natureza (f)	բնություն	[bnutʰjún]
globo (mapa esférico)	գլոբուս	[globús]
mapa (m)	քարտեզ	[kʰartéz]
atlas (m)	ատլաս	[atlás]
Europa (f)	Եվրոպա	[evrópa]
Ásia (f)	Ասիա	[ásia]
África (f)	Աֆրիկա	[áfrika]
Austrália (f)	Ավստրալիա	[avstrália]
América (f)	Ամերիկա	[amérika]
América (f) do Norte	Հյուսիսային Ամերիկա	[hjusisajín amérika]
América (f) do Sul	Հարավային Ամերիկա	[haravajín amérika]
Antártida (f)	Անտարկտիդա	[antarktída]
Ártico (m)	Արկտիկա	[árktika]

197. Pontos cardeais

norte (m)	հյուսիս	[hjusís]
para norte	դեպի հյուսիս	[depí hjusís]
no norte	հյուսիսում	[hjusisúm]
do norte	հյուսիսային	[hjusisajín]
sul (m)	հարավ	[haráv]
para sul	դեպի հարավ	[depí haráv]
no sul	հարավում	[haravúm]
do sul	հարավային	[haravajín]
oeste, ocidente (m)	արևմուտք	[arevmútkʰ]
para oeste	դեպի արևմուտք	[depí arevmútkʰ]
no oeste	արևմուտքում	[arevmutkʰúm]
ocidental	արևմտյան	[arevmtján]
leste, oriente (m)	արևելք	[arevélkʰ]
para leste	դեպի արևելք	[depí arevélkʰ]
no leste	արևելքում	[arevelkʰúm]
oriental	արևելյան	[arevelján]

198. Mar. Oceano

mar (m)	ծով	[ʦov]
oceano (m)	օվկիանոս	[ovkianós]
golfo (m)	ծոց	[ʦoʦʰ]
estreito (m)	նեղուց	[neġúʦʰ]
terra (f) firme	ցամաք	[ʦʰamákʰ]
continente (m)	մայրցամաք	[majrʦʰamákʰ]
ilha (f)	կղզի	[kġzi]
península (f)	թերակղզի	[tʰerakġzí]
arquipélago (m)	արշիպելագ	[aršipelág]
baía (f)	ծովախորշ	[ʦovaχóřš]
porto (m)	նավահանգիստ	[navahangíst]
lagoa (f)	ծովալճակ	[ʦovalčák]
cabo (m)	հրվանդան	[hrvandán]
atol (m)	ատոլ	[atól]
recife (m)	խութ	[χutʰ]
coral (m)	մարջան	[marʤán]
recife (m) de coral	մարջանախութ	[marʤanaχútʰ]
profundo	խորը	[χórə]
profundidade (f)	խորություն	[χorutʰjún]
abismo (m)	անդունդ	[andúnd]
fossa (f) oceânica	ծովախորշ	[ʦovaχóřš]
corrente (f)	հոսանք	[hosánkʰ]
banhar (vt)	ողողել	[voġoġél]
litoral (m)	ափ	[apʰ]

costa (f)	ծովափ	[tsováp^h]
maré (f) alta	մակընթացություն	[makəntʰatsʰutʰjún]
refluxo (m), maré (f) baixa	տեղատվություն	[teġatvutʰjún]
restinga (f)	առափնյա ծանծաղուտ	[arapʰnjá tsantsaġút]
fundo (m)	հատակ	[haták]
onda (f)	ալիք	[alíkʰ]
crista (f) da onda	ալիքի կատար	[alikʰí katár]
espuma (f)	փրփուր	[pʰrpʰur]
tempestade (f)	փոթորիկ	[pʰotʰorík]
furacão (m)	մրրիկ	[mrrik]
tsunami (m)	ցունամի	[tsʰunámi]
calmaria (f)	խաղաղություն	[χaġaġutʰjún]
calmo	հանգիստ	[hangíst]
polo (m)	բևեռ	[bevér]
polar	բևեռային	[beverajín]
latitude (f)	լայնություն	[lajnutʰjún]
longitude (f)	երկարություն	[erkarutʰjún]
paralela (f)	զուգահեռական	[zugaherakán]
equador (m)	հասարակած	[hasarakáts]
céu (m)	երկինք	[erkínkʰ]
horizonte (m)	հորիզոն	[horizón]
ar (m)	օդ	[od]
farol (m)	փարոս	[pʰarós]
mergulhar (vi)	սուզվել	[suzvél]
afundar-se (vr)	խորտակվել	[χortakvél]
tesouros (m pl)	գանձեր	[gandzér]

199. Nomes de Mares e Oceanos

Oceano (m) Atlântico	Ատլանտյան օվկիանոս	[atlantján ovkianós]
Oceano (m) Índico	Հնդկական օվկիանոս	[hndkakán ovkianós]
Oceano (m) Pacífico	Խաղաղ օվկիանոս	[χaġáġ ovkianós]
Oceano (m) Ártico	Հյուսիսային Սառուցյալ օվկիանոս	[hjusisajín sarutsʰjál ovkianós]
Mar (m) Negro	Սև ծով	[sev tsov]
Mar (m) Vermelho	Կարմիր ծով	[karmír tsóv]
Mar (m) Amarelo	Դեղին ծով	[deġín tsov]
Mar (m) Branco	Սպիտակ ծով	[spiták tsóv]
Mar (m) Cáspio	Կասպից ծով	[kaspítsʰ tsov]
Mar (m) Morto	Մեռյալ ծով	[merjál tsov]
Mar (m) Mediterrâneo	Միջերկրական ծով	[midʒerkrakán tsov]
Mar (m) Egeu	Էգեյան ծով	[ēgeján tsov]
Mar (m) Adriático	Ադրիատիկ ծով	[adriatík tsov]
Mar (m) Arábico	Արաբական ծով	[arabakán tsov]
Mar (m) do Japão	Ճապոնական ծով	[čaponakán tsov]

Mar (m) de Bering	Բերինգի ծով	[beringí ʦóv]
Mar (m) da China Meridional	Արևելա-Չինական ծով	[arevelá činakán ʦov]
Mar (m) de Coral	Կորալյան ծով	[koralján ʦov]
Mar (m) de Tasman	Տասմանյան ծով	[tasmanján ʦov]
Mar (m) do Caribe	Կարիբյան ծով	[karibján ʦóv]
Mar (m) de Barents	Բարենցյան ծով	[barenʦʰján ʦóv]
Mar (m) de Kara	Կարսի ծով	[karsí ʦóv]
Mar (m) do Norte	Հյուսիսային ծով	[hjusisajín ʦóv]
Mar (m) Báltico	Բալթիկ ծով	[baltʰík ʦov]
Mar (m) da Noruega	Նորվեգյան ծով	[norvegján ʦóv]

200. Montanhas

montanha (f)	լեռ	[ler]
cordilheira (f)	լեռնաշղթա	[lernašġtʰá]
serra (f)	լեռնագագաթ	[lernagagátʰ]
cume (m)	գագաթ	[gagátʰ]
pico (m)	լեռնագագաթ	[lernagagátʰ]
sopé (m)	ստորոտ	[storót]
declive (m)	սարալանջ	[saralánʤ]
vulcão (m)	հրաբուխ	[hrabúχ]
vulcão (m) ativo	գործող հրաբուխ	[gorʦóġ hrabúχ]
vulcão (m) extinto	հանգած հրաբուխ	[hangáʦ hrabúχ]
erupção (f)	ժայթքում	[ʒajtʰkʰúm]
cratera (f)	խառնարան	[χarnarán]
magma (m)	մագմա	[mágma]
lava (f)	լավա	[láva]
fundido (lava ~a)	շիկացած	[šikaʦʰáʦ]
desfiladeiro (m)	խնձահովիտ	[χnʣahovít]
garganta (f)	կիրճ	[kirč]
fenda (f)	նեղ կիրճ	[neġ kirč]
passo, colo (m)	լեռնանցք	[lernánʦʰkʰ]
planalto (m)	սարահարթ	[sarahártʰ]
falésia (f)	ժայռ	[ʒajr]
colina (f)	բլուր	[blur]
glaciar (m)	սառցադաշտ	[sarʦʰadášt]
queda (f) d'água	ջրվեժ	[ʤrveʒ]
géiser (m)	գեյզեր	[géjzer]
lago (m)	լիճ	[lič]
planície (f)	հարթավայր	[hartʰavájr]
paisagem (f)	բնատեսարան	[bnatesarán]
eco (m)	արձագանք	[arʣagánkʰ]
alpinista (m)	լեռնագնաց	[lernagnáʦʰ]
escalador (m)	ժայռամագլցող	[ʒajramaglʦʰóġ]

conquistar (vt)	գերել	[gerél]
subida, escalada (f)	վերելք	[verélkʰ]

201. Nomes de montanhas

Alpes (m pl)	Ալպեր	[alpér]
monte Branco (m)	Մոնբլան	[monblán]
Pirineus (m pl)	Պիրինեյներ	[pirinejnér]
Cárpatos (m pl)	Կարպատներ	[karpatnér]
montes (m pl) Urais	Ուրալյան լեռներ	[uraljáṅ lernér]
Cáucaso (m)	Կովկաս	[kovkás]
Elbrus (m)	Էլբրուս	[ēlbrús]
Altai (m)	Ալտայ	[altáj]
Tian Shan (m)	Տյան Շան	[tjan šan]
Pamir (m)	Պամիր	[pamír]
Himalaias (m pl)	Հիմալայներ	[himalajnér]
monte (m) Everest	Էվերեստ	[ēverést]
Cordilheira (f) dos Andes	Անդեր	[andér]
Kilimanjaro (m)	Կիլիմանջարո	[kilimandʒáro]

202. Rios

rio (m)	գետ	[get]
fonte, nascente (f)	աղբյուր	[aġbjúr]
leito (m) do rio	հուն	[hun]
bacia (f)	ջրավազան	[dʒravazán]
desaguar no ...	թափվել	[tʰapʰvél]
afluente (m)	վտակ	[vtak]
margem (do rio)	ափ	[apʰ]
corrente (f)	հոսանք	[hosánkʰ]
rio abaixo	հոսանքն ի վայր	[hosánkʰn í vájr]
rio acima	հոսանքն ի վեր	[hosánkʰn í vér]
inundação (f)	հեղեղում	[heġeġúm]
cheia (f)	վարարություն	[vararutʰjún]
transbordar (vi)	վարարել	[vararél]
inundar (vt)	հեղեղել	[heġeġél]
banco (m) de areia	ծանծաղուտ	[ʦanʦaġút]
rápidos (m pl)	սահանք	[sahánkʰ]
barragem (f)	ամբարտակ	[ambarták]
canal (m)	ջրանցք	[dʒránʦʰkʰ]
reservatório (m) de água	ջրամբար	[dʒrambár]
eclusa (f)	ջրագելակ	[dʒragelák]
corpo (m) de água	ջրավազան	[dʒravazán]
pântano (m)	ճահիճ	[čahíč]

tremedal (m) ճահճուտ [čahčút]
remoinho (m) հորձանուտ [hordzanút]

arroio, regato (m) առու [arú]
potável խմելու [χmelú]
doce (água) քաղցրահամ [kʰaġtsʰrahám]

gelo (m) սառույց [sarújtsʰ]
congelar-se (vr) սառչել [sarčél]

203. Nomes de rios

rio Sena (m) Սենա [séna]
rio Loire (m) Լուարա [luára]

rio Tamisa (m) Թեմզա [tʰémza]
rio Reno (m) Ռեյն [rejn]
rio Danúbio (m) Դունայ [dunáj]

rio Volga (m) Վոլգա [vólga]
rio Don (m) Դոն [don]
rio Lena (m) Լենա [léna]

rio Amarelo (m) Խուանխե [χuanχé]
rio Yangtzé (m) Յանցզի [jantsʰzə]
rio Mekong (m) Մեկոնգ [mekóng]
rio Ganges (m) Գանգես [gangés]

rio Nilo (m) Նեղոս [neġós]
rio Congo (m) Կոնգո [kóngo]
rio Cubango (m) Օկավանգո [okavángo]
rio Zambeze (m) Զամբեզի [zambézi]
rio Limpopo (m) Լիմպոպո [limpopó]
rio Mississípi (m) Միսիսիպի [misisipí]

204. Floresta

floresta (f), bosque (m) անտառ [antár]
florestal անտառային [antarajín]

mata (f) cerrada թավուտ [tʰavút]
arvoredo (m) պուրակ [purák]
clareira (f) բացատ [batsʰát]

matagal (m) մացառուտ [matsʰarút]
mato (m) թփուտ [tʰpʰut]

vereda (f) կածան [katsán]
ravina (f) ձորակ [dzorák]

árvore (f) ծառ [tsar]
folha (f) տերև [terév]

folhagem (f)	տերևներ	[terevnér]
queda (f) das folhas	տերևաթափ	[terevatʰápʰ]
cair (vi)	թափվել	[tʰapʰvél]
topo (m)	կատար	[katár]
ramo (m)	ճյուղ	[čjuġ]
galho (m)	ոստ	[vost]
botão, rebento (m)	բողբոջ	[boġbóʤ]
agulha (f)	փուշ	[pʰuš]
pinha (f)	ելունդ	[elúnd]
buraco (m) de árvore	փչակ	[pʰčak]
ninho (m)	բույն	[bujn]
toca (f)	որջ	[vorʤ]
tronco (m)	բուն	[bun]
raiz (f)	արմատ	[armát]
casca (f) de árvore	կեղև	[keġév]
musgo (m)	մամուռ	[mamúr]
arrancar pela raiz	արմատախիլ անել	[armataχíl anél]
cortar (vt)	հատել	[hatél]
desflorestar (vt)	անտառահատել	[antarahatél]
toco, cepo (m)	կոճղ	[kočġ]
fogueira (f)	խարույկ	[χarújk]
incêndio (m) florestal	հրդեհ	[hrdeh]
apagar (vt)	հանգցնել	[hangʦʰnél]
guarda-florestal (m)	անտառապահ	[antarapáh]
proteção (f)	պահպանություն	[pahpanutʰjún]
proteger (a natureza)	պահպանել	[pahpanél]
caçador (m) furtivo	որսագող	[vorsagóġ]
armadilha (f)	թակարդ	[tʰakárd]
colher (cogumelos, bagas)	հավաքել	[havakʰél]
perder-se (vr)	մոլորվել	[molorvél]

205. Recursos naturais

recursos (m pl) naturais	բնական ռեսուրսներ	[bnakán resursnér]
minerais (m pl)	օգտակար հանածոներ	[ogtakár hanaʦonér]
depósitos (m pl)	հանքաշերտ	[hankʰašért]
jazida (f)	հանքավայր	[hankʰavájr]
extrair (vt)	արդյունահանել	[ardjunahanél]
extração (f)	արդյունահանում	[ardjunahanúm]
minério (m)	հանքաքար	[hankʰakʰár]
mina (f)	հանք	[hankʰ]
poço (m) de mina	հորան	[horán]
mineiro (m)	հանքափոր	[hankʰapʰór]
gás (m)	գազ	[gaz]
gasoduto (m)	գազատար	[gazatár]

petróleo (m)	**նավթ**	[navtʰ]
oleoduto (m)	**նավթատար**	[navtʰatár]
poço (m) de petróleo	**նավթային աշտարակ**	[navtʰajín aštarák]
torre (f) petrolífera	**հորատման աշտարակ**	[horatmán aštarák]
petroleiro (m)	**լցանավ**	[ltsʰanáv]
areia (f)	**ավազ**	[aváz]
calcário (m)	**կրաքար**	[krakʰár]
cascalho (m)	**խիճ**	[χič]
turfa (f)	**տորֆ**	[torf]
argila (f)	**կավ**	[kav]
carvão (m)	**ածուխ**	[atsúχ]
ferro (m)	**երկաթ**	[erkátʰ]
ouro (m)	**ոսկի**	[voskí]
prata (f)	**արծաթ**	[artsátʰ]
níquel (m)	**նիկել**	[nikél]
cobre (m)	**պղինձ**	[pġindz]
zinco (m)	**ցինկ**	[tsʰink]
manganês (m)	**մանգան**	[mangán]
mercúrio (m)	**սնդիկ**	[sndik]
chumbo (m)	**արճիճ**	[arčíč]
mineral (m)	**հանքանյութ**	[hankʰanjútʰ]
cristal (m)	**բյուրեղ**	[bjuréġ]
mármore (m)	**մարմար**	[marmár]
urânio (m)	**ուրան**	[urán]

A Terra. Parte 2

206. Tempo

tempo (m)	եղանակ	[eġanák]
previsão (f) do tempo	եղանակի տեսություն	[eġanakí tesutʰjún]
temperatura (f)	ջերմաստիճան	[ʤermastičán]
termómetro (m)	ջերմաչափ	[ʤermačápʰ]
barómetro (m)	ծանրաչափ	[ʦanračápʰ]
humidade (f)	խոնավություն	[χonavutʰjún]
calor (m)	տապ	[tap]
cálido	շոգ	[šog]
está muito calor	շոգ է	[šog ē]
está calor	տաք է	[takʰ ē]
quente	տաք	[takʰ]
está frio	ցուրտ է	[ʦʰúrt ē]
frio	սառը	[sárə]
sol (m)	արև	[arév]
brilhar (vi)	շողալ	[šoġál]
de sol, ensolarado	արևային	[arevajín]
nascer (vi)	ծագել	[ʦagél]
pôr-se (vr)	մայր մտնել	[majr mtnel]
nuvem (f)	ամպ	[amp]
nublado	ամպամած	[ampamáʦ]
nuvem (f) preta	թուխպ	[tʰuχp]
escuro, cinzento	ամպամած	[ampamáʦ]
chuva (f)	անձրև	[anʣrév]
está a chover	անձրև է գալիս	[anʣrév ē galís]
chuvoso	անձրևային	[anʣrevajín]
chuviscar (vi)	մաղել	[maġél]
chuva (f) torrencial	տեղատարափ անձրև	[teġatarápʰ anʣrév]
chuvada (f)	տեղատարափ անձրև	[teġatarápʰ anʣrév]
forte (chuva)	տարափ	[tarápʰ]
poça (f)	ջրակույտ	[ʤrakújt]
molhar-se (vr)	թրջվել	[tʰrʤvel]
nevoeiro (m)	մառախուղ	[maraχúġ]
de nevoeiro	մառախլապատ	[maraχlapát]
neve (f)	ձյուն	[ʣjun]
está a nevar	ձյուն է գալիս	[ʣjún ē galís]

207. Tempo extremo. Catástrofes naturais

trovoada (f)	փոթորիկ	[pʰotʰorík]
relâmpago (m)	կայծակ	[kajʦák]
relampejar (vi)	փայլատակել	[pʰajlatakél]
trovão (m)	որոտ	[vorót]
trovejar (vi)	որոտալ	[vorotál]
está a trovejar	ամպերը որոտում են	[ampérə vorotúm én]
granizo (m)	կարկուտ	[karkút]
está a cair granizo	կարկուտ է գալիս	[karkút ē galís]
inundar (vt)	հեղեղել	[heġeġél]
inundação (f)	հեղեղում	[heġeġúm]
terremoto (m)	երկրաշարժ	[erkrašárʒ]
abalo, tremor (m)	ցնցում	[ʦʰnʦʰum]
epicentro (m)	էպիկենտրոն	[ēpikentrón]
erupção (f)	ժայթքում	[ʒajtʰkʰúm]
lava (f)	լավա	[láva]
turbilhão (m)	մրրկասյուն	[mrrkasjún]
tornado (m)	տորնադո	[tornádo]
tufão (m)	տայֆուն	[tajfún]
furacão (m)	մրրիկ	[mrrik]
tempestade (f)	փոթորիկ	[pʰotʰorík]
tsunami (m)	ցունամի	[ʦʰunámi]
ciclone (m)	ցիկլոն	[ʦʰiklón]
mau tempo (m)	վատ եղանակ	[vat eġanák]
incêndio (m)	հրդեհ	[hrdeh]
catástrofe (f)	աղետ	[aġét]
meteorito (m)	երկնաքար	[erknakʰár]
avalanche (f)	հուսին	[husín]
deslizamento (m) de neve	ձնահյուս	[ʣnahjús]
nevasca (f)	բուք	[bukʰ]
tempestade (f) de neve	բորան	[borán]

208. Ruídos. Sons

silêncio (m)	լռություն	[lrutʰjún]
som (m)	ձայն	[ʣajn]
ruído, barulho (m)	աղմուկ	[aġmúk]
fazer barulho	աղմկել	[aġmkél]
ruidoso, barulhento	աղմկոտ	[aġmkót]
alto (adv)	բարձր	[barʣr]
alto (adj)	բարձր	[barʣr]
constante (ruído, etc.)	անընդմեջ	[anəndméʤ]

grito (m)	ճիչ	[čič]
gritar (vi)	ճչալ	[čəčál]
sussurro (m)	շշուկ	[šəšúk]
sussurrar (vt)	փսփսալ	[pʰəspʰəsál]
latido (m)	հաչոց	[hačótsʰ]
latir (vi)	հաչել	[hačél]
gemido (m)	տնքոց	[tnkʰotsʰ]
gemer (vi)	տնքալ	[tnkʰal]
tosse (f)	հազ	[haz]
tossir (vi)	հազալ	[hazál]
assobio (m)	սուլոց	[sulótsʰ]
assobiar (vi)	սուլել	[sulél]
batida (f)	թխկոց	[tʰχkotsʰ]
bater (vi)	թակել	[tʰakél]
estalar (vi)	ճարճատել	[čarčatél]
estalido (m)	ճարճատյուն	[čarčatjún]
sirene (f)	շչակ	[ščak]
apito (m)	սուլիչ	[sulíč]
apitar (vi)	սուլել	[sulél]
buzina (f)	ազդանշան	[azdanšán]
buzinar (vi)	ազդանշանել	[azdanšanél]

209. Inverno

inverno (m)	ձմեռ	[dzmer]
de inverno	ձմեռային	[dzmerajín]
no inverno	ձմռանը	[dzmránə]
neve (f)	ձյուն	[dzjun]
está a nevar	ձյուն է գալիս	[dzjún ē galís]
queda (f) de neve	ձյունատեղում	[dzjunateġúm]
amontoado (m) de neve	ձյունակույտ	[dzjunakújt]
floco (m) de neve	փաթիլ	[pʰatʰíl]
bola (f) de neve	ձյունիկ	[dzjuník]
boneco (m) de neve	ձնե մարդ	[dzne mard]
sincelo (m)	սառցալեզվակ	[sartsʰalezvák]
dezembro (m)	դեկտեմբեր	[dektembér]
janeiro (m)	հունվար	[hunvár]
fevereiro (m)	փետրվար	[pʰetrvár]
gelo (m)	սառնամանիք	[sarnamaníkʰ]
gelado, glacial	սառնամանիքային	[sarnamanikʰajín]
abaixo de zero	զրոից ցածր	[zrojítsʰ tsʰátsr]
geada (f)	ցրտահարություն	[tsʰrtaharutʰjún]
geada (f) branca	եղյամ	[eġjám]
frio (m)	ցուրտ	[tsʰurt]

está frio	ցուրտ է	[ʦʰúrt ē]
casaco (m) de peles	մուշտակ	[mušták]
mitenes (f pl)	ձեռնոց	[ʣernóʦʰ]
adoecer (vi)	հիվանդանալ	[hivandanál]
constipação (f)	մրսածություն	[mrsaʦutʰjún]
constipar-se (vr)	մրսել	[mrsel]
gelo (m)	սառույց	[sarújʦʰ]
gelo (m) na estrada	սառցածածկ	[sarʦʰaʦáʦk]
congelar-se (vr)	սառչել	[sarčél]
bloco (m) de gelo	սառցաբեկոր	[sarʦʰabekór]
esqui (m)	դահուկներ	[dahuknér]
esquiador (m)	դահուկորդ	[dahukórd]
esquiar (vi)	դահուկներով սահել	[dahukneróv sahél]
patinar (vi)	չմուշկներով սահել	[čmuškneróv sahél]

Fauna

210. Mamíferos. Predadores

predador (m)	գիշատիչ	[gišatíč]
tigre (m)	վագր	[vagr]
leão (m)	առյուծ	[arjúʦ]
lobo (m)	գայլ	[gajl]
raposa (f)	աղվես	[aġvés]
jaguar (m)	հովազ	[hováz]
leopardo (m)	ընձառյուծ	[əndzarjúʦ]
chita (f)	շնակատու	[šnakatú]
pantera (f)	հովազ	[hováz]
puma (m)	կուգուար	[kuguár]
leopardo-das-neves (m)	ձյունաճերմակ հովազ	[dzjunačermák hováz]
lince (m)	լուսան	[lusán]
coiote (m)	կոյոտ	[kojót]
chacal (m)	շնագայլ	[šnagájl]
hiena (f)	բորենի	[borení]

211. Animais selvagens

animal (m)	կենդանի	[kendaní]
besta (f)	գազան	[gazán]
esquilo (m)	սկյուռ	[skjur]
ouriço (m)	ոզնի	[vozní]
lebre (f)	նապաստակ	[napasták]
coelho (m)	ճագար	[čagár]
texugo (m)	փորսուղ	[pʰorsúġ]
guaxinim (m)	ջրարջ	[ʤrarʤ]
hamster (m)	գերմանամուկ	[germanamúk]
marmota (f)	արջամուկ	[arʤamúk]
toupeira (f)	խլուրդ	[χlurd]
rato (m)	մուկ	[muk]
ratazana (f)	առնետ	[arnét]
morcego (m)	չղջիկ	[čġʤik]
arminho (m)	կնգում	[kngum]
zibelina (f)	սամույր	[samújr]
marta (f)	կզաքիս	[kzakʰís]
doninha (f)	աքիս	[akʰís]
vison (m)	ջրաքիս	[ʤrakʰís]

castor (m)	կուղբ	[kuġb]
lontra (f)	ջրասամույր	[ʤrasamújr]
cavalo (m)	ձի	[ʣi]
alce (m)	որմզդեղն	[vormzdéġn]
veado (m)	եղջերու	[eġʤerú]
camelo (m)	ուղտ	[uġt]
bisão (m)	բիզոն	[bizón]
auroque (m)	վայրի ցուլ	[vajrí ʦʰul]
búfalo (m)	գոմեշ	[goméš]
zebra (f)	զեբր	[zebr]
antílope (m)	այծեղջերու	[ajʦeġʤerú]
corça (f)	այծյամ	[ajʦjám]
gamo (m)	եղնիկ	[eġník]
camurça (f)	քարայծ	[kʰarájʦ]
javali (m)	վարազ	[varáz]
baleia (f)	կետ	[ket]
foca (f)	փոկ	[pʰok]
morsa (f)	ծովափիղ	[ʦovapʰíġ]
urso-marinho (m)	ծովարջ	[ʦovárʤ]
golfinho (m)	դելֆին	[delfín]
urso (m)	արջ	[arʤ]
urso (m) branco	սպիտակ արջ	[spiták árʤ]
panda (m)	պանդա	[pánda]
macaco (em geral)	կապիկ	[kapík]
chimpanzé (m)	շիմպանզե	[šimpanzé]
orangotango (m)	օրանգուտանգ	[orangutáng]
gorila (m)	գորիլլա	[gorílla]
macaco (m)	մակակա	[makáka]
gibão (m)	գիբբոն	[gibbón]
elefante (m)	փիղ	[pʰiġ]
rinoceronte (m)	ռնգեղջյուր	[rngeġʤjúr]
girafa (f)	ընձուղտ	[ənʣúġt]
hipopótamo (m)	գետաձի	[getaʣí]
canguru (m)	ագևազ	[ageváz]
coala (m)	կոալա	[koála]
mangusto (m)	մանգուստ	[mangúst]
chinchila (m)	շինշիլա	[šinšíla]
doninha-fedorenta (f)	սկունս	[skuns]
porco-espinho (m)	խոզուկ	[χozúk]

212. Animais domésticos

gata (f)	կատու	[katú]
gato (m) macho	կատու	[katú]
cão (m)	շուն	[šun]

cavalo (m)	ձի	[dzi]
garanhão (m)	հովատակ	[hovaták]
égua (f)	զամբիկ	[zambík]
vaca (f)	կով	[kov]
touro (m)	ցուլ	[tsʰul]
boi (m)	եզ	[ez]
ovelha (f)	ոչխար	[voč χár]
carneiro (m)	խոյ	[χoj]
cabra (f)	այծ	[ajts]
bode (m)	այծ	[ajts]
burro (m)	ավանակ	[avanák]
mula (f)	ջորի	[dʒorí]
porco (m)	խոզ	[χoz]
leitão (m)	գոճի	[gočí]
coelho (m)	ճագար	[čagár]
galinha (f)	հավ	[hav]
galo (m)	աքլոր	[akʰlór]
pata (f)	բադ	[bad]
pato (macho)	բադաքլոր	[badakʰlór]
ganso (m)	սագ	[sag]
peru (m)	հնդկահավ	[hndkaháv]
perua (f)	հնդկահավ	[hndkaháv]
animais (m pl) domésticos	ընտանի կենդանիներ	[əntaní kendaninér]
domesticado	ձեռնասուն	[dzernasún]
domesticar (vt)	ընտելացնել	[əntelatsʰnél]
criar (vt)	բուծել	[butsél]
quinta (f)	ֆերմա	[férma]
aves (f pl) domésticas	ընտանի թռչուններ	[əntaní tʰrčunnér]
gado (m)	անասուն	[anasún]
rebanho (m), manada (f)	նախիր	[naχír]
estábulo (m)	ախոռ	[aχór]
pocilga (f)	խոզանոց	[χozanótsʰ]
estábulo (m)	գոմ	[gom]
coelheira (f)	ճագարանոց	[čagaranótsʰ]
galinheiro (m)	հավանոց	[havanótsʰ]

213. Cães. Raças de cães

cão (m)	շուն	[šun]
cão pastor (m)	հովվաշուն	[hovvašún]
caniche (m)	պուդել	[pudél]
teckel (m)	տաքսա	[tákʰsa]
buldogue (m)	բուլդոգ	[buldóg]
boxer (m)	բոքսյոր	[bokʰsjor]

mastim (m) մաստիֆ [mastíf]
rottweiler (m) ռոտվեյլեր [rotvéjler]
dobermann (m) դոբերման [dobermán]

basset (m) բասսեթ [básset^h]
pastor inglês (m) բոբտեյլ [bobtéjl]
dálmata (m) դալմատինեց [dalmatínets^h]
cocker spaniel (m) կոկեր-սպանիել [kokér spaniél]

terra-nova (m) նյուֆաունդլենդ [njufáundlend]
são-bernardo (m) սենբեռնար [senbernár]

husky (m) խասկի [χáski]
Chow-chow (m) չաու-չաու [čáu čáu]
spitz alemão (m) շպից [špits^h]
carlindogue (m) մոպս [mops]

214. Sons produzidos pelos animais

latido (m) հաչոց [hačóts^h]
latir (vi) հաչել [hačél]
miar (vi) մլավել [mlavél]
ronronar (vi) մլավոց [mlavóts^h]

mugir (vaca) բառաչել [baračél]
bramir (touro) մռնչալ [mrnčal]
rosnar (vi) գռմռալ [grmral]

uivo (m) ոռնոց [vornóts^h]
uivar (vi) ոռնալ [vornál]
ganir (vi) վնգստալ [vngstal]

balir (vi) մկկալ [mkəkál]
grunhir (porco) խռնչալ [χrnčal]
guinchar (vi) կաղկանձել [kaġkandzél]

coaxar (sapo) կռկռալ [krkral]
zumbir (inseto) բզզալ [bzzal]
estridular, ziziar (vi) ճռճռալ [črčral]

215. Animais jovens

cria (f), filhote (m) ձագ [dzag]
gatinho (m) կատվի ձագ [katví dzag]
ratinho (m) մկան ձագ [mkan dzag]
cãozinho (m) թուլա [t^{h}ulá]

filhote (m) de lebre նապաստակի ձագ [napastakí dzag]
coelhinho (m) ճագարի ձագ [čagarí dzag]
lobinho (m) գայլի ձագ [gajlí dzág]
raposinho (m) աղվեսի ձուտ [aġvesí dzág]
ursinho (m) արջի քոթոթ [ardʒí k^{h}ot^{h}ót^h]

leãozinho (m)	առյուծի ձագ	[arjuʦí ʣág]
filhote (m) de tigre	վագրի ձագ	[vagrí ʣag]
filhote (m) de elefante	փղի ձագ	[p^{h}ġi ʣág]
leitão (m)	գոճի	[gočí]
bezerro (m)	հորթ	[hort^h]
cabrito (m)	ուլիկ	[ulík]
cordeiro (m)	գառ	[gar]
cria (f) de veado	եղջերվաձագ	[eġʤervaʣág]
cria (f) de camelo	ուղտի ձագ	[uġtí ʣág]
filhote (m) de serpente	օձի ձագ	[oʣí ʣág]
cria (f) de rã	գորտի ձագ	[gortí ʣag]
cria (f) de ave	թռչնի ձագ	[t^{h}rčni ʣág]
pinto (m)	ճուտիկ	[čutík]
patinho (m)	բադի ճուտ	[badí čút]

216. Pássaros

pássaro (m), ave (f)	թռչուն	[t^{h}rčun]
pombo (m)	աղավնի	[aġavní]
pardal (m)	ճնճղուկ	[čnčġuk]
chapim-real (m)	երաշտահավ	[eraštaháv]
pega-rabuda (f)	կաչաղակ	[kačaġák]
corvo (m)	ագռավ	[agráv]
gralha (f) cinzenta	ագռավ	[agráv]
gralha-de-nuca-cinzenta (f)	ճայակ	[čaják]
gralha-calva (f)	սերմնագռավ	[sermnagráv]
pato (m)	բադ	[bad]
ganso (m)	սագ	[sag]
faisão (m)	փասիան	[p^{h}asián]
águia (f)	արծիվ	[arʦív]
açor (m)	շահեն	[šahén]
falcão (m)	բազե	[bazé]
abutre (m)	անգղ	[angġ]
condor (m)	պասկուճ	[paskúč]
cisne (m)	կարապ	[karáp]
grou (m)	կռունկ	[krunk]
cegonha (f)	արագիլ	[aragíl]
papagaio (m)	թութակ	[t^{h}ut^{h}ák]
beija-flor (m)	կոլիբրի	[kolíbri]
pavão (m)	սիրամարգ	[siramárg]
avestruz (m)	ջայլամ	[ʤajlám]
garça (f)	ձկնկուլ	[ʣknkul]
flamingo (m)	վարդաթևիկ	[vardat^{h}evík]
pelicano (m)	հավալուսն	[havalúsn]
rouxinol (m)	սոխակ	[soχák]

andorinha (f)	ծիծեռնակ	[tsitsernák]
tordo-zornal (m)	կեռնեխ	[kernéχ]
tordo-músico (m)	երգող կեռնեխ	[ergóġ kernéχ]
melro-preto (m)	սև կեռնեխ	[sév kernéχ]
andorinhão (m)	ջրածիծառ	[dʒratsitsár]
cotovia (f)	արտույտ	[artújt]
codorna (f)	լոր	[lor]
pica-pau (m)	փայտփորիկ	[pʰajtpʰorík]
cuco (m)	կկու	[kəkú]
coruja (f)	բու	[bu]
corujão, bufo (m)	բվեճ	[bveč]
tetraz-grande (m)	խլահավ	[χlaháv]
tetraz-lira (m)	ցախաքլոր	[tsʰaχakʰlór]
perdiz-cinzenta (f)	կաքավ	[kakʰáv]
estorninho (m)	սարյակ	[sarják]
canário (m)	դեղձանիկ	[deġdzaník]
galinha-do-mato (f)	աքար	[akʰár]
tentilhão (m)	սերինոս	[serinós]
dom-fafe (m)	խածկտիկ	[χatsktík]
gaivota (f)	ճայ	[čaj]
albatroz (m)	ալբատրոս	[albatrós]
pinguim (m)	պինգվին	[pingvín]

217. Pássaros. Canto e sons

cantar (vi)	դայլայլել	[dajlajlél]
gritar (vi)	կանչել	[kančél]
cantar (o galo)	ծուղրուղու կանչել	[tsuġruġú kančél]
cocorocó (m)	ծուղրուղու	[tsuġruġú]
cacarejar (vi)	կրթկրթալ	[krtʰkrtʰal]
crocitar (vi)	կռկռալ	[krkral]
grasnar (vi)	կռնչալ	[krnčal]
piar (vi)	ծվծվալ	[tsvtsval]
chilrear, gorjear (vi)	ճռվողել	[črvoġél]

218. Peixes. Animais marinhos

brema (f)	բրամ	[bram]
carpa (f)	գետածածան	[getatsatsán]
perca (f)	պերկես	[perkés]
siluro (m)	լոքո	[lokʰó]
lúcio (m)	գայլաձուկ	[gajladzúk]
salmão (m)	սաղման	[saġmán]
esturjão (m)	թառափ	[tʰarápʰ]
arenque (m)	ծովատառեխ	[tsovataréχ]
salmão (m)	սաղման ձուկ	[saġmán dzuk]

cavala, sarda (f)	թյունիկ	[tʰjuník]
solha (f)	տափակաձուկ	[tapʰakaʣúk]
lúcio perca (m)	շիղաձուկ	[šiġaʣúk]
bacalhau (m)	ձողաձուկ	[ʣoġaʣúk]
atum (m)	թյուննոս	[tʰjunnós]
truta (f)	իշխան	[išχán]
enguia (f)	օձաձուկ	[oʣaʣúk]
raia elétrica (f)	էլեկտրավոր կատվաձուկ	[ēlektravór katvaʣúk]
moreia (f)	մուրենա	[muréna]
piranha (f)	պիրանյա	[piránja]
tubarão (m)	շնաձուկ	[šnaʣúk]
golfinho (m)	դելֆին	[delfín]
baleia (f)	կետ	[ket]
caranguejo (m)	ծովախեցգետին	[ʦovaχeʦʰgetín]
medusa, alforreca (f)	մեդուզա	[medúza]
polvo (m)	ութոտնուկ	[utʰotnúk]
estrela-do-mar (f)	ծովաստղ	[ʦovástġ]
ouriço-do-mar (m)	ծովոզնի	[ʦovozní]
cavalo-marinho (m)	ծովաձի	[ʦovaʣí]
ostra (f)	ոստրե	[vostré]
camarão (m)	մանր ծովախեցգետին	[mánr ʦovaχeʦʰgetín]
lavagante (m)	օմար	[omár]
lagosta (f)	լանգուստ	[langúst]

219. Amfíbios. Répteis

serpente, cobra (f)	օձ	[oʣ]
venenoso	թունավոր	[tʰunavór]
víbora (f)	իժ	[iʒ]
cobra-capelo, naja (f)	կոբրա	[kóbra]
pitão (m)	պիթոն	[pitʰón]
jiboia (f)	վիշապօձ	[višapóʣ]
cobra-de-água (f)	լորտու	[lortú]
cascavel (f)	խարամանի	[χaramaní]
anaconda (f)	անակոնդա	[anakónda]
lagarto (m)	մողես	[moġés]
iguana (f)	իգուանա	[iguána]
varano (m)	վարան	[varán]
salamandra (f)	սալամանդր	[salamándr]
camaleão (m)	քամելեոն	[kʰameleón]
escorpião (m)	կարիճ	[karíč]
tartaruga (f)	կրիա	[kriá]
rã (f)	գորտ	[gort]
sapo (m)	դոդոշ	[dodóš]
crocodilo (m)	կոկորդիլոս	[kokordilós]

220. Insetos

inseto (m)	միջատ	[midʒát]
borboleta (f)	թիթեռ	[tʰitʰér]
formiga (f)	մրջուն	[mrdʒun]
mosca (f)	ճանճ	[čanč]
mosquito (m)	մոծակ	[moʦák]
escaravelho (m)	բզեզ	[bzez]
vespa (f)	իշամեղու	[išameġú]
abelha (f)	մեղու	[meġú]
mamangava (f)	կրետ	[kret]
moscardo (m)	բոռ	[bor]
aranha (f)	սարդ	[sard]
teia (f) de aranha	սարդոստայն	[sardostájn]
libélula (f)	ճպուռ	[čpur]
gafanhoto-do-campo (m)	մորեխ	[moréχ]
traça (f)	թիթեռնիկ	[tʰitʰerník]
barata (f)	ուտիճ	[utič]
carraça (f)	տիզ	[tiz]
pulga (f)	լու	[lu]
borrachudo (m)	մլակ	[mlak]
gafanhoto (m)	մարախ	[maráχ]
caracol (m)	խխունջ	[χəχúndʒ]
grilo (m)	ծղրիդ	[ʦġrid]
pirilampo (m)	լուսատիտիկ	[lusatitík]
joaninha (f)	զատիկ	[zatík]
besouro (m)	մայիսյան բզեզ	[majisján bzez]
sanguessuga (f)	տզրուկ	[tzruk]
lagarta (f)	թրթուր	[tʰrtʰur]
minhoca (f)	որդ	[vord]
larva (f)	թրթուր	[tʰrtʰur]

221. Animais. Partes do corpo

bico (m)	կտուց	[ktuʦʰ]
asas (f pl)	թևեր	[tʰevér]
pata (f)	տոտիկ	[totík]
plumagem (f)	փետրավորություն	[pʰetravorutʰjún]
pena, pluma (f)	փետուր	[pʰetúr]
crista (f)	փոմփոլ	[pʰompʰól]
brânquias, guelras (f pl)	խռիկներ	[χriknér]
ovas (f pl)	ձկնկիթ	[dzknkitʰ]
larva (f)	թրթուր	[tʰrtʰur]
barbatana (f)	լողաթև	[loġatʰév]
escama (f)	թեփուկ	[tʰepʰúk]
canino (m)	ժանիք	[ʒaníkʰ]

pata (f)	թաթ	[tʰatʰ]
focinho (m)	մռութ	[mrutʰ]
boca (f)	երախ	[eráχ]
cauda (f), rabo (m)	պոչ	[poč]
bigodes (m pl)	բեղեր	[beġér]
casco (m)	սմբակ	[smbak]
corno (m)	կոտոշ	[kotóš]
carapaça (f)	վահան	[vahán]
concha (f)	խեցեմորթ	[χetsʰemórtʰ]
casca (f) de ovo	կեղև	[keġév]
pelo (m)	բուրդ	[burd]
pele (f), couro (m)	մորթի	[mortʰí]

222. Ações dos animais

voar (vi)	թռչել	[tʰrčel]
dar voltas	պտույտներ տալ	[ptujtnér tal]
voar (para longe)	թռչել	[tʰrčel]
bater as asas	թափահարել	[tʰapʰaharél]
bicar (vi)	կտցել	[ktsʰel]
incubar (vt)	թուխս նստել	[tʰuχs nstel]
sair do ovo	ձվից դուրս գալ	[dzvitsʰ durs gal]
fazer o ninho	հյուսել	[hjusél]
rastejar (vi)	սողալ	[soġál]
picar (vt)	խայթել	[χajtʰél]
morder (vt)	կծել	[ktsel]
cheirar (vt)	հոտոտել	[hototél]
latir (vi)	հաչել	[hačél]
silvar (vi)	ֆշշացնել	[fššatsʰnél]
assustar (vt)	վախեցնել	[vaχetsʰnél]
atacar (vt)	հարձակվել	[hardzakvél]
roer (vt)	կրծել	[krtsel]
arranhar (vt)	ճանկռել	[čankrél]
esconder-se (vr)	թաքնվել	[tʰakʰnvél]
brincar (vi)	խաղալ	[χaġál]
caçar (vi)	որս անել	[vors anél]
hibernar (vi)	քնափության մեջ լինել	[kʰnatapʰutʰján médʒ linél]
extinguir-se (vr)	վերանալ	[veranál]

223. Animais. Habitats

hábitat	միջավայր	[midʒavájr]
migração (f)	միգրացիա	[migrátsʰia]
montanha (f)	լեռ	[ler]

recife (m)	խութ	[χutʰ]
falésia (f)	ժայռ	[ʒajr]
floresta (f)	անտառ	[antár]
selva (f)	ջունգլի	[ʤunglí]
savana (f)	սավաննա	[savánna]
tundra (f)	տունդրա	[túndra]
estepe (f)	տափաստան	[tapʰastán]
deserto (m)	անապատ	[anapát]
oásis (m)	օազիս	[oázis]
mar (m)	ծով	[ʦov]
lago (m)	լիճ	[lič]
oceano (m)	օվկիանոս	[ovkianós]
pântano (m)	ճահիճ	[čahíč]
de água doce	քաղցրահամ	[kʰaġʦʰrahám]
lagoa (f)	լճակ	[lčak]
rio (m)	գետ	[get]
toca (f) do urso	որջ	[vorʤ]
ninho (m)	բույն	[bujn]
buraco (m) de árvore	փչակ	[pʰčak]
toca (f)	որջ	[vorʤ]
formigueiro (m)	մրջնաբույն	[mrʤnabújn]

224. Cuidados com os animais

jardim (m) zoológico	կենդանաբանական այգի	[kendanabanakán ajgí]
reserva (f) natural	արգելանոց	[argelanóʦʰ]
viveiro (m)	բուծարան	[buʦarán]
jaula (f) de ar livre	մեծավանդակ	[meʦavandák]
jaula, gaiola (f)	վանդակ	[vandák]
casinha (f) de cão	շնաբույն	[šnabújn]
pombal (m)	աղավնատուն	[aġavnatún]
aquário (m)	ակվարիում	[akvárium]
delfinário (m)	դելֆինարիում	[delfinariúm]
criar (vt)	բուծել	[buʦél]
ninhada (f)	սերունդ	[serúnd]
domesticar (vt)	ընտելացնել	[əntelaʦʰnél]
adestrar (vt)	վարժեցնել	[varʒeʦʰnél]
ração (f)	կեր	[ker]
alimentar (vt)	կերակրել	[kerakrél]
loja (f) de animais	կենդանաբանական խանութ	[kendanabanakán χanútʰ]
açaime (m)	դնչակալ	[dnčakál]
coleira (f)	վզակապ	[vzakáp]
nome (m)	մականուն	[makanún]
pedigree (m)	տոհմածառ	[tohmaʦár]

225. Animais. Diversos

alcateia (f)	ոհմակ	[vohmák]
bando (pássaros)	երամ	[erám]
cardume (peixes)	վտառ	[vtar]
manada (cavalos)	երամակ	[eramák]
macho (m)	արու	[arú]
fêmea (f)	էգ	[ēg]
faminto	քաղցած	[kʰaġtsʰáts]
selvagem	վայրի	[vajrí]
perigoso	վտանգավոր	[vtangavór]

226. Cavalos

raça (f)	ցեղատեսակ	[tsʰeġatesák]
potro (m)	քուռակ	[kʰurák]
égua (f)	զամբիկ	[zambík]
mustangue (m)	մուստանգ	[mustáng]
pónei (m)	պոնի	[póni]
cavalo (m) de tiro	ծանրաքարշ	[tsanrakʰárš]
crina (f)	բաշ	[baš]
cauda (f)	պոչ	[poč]
casco (m)	սմբակ	[smbak]
ferradura (f)	պայտ	[pajt]
ferrar (vt)	պայտել	[pajtél]
ferreiro (m)	դարբին	[darbín]
sela (f)	թամբ	[tʰamb]
estribo (m)	ասպանդակ	[aspandák]
brida (f)	սանձ	[sandz]
rédeas (f pl)	երասանակ	[erasanák]
chicote (m)	մտրակ	[mtrak]
cavaleiro (m)	հեծյալ	[hetsjál]
colocar sela	թամբել	[tʰambél]
montar no cavalo	թամբին նստել	[tʰambín nstel]
galope (m)	քառասմբակ վազք	[karasmbák vazkʰ]
galopar (vi)	քառարշավ սլանալ	[kʰararšáv slanál]
trote (m)	վարգ	[varg]
a trote	վարգով	[vargóv]
cavalo (m) de corrida	արշավաձի	[aršavadzí]
corridas (f pl)	մրցարշավ	[mrtsʰaršáv]
estábulo (m)	ախոռ	[aχór]
alimentar (vt)	կերակրել	[kerakrél]
feno (m)	խոտ	[χot]

dar água	ջուր տալ	[dʒur tal]
limpar (vt)	մաքրել	[makʰrél]
pastar (vi)	արածել	[aratsél]
relinchar (vi)	վրնջալ	[vrndʒal]
dar um coice	աքացել	[akʰatsʰél]

Flora

227. Árvores

árvore (f)	ծառ	[tsar]
decídua	սաղարթավոր	[saġartʰavór]
conífera	փշատերև	[pʰšaterév]
perene	մշտադալար	[mštadalár]
macieira (f)	խնձորենի	[χndzorení]
pereira (f)	տանձենի	[tandzení]
cerejeira (f)	կեռասենի	[kerasení]
ginjeira (f)	բալենի	[balení]
ameixeira (f)	սալորենի	[salorení]
bétula (f)	կեչի	[kečí]
carvalho (m)	կաղնի	[kaġní]
tília (f)	լորի	[lorí]
choupo-tremedor (m)	կաղամախի	[kaġamaχí]
bordo (m)	թխկի	[tʰχki]
espruce-europeu (m)	եղևնի	[eġevní]
pinheiro (m)	սոճի	[sočí]
alerce, lariço (m)	կուենի	[kuení]
abeto (m)	բրգաձև սոճի	[brgadzév sočí]
cedro (m)	մայրի	[majrí]
choupo, álamo (m)	բարդի	[bardí]
tramazeira (f)	սնձենի	[sndzení]
salgueiro (m)	ուռենի	[urení]
amieiro (m)	լաստենի	[lastení]
faia (f)	հաճարենի	[hačarení]
ulmeiro (m)	ծփի	[tspʰi]
freixo (m)	հացենի	[hatsʰení]
castanheiro (m)	շագանակենի	[šaganakení]
magnólia (f)	կղբի	[kġbi]
palmeira (f)	արմավենի	[armavení]
cipreste (m)	նոճի	[nočí]
mangue (m)	մանգրածառ	[mangratsár]
embondeiro, baobá (m)	բաոբաբ	[baobáb]
eucalipto (m)	էվկալիպտ	[ēvkalípt]
sequoia (f)	սեկվոյա	[sekvója]

228. Arbustos

arbusto (m)	թուփ	[tʰupʰ]
arbusto (m), moita (f)	թփուտ	[tʰpʰut]

videira (f)	խաղող	[χaġóġ]
vinhedo (m)	խաղողի այգի	[χaġoġí ajgí]
framboeseira (f)	մորի	[morí]
groselheira-vermelha (f)	կարմիր հաղարջ	[karmír haġárʤ]
groselheira (f) espinhosa	հաղարջ	[haġárʤ]
acácia (f)	ակացիա	[akátsʰia]
bérberis (f)	ծորենի	[ʦorení]
jasmim (m)	հասմիկ	[hasmík]
junípero (m)	գիհի	[gihí]
roseira (f)	վարդենի	[vardení]
roseira (f) brava	մասուր	[masúr]

229. Cogumelos

cogumelo (m)	սունկ	[sunk]
cogumelo (m) comestível	ուտելու սունկ	[utelú súnk]
cogumelo (m) venenoso	թունավոր սունկ	[tʰunavór sunk]
chapéu (m)	գլխարկ	[glχark]
pé, caule (m)	տոտիկ	[totík]
boleto (m)	սպիտակ սունկ	[spiták súnk]
boleto (m) alaranjado	կարմրագլուխ սունկ	[karmraglúχ súnk]
míscaro (m) das bétulas	ժանտասունկ	[ʒantasúnk]
cantarela (f)	ձվասունկ	[ʣvasúnk]
rússula (f)	դառնամատիտեղ	[darnamatitéġ]
morchella (f)	մորխ	[morχ]
agário-das-moscas (m)	ճանճասպան	[čančaspán]
cicuta (f) verde	թունավոր սունկ	[tʰunavór sunk]

230. Frutos. Bagas

maçã (f)	խնձոր	[χnʣor]
pera (f)	տանձ	[tanʣ]
ameixa (f)	սալոր	[salór]
morango (m)	ելակ	[elák]
ginja (f)	բալ	[bal]
cereja (f)	կեռաս	[kerás]
uva (f)	խաղող	[χaġóġ]
framboesa (f)	մորի	[morí]
groselha (f) preta	սև հաղարջ	[sév haġárʤ]
groselha (f) vermelha	կարմիր հաղարջ	[karmír haġárʤ]
groselha (f) espinhosa	հաղարջ	[haġárʤ]
oxicoco (m)	լոռամրգի	[loramrgí]
laranja (f)	նարինջ	[naríndʒ]
tangerina (f)	մանդարին	[mandarín]

ananás (m) արքայախնձոր [arkʰajaχnʣór]
banana (f) բանան [banán]
tâmara (f) արմավ [armáv]

limão (m) կիտրոն [kitrón]
damasco (m) ծիրան [ʦirán]
pêssego (m) դեղձ [deġʣ]
kiwi (m) կիվի [kívi]
toranja (f) գրեյպֆրուտ [grejpfrút]

baga (f) հատապտուղ [hataptúġ]
bagas (f pl) հատապտուղներ [hataptuġnér]
arando (m) vermelho հապալաս [hapalás]
morango-silvestre (m) վայրի ելակ [vajrí elák]
mirtilo (m) հապալաս [hapalás]

231. Flores. Plantas

flor (f) ծաղիկ [ʦaġík]
ramo (m) de flores ծաղկեփունջ [ʦaġkepʰúnʤ]

rosa (f) վարդ [vard]
tulipa (f) վարդակակաչ [vardakakáč]
cravo (m) մեխակ [meχák]
gladíolo (m) թրաշուշան [tʰrašušán]

centáurea (f) կապույտ տերեփուկ [kapújt terepʰúk]
campânula (f) զանգակ [zangák]
dente-de-leão (m) կաթնուկ [katʰnúk]
camomila (f) երիցուկ [eriʦʰúk]

aloé (m) ալոե [alóe]
cato (m) կակտուս [káktus]
fícus (m) ֆիկուս [fíkus]

lírio (m) շուշան [šušán]
gerânio (m) խորդենի [χordení]
jacinto (m) հակինթ [hakíntʰ]

mimosa (f) պատկառուկ [patkarúk]
narciso (m) նարգիզ [nargíz]
capuchinha (f) ջրկոտեմ [ʤrkotém]

orquídea (f) խոլորձ [χolórʣ]
peónia (f) քաջվարդ [kʰaʤvárd]
violeta (f) մանուշակ [manušák]

amor-perfeito (m) եռագույն մանուշակ [eragújn manušák]
não-me-esqueças (m) անմոռուկ [anmorúk]
margarida (f) մարգարտածաղիկ [margartaʦaġík]

papoula (f) կակաչ [kakáč]
cânhamo (m) կանեփ [kanépʰ]
hortelã (f) անանուխ [ananúχ]

lírio-do-vale (m) հովտաշուշան [hovtašušán]
campânula-branca (f) ձնծաղիկ [ʣnʦaġík]

urtiga (f) եղինջ [eġínʤ]
azeda (f) թրթնջուկ [tʰrtʰnʤuk]
nenúfar (m) ջրաշուշան [ʤrašušán]
feto (m), samambaia (f) ձարխոտ [ʣarχót]
líquen (m) քարաքոս [kʰarakʰós]

estufa (f) ջերմոց [ʤermóʦʰ]
relvado (m) գազոն [gazón]
canteiro (m) de flores ծաղկաթումբ [ʦaġkatʰúmb]

planta (f) բույս [bujs]
erva (f) խոտ [χot]
folha (f) de erva խոտիկ [χotík]

folha (f) տերև [terév]
pétala (f) թերթիկ [tʰertʰík]
talo (m) ցողուն [ʦʰoġún]
tubérculo (m) պալար [palár]

broto, rebento (m) ծիլ [ʦil]
espinho (m) փուշ [pʰuš]

florescer (vi) ծաղկել [ʦaġkél]
murchar (vi) թռշնել [tʰršnel]
cheiro (m) բուրմունք [burmúnkʰ]
cortar (flores) կտրել [ktrel]
colher (uma flor) պոկել [pokél]

232. Cereais, grãos

grão (m) հացահատիկ [haʦʰahatík]
cereais (plantas) հացահատիկային բույսեր [haʦʰahatikajín bujsér]
espiga (f) հասկ [hask]

trigo (m) ցորեն [ʦʰorén]
centeio (m) տարեկան [tarekán]
aveia (f) վարսակ [varsák]

milho-miúdo (m) կորեկ [korék]
cevada (f) գարի [garí]

milho (m) եգիպտացորեն [egiptaʦʰorén]
arroz (m) բրինձ [brinʣ]
trigo-sarraceno (m) հնդկացորեն [hndkaʦʰorén]

ervilha (f) սիսեռ [sisér]
feijão (m) լոբի [lobí]

soja (f) սոյա [sojá]
lentilha (f) ոսպ [vosp]
fava (f) լոբազգիներ [lobazginér]

233. Vegetais. Verduras

legumes (m pl)	բանջարեղեն	[bandʒareġén]
verduras (f pl)	կանաչի	[kanačí]
tomate (m)	լոլիկ	[lolík]
pepino (m)	վարունգ	[varúng]
cenoura (f)	գազար	[gazár]
batata (f)	կարտոֆիլ	[kartofíl]
cebola (f)	սոխ	[soχ]
alho (m)	սխտոր	[sχtor]
couve (f)	կաղամբ	[kaġámb]
couve-flor (f)	ծաղկակաղամբ	[ʦaġkakaġámb]
couve-de-bruxelas (f)	բրյուսելյան կաղամբ	[brjuselján kaġámb]
beterraba (f)	բազուկ	[bazúk]
beringela (f)	բադրիջան	[badridʒán]
curgete (f)	դդմիկ	[ddmik]
abóbora (f)	դդում	[ddum]
nabo (m)	շաղգամ	[šaġgám]
salsa (f)	մաղադանոս	[maġadanós]
funcho, endro (m)	սամիթ	[samítʰ]
alface (f)	սալաթ	[salátʰ]
aipo (m)	նեխուր	[neχúr]
espargo (m)	ծնեբեկ	[ʦnebék]
espinafre (m)	սպինատ	[spinát]
ervilha (f)	սիսեռ	[sisér]
fava (f)	լոբի	[lobí]
milho (m)	եգիպտացորեն	[egiptaʦʰorén]
feijão (m)	լոբի	[lobí]
pimentão (m)	պղպեղ	[pġpeġ]
rabanete (m)	բողկ	[boġk]
alcachofra (f)	արտիճուկ	[artičúk]

GEOGRAFIA REGIONAL

Países. Nacionalidades

234. Europa Ocidental

Europa (f)	Եվրոպա	[evrópa]
União (f) Europeia	Եվրոմիություն	[evromiut^{h}jún]
europeu (m)	եվրոպացի	[evropats^{h}í]
europeu	եվրոպական	[evropakán]
Áustria (f)	Ավստրիա	[avstria]
austríaco (m)	ավստրիացի	[avstriats^{h}í]
austríaca (f)	ավստրուհի	[avstruhí]
austríaco	ավստրիական	[avstriakán]
Grã-Bretanha (f)	Մեծ Բրիտանիա	[mets británia]
Inglaterra (f)	Անգլիա	[ánglia]
inglês (m)	անգլիացի	[angliats^{h}í]
inglesa (f)	անգլուհի	[angluhí]
inglês	անգլիական	[angliakán]
Bélgica (f)	Բելգիա	[bélgia]
belga (m)	բելգիացի	[belgiats^{h}í]
belga (f)	բելգիացի կին	[belgiats^{h}í kín]
belga	բելգիական	[belgiakán]
Alemanha (f)	Գերմանիա	[germánia]
alemão (m)	գերմանացի	[germanats^{h}í]
alemã (f)	գերմանուհի	[germanuhí]
alemão	գերմանական	[germanakán]
Países (m pl) Baixos	Նիդեռլանդներ	[niderlandnér]
Holanda (f)	Հոլանդիա	[holándia]
holandês (m)	հոլանդացի	[holandats^{h}í]
holandesa (f)	հոլանդուհի	[holanduhí]
holandês	հոլանդական	[holandakán]
Grécia (f)	Հունաստան	[hunastán]
grego (m)	հույն	[hujn]
grega (f)	հույնուհի	[hujnuhí]
grego	հունական	[hunakán]
Dinamarca (f)	Դանիա	[dánia]
dinamarquês (m)	դանիացի	[daniats^{h}í]
dinamarquesa (f)	դանիուհի	[daniuhí]
dinamarquês	դանիական	[daniakán]
Irlanda (f)	Իռլանդիա	[irlándia]
irlandês (m)	իռլանդացի	[irlandats^{h}í]

irlandesa (f)	իռլանդուհի	[irlanduhí]
irlandês	իռլանդական	[irlandakán]
Islândia (f)	Իսլանդիա	[islándia]
islandês (m)	իսլանդացի	[islandaʦ^{h}í]
islandesa (f)	իսլանդուհի	[islanduhí]
islandês	իսլանդական	[islandakán]
Espanha (f)	Իսպանիա	[ispánia]
espanhol (m)	իսպանացի	[ispanaʦ^{h}í]
espanhola (f)	իսպանուհի	[ispanuhí]
espanhol	իսպանական	[ispanakán]
Itália (f)	Իտալիա	[itália]
italiano (m)	իտալացի	[italaʦ^{h}í]
italiana (f)	իտալուհի	[italuhí]
italiano	իտալական	[italakán]
Chipre (m)	Կիպրոս	[kiprós]
cipriota (m)	կիպրոսցի	[kiprosʦ^{h}í]
cipriota (f)	կիպրոսուհի	[kiprosuhí]
cipriota	կիպրոսական	[kiprosakán]
Malta (f)	Մալթա	[mált^{h}a]
maltês (m)	մալթացի	[malt^{h}aʦ^{h}í]
maltesa (f)	մալթուհի	[malt^{h}uhí]
maltês	մալթական	[malt^{h}akán]
Noruega (f)	Նորվեգիա	[norvégia]
norueguês (m)	նորվեգացի	[norvegaʦ^{h}í]
norueguesa (f)	նորվեգուհի	[norveguhí]
norueguês	նորվեգիական	[norvegakán]
Portugal (m)	Պորտուգալիա	[portugália]
português (m)	պորտուգալացի	[portugalaʦ^{h}í]
portuguesa (f)	պորտուգալուհի	[portugaluhí]
português	պորտուգալական	[portugalakán]
Finlândia (f)	Ֆինլանդիա	[finlándia]
finlandês (m)	ֆինլանդացի	[finlandaʦ^{h}í]
finlandesa (f)	ֆինլանդուհի	[finlanduhí]
finlandês	ֆինլանդական	[finlandakán]
França (f)	Ֆրանսիա	[fránsia]
francês (m)	ֆրանսիացի	[fransiaʦ^{h}í]
francesa (f)	ֆրանսուհի	[fransuhí]
francês	ֆրանսիական	[fransiakán]
Suécia (f)	Շվեդիա	[švédia]
sueco (m)	շվեդացի	[švedaʦ^{h}í]
sueca (f)	շվեդուհի	[šveduhí]
sueco	շվեդական	[švedakán]
Suíça (f)	Շվեյցարիա	[švejʦ^{h}ária]
suíço (m)	շվեյցարացի	[švejʦ^{h}araʦ^{h}í]
suíça (f)	շվեյցարուհի	[švejʦ^{h}aruhí]

suíço	շվեյցարական	[švejtsʰarakán]
Escócia (f)	Շոտլանդիա	[šotlándia]
escocês (m)	շոտլանդացի	[šotlandatsʰí]
escocesa (f)	շոտլանդուհի	[šotlanduhí]
escocês	շոտլանդական	[šotlandakán]
Vaticano (m)	Վատիկան	[vatikán]
Liechtenstein (m)	Լիխտենշտայն	[liχtenštájn]
Luxemburgo (m)	Լյուքսեմբուրգ	[ljukʰsembúrg]
Mónaco (m)	Մոնակո	[monáko]

235. Europa Central e de Leste

Albânia (f)	Ալբանիա	[albánia]
albanês (m)	ալբանացի	[albanatsʰí]
albanesa (f)	ալբանուհի	[albanuhí]
albanês	ալբանական	[albanakán]
Bulgária (f)	Բուլղարիա	[bulġária]
búlgaro (m)	բուլղարացի	[bulġaratsʰí]
búlgara (f)	բուլղարուհի	[bulġaruhí]
búlgaro	բուլղարական	[bulġarakán]
Hungria (f)	Վենգրիա	[véngria]
húngaro (m)	վենգրացի	[vengratsʰí]
húngara (f)	վենգրուհի	[vengruhí]
húngaro	վենգրական	[vengrakán]
Letónia (f)	Լատվիա	[látvia]
letão (m)	լատվիացի	[latviatsʰí]
letã (f)	լատվուհի	[latvuhí]
letão	լատվիական	[latviakán]
Lituânia (f)	Լիտվա	[litvá]
lituano (m)	լիտվացի	[litvatsʰí]
lituana (f)	լիտվուհի	[litvuhí]
lituano	լիտվական	[litvakán]
Polónia (f)	Լեհաստան	[lehastán]
polaco (m)	լեհ	[leh]
polaca (f)	լեհուհի	[lehuhí]
polaco	լեհական	[lehakán]
Roménia (f)	Ռումինիա	[rumínia]
romeno (m)	ռումինացի	[ruminatsʰí]
romena (f)	ռումինուհի	[ruminuhí]
romeno	ռումինական	[ruminakán]
Sérvia (f)	Սերբիա	[sérbia]
sérvio (m)	սերբ	[serb]
sérvia (f)	սերբուհի	[serbuhí]
sérvio	սերբական	[serbakán]
Eslováquia (f)	Սլովակիա	[slovákia]
eslovaco (m)	սլովակ	[slovák]

eslovaca (f)	սլովաչկա	[slováčka]
eslovaco	սլովական	[slovakán]
Croácia (f)	Խորվատիա	[χorvátia]
croata (m)	խորվատ	[χorvát]
croata (f)	խորվատուհի	[χorvatuhí]
croata	խորվատական	[χorvatakán]
República (f) Checa	Չեխիա	[čéχia]
checo (m)	չեխ	[čeχ]
checa (f)	չեխուհի	[čeχuhí]
checo	չեխական	[čeχakán]
Estónia (f)	Էստոնիա	[ēstónia]
estónio (m)	էստոնացի	[ēstonaʦʰí]
estónia (f)	էստոնուհի	[ēstonuhí]
estónio	էստոնական	[ēstonakán]
Bósnia e Herzegovina (f)	Բոսնիա և Հերցեգովինա	[bósnia év herʦʰegovína]
Macedónia (f)	Մակեդոնիա	[makedónia]
Eslovénia (f)	Սլովենիա	[slovénia]
Montenegro (m)	Չեռնոգորիա	[černogória]

236. Países da ex-URSS

Azerbaijão (m)	Ադրբեջան	[adrbeʤán]
azeri (m)	ադրբեջանցի	[adrbeʤanaʦʰí]
azeri (f)	ադրբեջանուհի	[adrbeʤanuhí]
azeri, azerbaijano	ադրբեջանական	[adrbeʤanakán]
Arménia (f)	Հայաստան	[hajastán]
arménio (m)	հայ	[haj]
arménia (f)	հայուհի	[hajuhí]
arménio	հայկական	[hajkakán]
Bielorrússia (f)	Բելառուս	[belarús]
bielorrusso (m)	բելոռուս	[belorús]
bielorrussa (f)	բելոռուսկա	[belorúska]
bielorrusso	բելոռուսական	[belorusakán]
Geórgia (f)	Վրաստան	[vrastán]
georgiano (m)	վրացի	[vraʦʰí]
georgiana (f)	վրացուհի	[vraʦʰuhí]
georgiano	վրացական	[vraʦʰakán]
Cazaquistão (m)	Ղազախստան	[ġazaχstán]
cazaque (m)	ղազախ	[ġazáχ]
cazaque (f)	ղազախուհի	[ġazaχuhí]
cazaque	ղազախական	[ġazaχakán]
Quirguistão (m)	Ղրղզստան	[ġrġzstan]
quirguiz (m)	ղրղզ	[ġrġz]
quirguiz (f)	ղրղզուհի	[ġrġzuhí]
quirguiz	ղրղզական	[ġrġzakán]

Moldávia (f) Մոլդովա [moldóva]
moldavo (m) մոլդովացի [moldovats^{h}í]
moldava (f) մոլդովուհի [moldovuhí]
moldavo մոլդովական [moldovakán]

Rússia (f) Ռուսաստան [rusastán]
russo (m) ռուս [rus]
russa (f) ռուս կին [rus kin]
russo ռուսական [rusakán]

Tajiquistão (m) Տաջիկստան [taʤikstán]
tajique (m) տաջիկ [taʤík]
tajique (f) տաջիկուհի [taʤikuhí]
tajique տաջիկական [taʤikakán]

Turquemenistão (m) Թուրքմենստան [t^{h}urk^{h}menstán]
turcomeno (m) թուրքմեն [t^{h}urk^{h}mén]
turcomena (f) թուրքմենուհի [t^{h}urk^{h}menuhí]
turcomeno թուրքմենական [t^{h}urk^{h}menakán]

Uzbequistão (f) Ուզբեկստան [uzbekstán]
uzbeque (m) ուզբեկ [uzbék]
uzbeque (f) ուզբեկուհի [uzbekuhí]
uzbeque ուզբեկական [uzbekakán]

Ucrânia (f) Ուկրաինա [ukraína]
ucraniano (m) ուկրաինացի [ukrainats^{h}í]
ucraniana (f) ուկրաինուհի [ukrainuhí]
ucraniano ուկրաինական [ukrainakán]

237. Asia

Ásia (f) Ասիա [ásia]
asiático ասիական [asiakán]

Vietname (m) Վիետնամ [vjetnám]
vietnamita (m) վիետնամացի [vjetnamats^{h}í]
vietnamita (f) վիետնամուհի [vjetnamuhí]
vietnamita վիետնամական [vjetnamakán]

Índia (f) Հնդկաստան [hndkastán]
indiano (m) հնդիկ [hndík]
indiana (f) հնդկուհի [hndkuhí]
indiano հնդկական [hndkakán]

Israel (m) Իսրայել [israjél]
israelita (m) իսրայելացի [irajelats^{h}í]
israelita (f) իսրայելուհի [israjeluhí]
israelita իսրայելական [israjelakán]

judeu (m) հրեա [hreá]
judia (f) հրեուհի [hreuhí]
judeu հրեական [hreakán]
China (f) Չինաստան [činastán]

chinês (m)	չինացի	[činats^{h}í]
chinesa (f)	չինուհի	[činuhí]
chinês	չինական	[činakán]
coreano (m)	կորեացի	[koreats^{h}í]
coreana (f)	կորեուհի	[koreuhí]
coreano	կորեական	[koreakán]
Líbano (m)	Լիբանան	[libanán]
libanês (m)	լիբանանցի	[libanants^{h}í]
libanesa (f)	լիբանանուհի	[libananuhí]
libanês	լիբանանյան	[libananján]
Mongólia (f)	Մոնղոլիա	[monġólia]
mongol (m)	մոնղոլ	[monġól]
mongol (f)	մոնղոլուհի	[monġoluhí]
mongol	մոնղոլակամ	[monġolakán]
Malásia (f)	Մալայզիա	[malájzia]
malaio (m)	մալայզիացի	[malajziats^{h}í]
malaia (f)	մալայզուհի	[malajzuhí]
malaio	մալայզիական	[malajziakán]
Paquistão (m)	Պակիստան	[pakistán]
paquistanês (m)	պակիստանցի	[pakistants^{h}í]
paquistanesa (f)	պակիստանուհի	[pakistanuhí]
paquistanês	պակիստանական	[pakistanakán]
Arábia (f) Saudita	Սաուդյան Արաբիա	[saudján arábia]
árabe (m)	արաբ	[aráb]
árabe (f)	արաբուհի	[arabuhí]
árabe	արաբական	[arabakán]
Tailândia (f)	Թաիլանդ	[t^{h}ailánd]
tailandês (m)	թաիլանդացի	[t^{h}ailandats^{h}í]
tailandesa (f)	թաիլանդուհի	[t^{h}ailanduhí]
tailandês	թաիլանդական	[t^{h}ailandakán]
Taiwan (m)	Թայվան	[t^{h}ajván]
taiwanês (m)	թայվանացի	[t^{h}ajvanats^{h}í]
taiwanesa (f)	թայվանուհի	[t^{h}ajvanuhí]
taiwanês	թայվանական	[t^{h}ajvanakán]
Turquia (f)	Թուրքիա	[t^{h}úrk^{h}ia]
turco (m)	թուրք	[t^{h}urk^h]
turca (f)	թրքուհի	[t^{h}rk^{h}uhí]
turco	թուրքական	[t^{h}urk^{h}akán]
Japão (m)	Ճապոնիա	[čapónia]
japonês (m)	ճապոնացի	[čaponats^{h}í]
japonesa (f)	ճապոնուհի	[čaponuhí]
japonês	ճապոնական	[čaponakán]
Afeganistão (m)	Աֆղանստան	[afġanstán]
Bangladesh (m)	Բանգլադեշ	[bangladéš]
Indonésia (f)	Ինդոնեզիա	[indonézia]

Jordânia (f)	Հորդանան	[hordanán]
Iraque (m)	Իրաք	[irák^h]
Irão (m)	Պարսկաստան	[parskastán]
Camboja (f)	Կամպուչիա	[kampučía]
Kuwait (m)	Քուվեյթ	[k^{h}uvéjt^h]
Laos (m)	Լաոս	[laós]
Myanmar (m), Birmânia (f)	Մյանմար	[mjanmár]
Nepal (m)	Նեպալ	[nepál]
Emirados Árabes Unidos	Միավորված Արաբական Էմիրություններ	[miavorváts arabakán ēmirut^{h}junnér]
Síria (f)	Սիրիա	[síria]
Palestina (f)	Պաղեստինյան ինքնավարություն	[paġestinján ink^{h}navarut^{h}jún]
Coreia do Sul (f)	Հարավային Կորեա	[haravajín koréa]
Coreia do Norte (f)	Հյուսիսային Կորեա	[hjusisajín koréa]

238. América do Norte

Estados Unidos da América	Ամերիկայի Միացյալ Նահանգներ	[amerikají miats^{h}jál nahangnér]
americano (m)	ամերիկացի	[amerikats^{h}í]
americana (f)	ամերիկուհի	[amerikuhí]
americano	ամերիկական	[amerikakán]
Canadá (m)	Կանադա	[kanáda]
canadiano (m)	կանադացի	[kanadats^{h}í]
canadiana (f)	կանադուհի	[kanaduhí]
canadiano	կանադական	[kanadakán]
México (m)	Մեքսիկա	[mék^{h}sika]
mexicano (m)	մեքսիկացի	[mek^{h}sikats^{h}í]
mexicana (f)	մեքսիկուհի	[mek^{h}sikuhí]
mexicano	մեքսիկական	[mek^{h}sikakán]

239. América Central do Sul

Argentina (f)	Արգենտինա	[argentína]
argentino (m)	արգենտինացի	[argentinats^{h}í]
argentina (f)	արգենտինուհի	[argentinuhí]
argentino	արգենտինական	[argentinakán]
Brasil (m)	Բրազիլիա	[brazília]
brasileiro (m)	բրազիլացի	[braziliats^{h}í]
brasileira (f)	բրազիլուհի	[braziluhí]
brasileiro	բրազիլիական	[braziliakán]
Colômbia (f)	Կոլումբիա	[kolúmbia]
colombiano (m)	կոլումբացի	[kolumbats^{h}í]
colombiana (f)	կոլումբացի կին	[kolumbats^{h}í kin]
colombiano	կոլումբիական	[kolumbiakán]

Cuba (f)	Կուբա	[kúba]
cubano (m)	կուբացի	[kubatsʰí]
cubana (f)	կուբացի կին	[kubatsʰí kin]
cubano	կուբական	[kubakán]
Chile (m)	Չիլի	[číli]
chileno (m)	չիլիացի	[čiliatsʰí]
chilena (f)	չիլիացի կին	[čiliatsʰí kin]
chileno	չիլիական	[čiliakán]
Bolívia (f)	Բոլիվիա	[bolívia]
Venezuela (f)	Վենեսուելա	[venesuéla]
Paraguai (m)	Պարագվայ	[paragváj]
Peru (m)	Պերու	[perú]
Suriname (m)	Սուրինամ	[surinám]
Uruguai (m)	Ուրուգվայ	[urugváj]
Equador (m)	Էկվադոր	[ēkvadór]
Bahamas (f pl)	Բահամյան կղզիներ	[bahamján kġzinér]
Haiti (m)	Հաիթի	[haitʰí]
República (f) Dominicana	Դոմինիկյան հանրապետություն	[dominikján hanrapetutʰjún]
Panamá (m)	Պանամա	[panáma]
Jamaica (f)	Ցամայկա	[jamájka]

240. Africa

Egito (m)	Եգիպտոս	[egiptós]
egípcio (m)	եգիպտացի	[egiptatsʰí]
egípcia (f)	եգիպտուհի	[egiptuhí]
egípcio	եգիպտական	[egiptakán]
Marrocos	Մարոկկո	[marókko]
marroquino (m)	մարոկացի	[marokatsʰí]
marroquina (f)	մարոկուհի	[marokuhí]
marroquino	մարոկական	[marokakán]
Tunísia (f)	Թունիս	[tʰunís]
tunisino (m)	թունիսցի	[tʰunistsʰí]
tunisina (f)	թունիսուհի	[tʰunisuhí]
tunisino	թունիսական	[tʰunisakán]
Gana (f)	Գանա	[gána]
Zanzibar (m)	Զանզիբար	[zanzibár]
Quénia (f)	Քենիա	[kʰénia]
Líbia (f)	Լիբիա	[líbia]
Madagáscar (m)	Մադագասկար	[madagaskár]
Namíbia (f)	Նամիբիա	[namíbia]
Senegal (m)	Սենեգալ	[senegál]
Tanzânia (f)	Տանզանիա	[tanzánia]
África do Sul (f)	Հարավ-Աֆրիկյան հանրապետություն	[haráv afrikján hanrapetutʰjún]

africano (m)	աֆրիկացի	[afrikats^{h}í]
africana (f)	աֆրիկուհի	[afrikuhí]
africano	աֆրիկական	[afrikakán]

241. Austrália. Oceania

Austrália (f)	Ավստրալիա	[avstrália]
australiano (m)	ավստրալիացի	[avstraliats^{h}í]
australiana (f)	ավստրալուհի	[avstraluhí]
australiano	ավստրալիական	[avstraliakán]
Nova Zelândia (f)	Նոր Զելանդիա	[nor zelándia]
neozelandês (m)	նորզելանդացի	[norzelandats^{h}í]
neozelandesa (f)	նորզելանդուհի	[norzelanduhí]
neozelandês	նորզելանդական	[norzelandakán]
Tasmânia (f)	Տասմանիա	[tasmánia]
Polinésia Francesa (f)	Ֆրանսիական Պոլինեզիա	[fransiakán polinézia]

242. Cidades

Amesterdão	Ամստերդամ	[amsterdám]
Ancara	Անկարա	[ankará]
Atenas	Աթենք	[at^{h}énk^{h}]
Bagdade	Բաղդադ	[baġdád]
Banguecoque	Բանգկոկ	[bangkók]
Barcelona	Բարսելոնա	[barselóna]
Beirute	Բեյրութ	[bejrút^{h}]
Berlim	Բեռլին	[berlín]
Bombaim	Բոմբեյ	[bombéj]
Bona	Բոնն	[bonn]
Bordéus	Բորդո	[bordó]
Bratislava	Բրատիսլավա	[bratisláva]
Bruxelas	Բրյուսել	[brjusél]
Bucareste	Բուխարեստ	[buχarést]
Budapeste	Բուդապեշտ	[budapéšt]
Cairo	Կահիրե	[kahiré]
Calcutá	Կալկաթա	[kalkát^{h}a]
Chicago	Չիկագո	[čikágo]
Cidade do México	Մեխիկո	[méχiko]
Copenhaga	Կոպենհագեն	[kopenhágen]
Dar es Salaam	Դար Էս Սալամ	[dár ēs salám]
Deli	Դելի	[déli]
Dubai	Դուբայ	[dubáj]
Dublin, Dublim	Դուբլին	[dúblin]
Düsseldorf	Դյուսելդորֆ	[djuseldórf]
Estocolmo	Ստոքհոլմ	[stok^{h}hólm]
Florença	Ֆլորենցիա	[flóréntsʰia]

Frankfurt	Ֆրանկֆուրտ	[fránkfurt]
Genebra	Ժնև	[ʒnev]
Haia	Հաագա	[hahága]
Hamburgo	Համբուրգ	[hámburg]
Hanói	Հանոյ	[hanój]
Havana	Հավանա	[havána]
Helsínquia	Հելսինկի	[hélsinki]
Hiroshima	Հիրոսիմա	[hirosíma]
Hong Kong	Հոնկոնգ	[honkóng]
Istambul	Սթամբուլ	[stʰambúl]
Jerusalém	Երուսաղեմ	[erusaġém]
Kiev	Կիև	[kíev]
Kuala Lumpur	Կուալա Լումպուր	[kualá lumpúr]
Lisboa	Լիսաբոն	[lisabón]
Londres	Լոնդոն	[londón]
Los Angeles	Լոս Անջելոս	[los anʒelós]
Lion	Լիոն	[lión]
Madrid	Մադրիդ	[madríd]
Marselha	Մարսել	[marsél]
Miami	Մայամի	[majámi]
Montreal	Մոնրեալ	[monreál]
Moscovo	Մոսկվա	[moskvá]
Munique	Մյունխեն	[mjúnχen]
Nairóbi	Նայրոբի	[najróbi]
Nápoles	Նեապոլ	[neápol]
Nice	Նիցցա	[níʦʰa]
Nova York	Նյու-Յորք	[nju jórkʰ]
Oslo	Օսլո	[óslo]
Ottawa	Օտտավա	[ottáva]
Paris	Փարիզ	[pʰaríz]
Pequim	Պեկին	[pekín]
Praga	Պրահա	[prahá]
Rio de Janeiro	Ռիո դե Ժանեյրո	[rio de ʒanéjro]
Roma	Հռոմ	[hrom]
São Petersburgo	Սանկտ Պետերբուրգ	[sánkt peterbúrg]
Seul	Սեուլ	[seúl]
Singapura	Սինգապուր	[singapúr]
Sydney	Սիդնեյ	[sidnéj]
Taipé	Տայպեյ	[tajpéj]
Tóquio	Տոկիո	[tókio]
Toronto	Տորոնտո	[torónto]
Varsóvia	Վարշավա	[varšáva]
Veneza	Վենետիկ	[venéʦia]
Viena	Վիեննա	[viénna]
Washington	Վաշինգտոն	[vašingtón]
Xangai	Շանհայ	[šanháj]

243. Política. Governo. Parte 1

política (f)	քաղաքականություն	[k^{h}aġakakanut^{h}jún]
político	քաղաքական	[k^{h}aġak^{h}akán]
político (m)	քաղաքական գործիչ	[k^{h}aġak^{h}akán gortsíč]
estado (m)	պետություն	[petut^{h}jún]
cidadão (m)	քաղաքացի	[k^{h}aġakats^{h}í]
cidadania (f)	քաղաքացիություն	[k^{h}aġakats^{h}iut^{h}jún]
brasão (m) de armas	ազգային զինանշան	[azgajín zinanšán]
hino (m) nacional	պետական օրհներգ	[petakán orhnérg]
governo (m)	ղեկավարություն	[ġekavarut^{h}jún]
Chefe (m) de Estado	երկրի ղեկավար	[erkrí ġekavár]
parlamento (m)	խորհրդարան	[χorhrdarán]
partido (m)	կուսակցություն	[kusakts^{h}ut^{h}jún]
capitalismo (m)	կապիտալիզմ	[kapitalízm]
capitalista	կապիտալիստական	[kapitalistakán]
socialismo (m)	սոցիալիզմ	[sots^{h}ialízm]
socialista	սոցիալիստական	[sots^{h}ialistakán]
comunismo (m)	կոմունիզմ	[komunízm]
comunista	կոմունիստական	[komunistakán]
comunista (m)	կոմունիստ	[komuníst]
democracia (f)	ժողովրդավարություն	[ʒoġovrdavarut^{h}jún]
democrata (m)	դեմոկրատ	[demokrát]
democrático	ժողովրդավարական	[ʒoġovrdavarakán]
Partido (m) Democrático	ժողովրդավարական կուսակցություն	[ʒoġovrdavarakán kusakts^{h}ut^{h}jún]
liberal (m)	լիբերալ	[liberál]
liberal	լիբերալ	[liberál]
conservador (m)	պահպանողական	[pahpanoġakán]
conservador	պահպանողական	[pahpanoġakán]
república (f)	հանրապետություն	[hanrapetut^{h}jún]
republicano (m)	հանրապետական	[hanrapetakán]
Partido (m) Republicano	հանրապետական կուսակցություն	[hanrapetakán kusakts^{h}ut^{h}jún]
eleições (f pl)	ընտրություններ	[əntrut^{h}junnér]
eleger (vt)	ընտրել	[əntrél]
eleitor (m)	ընտրող	[əntróġ]
campanha (f) eleitoral	ընտրարշավ	[əntraršáv]
votação (f)	քվեարկություն	[k^{h}vearkut^{h}jún]
votar (vi)	քվեարկել	[k^{h}vearkél]
direito (m) de voto	քվեարկության իրավունք	[kvearkut^{h}ján iravúnk^h]
candidato (m)	թեկնածու	[t^{h}eknatsú]
candidatar-se (vi)	թեկնածությունը դնել քվեարկության	[t^{h}eknatsut^{h}junə dnél k^{h}vearkut^{h}ján]

campanha (f) da oposição	արշավ ընդդիմական	[aršáv] [ənddimakán]
oposição (f)	ընդդիմություն	[ənddimutʰjún]
visita (f)	այց	[ajtsʰ]
visita (f) oficial	պաշտոնական այց	[paštonakán ajtsʰ]
internacional	միջազգային	[midʒazgajín]
negociações (f pl)	բանակցություններ	[banaktsʰutʰjunnér]
negociar (vi)	բանակցություններ վարել	[banaktsʰutʰjunnér varél]

244. Política. Governo. Parte 2

sociedade (f)	հասարակություն	[hasarakutʰjún]
constituição (f)	սահմանադրություն	[sahmanadrutʰjún]
poder (ir para o ~)	իշխանություն	[išχanutʰjún]
corrupção (f)	կոռուպցիա	[korúptsʰia]
lei (f)	օրենք	[orénkʰ]
legal	օրինական	[orinakán]
justiça (f)	արդարություն	[ardarutʰjún]
justo	արդար	[ardár]
comité (m)	կոմիտե	[komité]
projeto-lei (m)	օրինագիծ	[orinagíts]
orçamento (m)	բյուջե	[bjudʒé]
política (f)	քաղաքականություն	[kʰaġakakanutʰjún]
reforma (f)	բարեփոխում	[barepʰoχúm]
radical	արմատական	[armatakán]
força (f)	հզորություն	[hzorutʰjún]
poderoso	հզոր	[hzor]
partidário (m)	կողմնակից	[koġmnakítsʰ]
influência (f)	ազդեցություն	[azdetsʰutʰjún]
regime (m)	ռեժիմ	[reʒím]
conflito (m)	ընդհարում	[əndharúm]
conspiração (f)	դավադրություն	[davadrutʰjún]
provocação (f)	պրովոկացիա	[provokátsʰia]
derrubar (vt)	տապալել	[tapalél]
derrube (m), queda (f)	տապալում	[tapalúm]
revolução (f)	հեղափոխություն	[heġapʰoχutʰjún]
golpe (m) de Estado	հեղաշրջում	[heġašrdʒúm]
golpe (m) militar	ռազմական հեղաշրջում	[razmakán heġašrdʒúm]
crise (f)	ճգնաժամ	[čgnaʒám]
recessão (f) económica	տնտեսական անկում	[tntesakán ankúm]
manifestante (m)	ցուցարար	[tsʰutsʰarár]
manifestação (f)	ցույց	[tsʰujtsʰ]
lei (f) marcial	ռազմական դրություն	[razmakán drutʰjún]
base (f) militar	բազա	[báza]

estabilidade (f)	կայունություն	[kajunutʰjún]
estável	կայուն	[kajún]
exploração (f)	շահագործում	[šahagortsúm]
explorar (vt)	շահագործել	[šahagortsél]
racismo (m)	ռասիզմ	[rasízm]
racista (m)	ռասիստ	[rasíst]
fascismo (m)	ֆաշիզմ	[fašízm]
fascista (m)	ֆաշիստ	[fašíst]

245. Países. Diversos

estrangeiro (m)	օտարերկրացի	[otarjerkartsʰí]
estrangeiro	օտարերկրյա	[otarerkrjá]
no estrangeiro	արտասահմանում	[artasahmanúm]
emigrante (m)	էմիգրանտ	[ēmigránt]
emigração (f)	արտագաղթ	[artagáġtʰ]
emigrar (vi)	արտագաղթել	[artagaġtʰél]
Ocidente (m)	Արևմուտք	[arevmútkʰ]
Oriente (m)	Արևելք	[arevélkʰ]
Extremo Oriente (m)	Հեռավոր Արևելք	[heravór arevélkʰ]
civilização (f)	քաղաքակրթություն	[kʰaġakakanutʰjún]
humanidade (f)	մարդկություն	[mardkutʰjún]
mundo (m)	աշխարհ	[ašχárh]
paz (f)	խաղաղություն	[χaġaġutʰjún]
mundial	համաշխարհային	[hamašχarhajín]
pátria (f)	հայրենիք	[hajreníkʰ]
povo (m)	ժողովուրդ	[ʒoġovúrd]
população (f)	բնակչություն	[bnakčutʰjún]
gente (f)	մարդիկ	[mardík]
nação (f)	ազգ	[azg]
geração (f)	սերունդ	[serúnd]
território (m)	տարածք	[tarátskʰ]
região (f)	շրջան	[šrdʒan]
estado (m)	նահանգ	[naháng]
tradição (f)	ավանդույթ	[avandújtʰ]
costume (m)	սովորույթ	[sovorújtʰ]
ecologia (f)	բնապահպանություն	[bnapahpanutʰjún]
índio (m)	հնդիկ	[hndík]
cigano (m)	գնչու	[gnču]
cigana (f)	գնչուհի	[gnčuhí]
cigano	գնչուական	[gnčuakán]
império (m)	կայսրություն	[kajsrutʰjún]
colónia (f)	գաղութ	[gaġútʰ]
escravidão (f)	ստրկություն	[strkutʰjún]

invasão (f)	արշավանք	[aršavánk^{h}]
fome (f)	սով	[sov]

246. Grupos religiosos mais importantes. Confissões

religião (f)	կրոն	[kron]
religioso	կրոնական	[kronakán]
crença (f)	հավատք	[havátk^{h}]
crer (vt)	հավատալ	[havatál]
crente (m)	հավատացյալ	[havatats^{h}jál]
ateísmo (m)	աթեիզմ	[at^{h}eízm]
ateu (m)	աթեիստ	[at^{h}eíst]
cristianismo (m)	քրիստոնեություն	[k^{h}ristoneut^{h}jún]
cristão (m)	քրիստոնյա	[k^{h}ristonjá]
cristão	քրիստոնեական	[k^{h}ristoneakán]
catolicismo (m)	Կաթոլիկություն	[kat^{h}olikut^{h}jún]
católico (m)	կաթոլիկ	[kat^{h}olík]
católico	կաթոլիկական	[kat^{h}olikakán]
protestantismo (m)	Բողոքականություն	[boġok^{h}akanut^{h}jún]
Igreja (f) Protestante	Բողոքական եկեղեցի	[boġok^{h}akán ekeġets^{h}í]
protestante (m)	բողոքական	[boġok^{h}akán]
ortodoxia (f)	Ուղղափառություն	[uġġap^{h}arut^{h}jún]
Igreja (f) Ortodoxa	Ուղղափառ եկեղեցի	[uġġap^{h}ár ekeġets^{h}í]
ortodoxo (m)	ուղղափառ	[uġġap^{h}ár]
presbiterianismo (m)	Պրեսբիտերականություն	[presbiterakanut^{h}jún]
Igreja (f) Presbiteriana	Պրեսբիտերական եկեղեցի	[presbiterakán ekeġets^{h}í]
presbiteriano (m)	պրեսբիտեր	[presbitér]
Igreja (f) Luterana	Լյութերական եկեղեցի	[ljut^{h}erakán ekeġets^{h}í]
luterano (m)	լյութերական	[ljut^{h}erakán]
Igreja (f) Batista	Բապտիզմ	[baptízm]
batista (m)	բապտիստ	[baptíst]
Igreja (f) Anglicana	Անգլիական եկեղեցի	[angliakán ekeġets^{h}í]
anglicano (m)	անգլիկանացի	[angliakanats^{h}i]
mormonismo (m)	Մորմոնական կրոն	[mormonakán krón]
mórmon (m)	մորմոն	[mormón]
Judaísmo (m)	Հուդայականություն	[hudajakanut^{h}jún]
judeu (m)	հուդայական	[hudajakán]
budismo (m)	Բուդդայականություն	[buddajakanut^{h}jún]
budista (m)	բուդդայական	[buddajakán]
hinduísmo (m)	Հինդուիզմ	[hinduhízm]
hindu (m)	հինդուիստ	[hinduhíst]

Islão (m)	Մահմեդականություն	[mahmedakanut^{h}jún]
muçulmano (m)	մուսուլման	[musulmán]
muçulmano	մուսուլմանական	[musulmanakán]
Xiismo (m)	Շիա	[šía]
xiita (m)	շիա	[šía]
sunismo (m)	Սուննի	[súnni]
sunita (m)	սուննիտ	[súnnit]

247. Religiões. Padres

padre (m)	հոգևորական	[hogevorakán]
Papa (m)	Հռոմի պապ	[hromí páp]
monge (m)	վանական	[vanakán]
freira (f)	միանձնուհի	[mianʣnuhí]
pastor (m)	պաստոր	[pástor]
abade (m)	աբբատ	[abbát]
vigário (m)	քահանա	[k^{h}ahaná]
bispo (m)	եպիսկոպոս	[episkopós]
cardeal (m)	կարդինալ	[kardinál]
pregador (m)	քարոզիչ	[k^{h}arozíč]
sermão (m)	քարոզ	[k^{h}aróz]
paroquianos (pl)	ծխականներ	[ʦχakannér]
crente (m)	հավատացյալ	[havataʦ^{h}jál]
ateu (m)	աթեիստ	[at^{h}eíst]

248. Fé. Cristianismo. Islão

Adão	Ադամ	[adám]
Eva	Եվա	[éva]
Deus (m)	Աստված	[astváʦ]
Senhor (m)	Տեր	[ter]
Todo Poderoso (m)	Ամենազոր	[amenazór]
pecado (m)	մեղք	[meġk^{h}]
pecar (vi)	մեղք գործել	[meġk^{h} gorʦél]
pecador (m)	մեղսագործ	[meġsagórʦ]
pecadora (f)	մեղսագործ	[meġsagórʦ]
inferno (m)	դժոխք	[dʒoχk^{h}]
paraíso (m)	դրախտ	[draχt]
Jesus	Հիսուս	[hisús]
Jesus Cristo	Հիսուս Քրիստոս	[hisús k^{h}ristós]
Espírito (m) Santo	Սուրբ Հոգի	[surb hogí]
Salvador (m)	Փրկիչ	[p^{h}rkič]

Virgem Maria (f)	Աստվածածին	[astvaʦaʦín]
Diabo (m)	Սատանա	[sataná]
diabólico	սատանայական	[satanajakán]
Satanás (m)	Սատանա	[sataná]
satânico	սատանայական	[satanajakán]
anjo (m)	հրեշտակ	[hrešták]
anjo (m) da guarda	պահապան հրեշտակ	[pahapán hrešták]
angélico	հրեշտակային	[hreštakajín]
apóstolo (m)	առաքյալ	[arak^{h}jál]
arcanjo (m)	հրեշտակապետ	[hreštakapét]
anticristo (m)	հակաքրիստոս	[hakak^{h}ristós]
Igreja (f)	եկեղեցի	[ekeġeʦ^{h}í]
Bíblia (f)	աստվածաշունչ	[astvaʦašúnč]
bíblico	աստվածաշնչական	[astvaʦašnčakán]
Velho Testamento (m)	Հին Կտակարան	[hin ktakarán]
Novo Testamento (m)	Նոր Կտակարան	[nor ktakarán]
Evangelho (m)	Ավետարան	[avetarán]
Sagradas Escrituras (f pl)	Սուրբ Գիրք	[surb girk^h]
Céu (m)	Երկնային թագավորություն	[erknajín t^{h}agavorut^{h}jún]
mandamento (m)	պատվիրան	[patvirán]
profeta (m)	մարգարե	[margaré]
profecia (f)	մարգարեություն	[margareut^{h}jún]
Alá	Ալլահ	[alláh]
Maomé	Մուհամմեդ	[muhaméd]
Corão, Alcorão (m)	Ղուրան	[ġurán]
mesquita (f)	մզկիթ	[mzkit^h]
mulá (m)	մոլլա	[mollá]
oração (f)	աղոթք	[aġót^{h}k^h]
rezar, orar (vi)	աղոթել	[aġot^{h}él]
peregrinação (f)	ուխտագնացություն	[uχtagnaʦ^{h}ut^{h}jún]
peregrino (m)	ուխտագնաց	[uχtagnáʦ^h]
Meca (f)	Մեքքա	[mék^{h}k^{h}a]
igreja (f)	եկեղեցի	[ekeġeʦ^{h}í]
templo (m)	տաճար	[tačár]
catedral (f)	տաճար	[tačár]
gótico	գոթական	[got^{h}akán]
sinagoga (f)	սինագոգ	[sinagóg]
mesquita (f)	մզկիթ	[mzkit^h]
capela (f)	մատուռ	[matúr]
abadia (f)	աբբայություն	[abbajut^{h}jún]
convento (m)	վանք	[vank^h]
mosteiro (m)	վանք	[vank^h]
sino (m)	զանգ	[zang]
campanário (m)	զանգակատուն	[zangakatún]
repicar (vi)	զանգել	[zangél]

cruz (f) խաչ [χač]
cúpula (f) գմբեթ [gmbetʰ]
ícone (m) սրբապատկեր [srbapatkér]

alma (f) հոգի [hogí]
destino (m) ճակատագիր [čakatagír]
mal (m) չարիք [čaríkʰ]
bem (m) բարություն [barutʰjún]

vampiro (m) սատակ [saták]
bruxa (f) կախարդ [kaχárd]
demónio (m) դև [dev]
espírito (m) հոգի [hogí]

redenção (f) քավություն [kʰavutʰjún]
redimir (vt) քավել [kʰavél]

missa (f) արարողություն [araroġutʰjún]
celebrar a missa մատուցել [matutsʰél]
confissão (f) խոստովանություն [χostovanutʰjún]
confessar-se (vr) խոստովանել [χostovanél]

santo (m) սուրբ [surb]
sagrado սուրբ [surb]
água (f) benta սուրբ ջուր [surb ʤur]

ritual (m) արարողություն [araroġutʰjún]
ritual արարողական [araroġakán]
sacrifício (m) զոհաբերություն [zohaberutʰjún]

superstição (f) սնապաշտություն [snapaštutʰjún]
supersticioso սնապաշտ [snapášt]
vida (f) depois da morte հանդերձյալ կյանք [handerdzjál kjankʰ]
vida (f) eterna հավերժ կյանք [havérʒ kjánkʰ]

TEMAS DIVERSOS

249. Várias palavras úteis

ajuda (f)	օգնություն	[ognutʰjún]
barreira (f)	արգելք	[argélkʰ]
base (f)	հիմք	[himkʰ]
categoria (f)	տեսակ	[tesák]
causa (f)	պատճառ	[patčár]
coincidência (f)	համընկնում	[hamənknúm]
coisa (f)	իր	[ir]
começo (m)	սկիզբ	[skizb]
cómodo (ex. poltrona ~a)	հարմար	[hamár]
comparação (f)	համեմատություն	[hamematutʰjún]
compensação (f)	փոխհատուցում	[pʰoχhatuʦʰúm]
crescimento (m)	աճ	[ač]
desenvolvimento (m)	զարգացում	[zargaʦʰúm]
diferença (f)	տարբերություն	[tarberutʰjún]
efeito (m)	արդյունք	[ardjúnkʰ]
elemento (m)	տարր	[tarr]
equilíbrio (m)	հավասարակշռություն	[havasarakšrutʰjún]
erro (m)	սխալմունք	[sχalmúnkʰ]
esforço (m)	ջանք	[ʤankʰ]
estilo (m)	ոճ	[voč]
exemplo (m)	օրինակ	[orinák]
facto (m)	փաստ	[pʰast]
fim (m)	վերջ	[verʤ]
forma (f)	տեսք	[teskʰ]
frequente	խիտ	[χit]
fundo (ex. ~ verde)	ֆոն	[fon]
género (tipo)	ձև	[ʣev]
grau (m)	աստիճան	[astičán]
ideal (m)	իդեալ	[ideál]
labirinto (m)	լաբիրինթոս	[labirintʰós]
modo (m)	միջոց	[miʤóʦʰ]
momento (m)	պահ	[pah]
objeto (m)	առարկա	[ararká]
obstáculo (m)	խոչընդոտ	[χočəndót]
original (m)	բնօրինակ	[bnorinák]
padrão	ստանդարտային	[standartajín]
padrão (m)	ստանդարտ	[standárt]
paragem (pausa)	ընդմիջում	[əndmiʤúm]
parte (f)	մաս	[mas]

partícula (f)	մասնիկ	[masník]
pausa (f)	դադար	[dadár]
posição (f)	դիրք	[dirk^h]
princípio (m)	սկզբունք	[skzbúnk^h]
problema (m)	խնդիր	[χndir]
processo (m)	ընթացք	[ənt^{h}áʦ^{h}k^h]
progresso (m)	առաջադիմություն	[araʤadimut^{h}jún]
propriedade (f)	հատկություն	[hatkut^{h}jún]
reação (f)	ռեակցիա	[reákʦ^{h}ia]
risco (m)	ռիսկ	[risk]
ritmo (m)	տեմպ	[temp]
segredo (m)	գաղտնիք	[gaġtník^h]
série (f)	շարք	[šark^h]
sistema (m)	համակարգ	[hamakárg]
situação (f)	իրադրություն	[iradrut^{h}jún]
solução (f)	լուծում	[luʦúm]
tabela (f)	աղյուսակ	[aġjusák]
termo (ex. ~ técnico)	տերմին	[termín]
tipo (m)	տիպ	[tip]
urgente	շտապ	[štap]
urgentemente	շտապ	[štap]
utilidade (f)	օգուտ	[ogút]
variante (f)	տարբերակ	[tarberák]
variedade (f)	ընտրություն	[əntrut^{h}jún]
verdade (f)	ճշմարտություն	[čšmartut^{h}jún]
vez (f)	հերթականություն	[hert^{h}akanut^{h}jún]
zona (f)	հատված	[hatváʦ]

250. Modificadores. Adjetivos. Parte 1

aberto	բաց	[baʦ^h]
afiado	սուր	[sur]
agradável	հաճելի	[hačelí]
agradecido	երախտապարտ	[eraχtapárt]
alegre	ուրախ	[uráχ]
alto (ex. voz ~a)	բարձր	[barʣr]
amargo	դառը	[dárə]
amplo	ընդարձակ	[əndarʣák]
antigo	հնամյա	[hnamjá]
apropriado	պիտանի	[pitaní]
arriscado	ռիսկային	[riskajín]
artificial	արհեստական	[arhestakán]
azedo	թթու	[t^{h}t^{h}u]
baixo (voz ~a)	ցածր	[ʦ^{h}aʦr]
barato	էժան	[ēʒán]
belo	հիասքանչ	[hiask^{h}ánč]

bom	լավ	[lav]
bondoso	բարի	[barí]
bonito	գեղեցիկ	[geġeʦʰík]
bronzeado	արևառ	[arevár]
burro, estúpido	հիմար	[himár]
calmo	հանգիստ	[hangíst]
cansado	հոգնած	[hognáʦ]
cansativo	հոգնեցուցիչ	[hogneʦʰuʦʰíč]
carinhoso	հոգատար	[hogatár]
caro	թանկ	[tʰank]
cego	կույր	[kujr]
central	կենտրոնական	[kentronakán]
cerrado (ex. nevoeiro ~)	թանձր	[tʰanʣr]
cheio (ex. copo ~)	լի	[li]
civil	քաղաքացիական	[kʰaġakaʦʰiakán]
clandestino	ընդհատակյա	[əndhatakjá]
claro	լուսավոր	[lusavór]
claro (explicação ~a)	ըմբռնելի	[əmbrnelí]
compatível	համատեղելի	[hamateġelí]
comum, normal	հասարակ	[hasarák]
congelado	սառեցված	[sareʦʰváʦ]
conjunto	համատեղ	[hamatéġ]
considerável	նշանավոր	[nšanavór]
contente	գոհ	[goh]
contínuo	տևական	[tevakán]
contrário (ex. o efeito ~)	հակառակ	[hakarák]
correto (resposta ~a)	ճիշտ	[čišt]
cru (não cozinhado)	հում	[hum]
curto	կարճ	[karč]
de curta duração	կարճատև	[karčatév]
de sol, ensolarado	արևոտ	[arevót]
de trás	հետին	[hetín]
denso (fumo, etc.)	թանձր	[tʰanʣr]
desanuviado	անամպ	[anámp]
descuidado	անփույթ	[anpʰújtʰ]
difícil	բարդ	[bard]
difícil, complexo	բարդ	[bard]
direito	աջ	[aʤ]
distante	հեռու	[herú]
doce (açucarado)	քաղցր	[kʰaġʦʰr]
doce (água)	քաղցրահամ	[kʰaġʦʰrahám]
doente	հիվանդ	[hivánd]
duro (material ~)	կոշտ	[košt]
educado	հարգալից	[hargalíʦʰ]
encantador	սիրալիր	[siralír]
enigmático	հանելուկային	[hanelukajín]
enorme	հսկա	[hska]

escuro (quarto ~)	մութ	[mutʰ]
especial	հատուկ	[hatúk]
esquerdo	ձախ	[ʣaχ]
estrangeiro	օտարերկրյա	[otarerkrjá]
estreito	նեղ	[neġ]
exato	ճշգրիտ	[čšgrit]
excelente	հիանալի	[hianalí]
excessivo	գեր	[ger]
externo	արտաքին	[artakʰín]
fácil	հեշտ	[hešt]
faminto	քաղցած	[kʰaġʦʰáʦ]
fechado	փակ	[pʰak]
feliz	երջանիկ	[erʤaník]
fértil (terreno ~)	բերքառատ	[berkʰarát]
forte (pessoa ~)	ուժեղ	[uʒéġ]
fraco (luz ~a)	խավար	[χavár]
frágil	փխրուն	[pʰχrun]
fresco	զով	[zov]
fresco (pão ~)	թարմ	[tʰarm]
frio	սառը	[sárə]
gordo	յուղալի	[juġalí]
gostoso	համեղ	[haméġ]
grande	մեծ	[meʦ]
gratuito, grátis	անվճար	[anvčár]
grosso (camada ~a)	հաստ	[hast]
hostil	թշնամական	[tʰšnamakán]
húmido	խոնավ	[χonáv]

251. Modificadores. Adjetivos. Parte 2

igual	միանման	[mianmán]
imóvel	անշարժ	[anšárʒ]
importante	կարևոր	[karevór]
impossível	անտանելի	[antanelí]
incompreensível	անհասկանալի	[anhaskanalí]
indigente	աղքատ	[aġkʰát]
indispensável	անհրաժեշտ	[anhraʒéšt]
inexperiente	անփորձ	[anpʰórʣ]
infantil	մանկական	[mankakán]
ininterrupto	անընդհատ	[anəndhát]
insignificante	աննշան	[annšán]
inteiro (completo)	ամբողջական	[amboġʤakán]
inteligente	խելացի	[χelaʦʰí]
interno	ներքին	[nerkʰín]
jovem	երիտասարդ	[eritasárd]
largo (caminho ~)	լայն	[lajn]

legal	օրինական	[orinakán]
leve	թեթև	[tʰetʰév]
limitado	սահմանափակ	[sahmanapʰák]
limpo	մաքուր	[makʰúr]
líquido	ջրալի	[ʤráli]
liso	հարթ	[hartʰ]
liso (superfície ~a)	հարթ	[hartʰ]
livre	ազատ	[azát]
longo (ex. cabelos ~s)	երկար	[erkár]
maduro (ex. fruto ~)	հասած	[hasáʦ]
magro	նիհար	[nihár]
magro (pessoa)	վտիտ	[vtit]
mais próximo	մոտակա	[motaká]
mais recente	անցյալ	[anʦʰjál]
mate, baço	փայլատ	[pʰajlát]
mau	վատ	[vat]
meticuloso	ճշտակատար	[čštakatár]
míope	կարճատես	[karčatés]
mole	փափուկ	[pʰapúk]
molhado	թրջված	[tʰrʤvaʦ]
moreno	թուխ	[tʰuχ]
morto	մեռած	[meráʦ]
não difícil	դյուրին	[djurín]
não é clara	ոչ պարզ	[voč parz]
não muito grande	ոչ մեծ	[voč meʦ]
natal (país ~)	հայրենի	[hajrení]
necessário	պիտանի	[pitaní]
negativo	բացասական	[baʦʰasakán]
nervoso	նյարդային	[njardajín]
normal	նորմալ	[normál]
novo	նոր	[nor]
o mais importante	կարևորագույն	[karevoragújn]
obrigatório	պարտադիր	[partadír]
original	յուրօրինակ	[jurorinák]
passado	անցյալ	[anʦʰjál]
pequeno	փոքր	[pʰokʰr]
perigoso	վտանգավոր	[vtangavór]
permanente	մշտական	[mštakán]
perto	մոտիկ	[motík]
pesado	ծանր	[ʦanr]
pessoal	անձնական	[anʣnakán]
plano (ex. ecrã ~ a)	տափակ	[tapʰák]
pobre	աղքատ	[aġkʰát]
pontual	ճշտապահ	[čštapáh]
possível	հնարավոր	[hnaravór]
pouco fundo	ծանծաղ	[ʦanʦáġ]
presente (ex. momento ~)	ներկայիս	[nerkajís]

primeiro (principal)	հիմնական	[himnakán]
principal	գլխավոր	[glχavór]
privado	անձնական	[anʣnakán]
provável	հավանական	[havanakán]
próximo	մոտ	[mot]
público	հասարակական	[hasarakakán]
quente (cálido)	տաք	[takʰ]
quente (morno)	տաք	[takʰ]
rápido	արագ	[arág]
raro	հազվագյուտ	[hazvagjút]
remoto, longínquo	հեռավոր	[heravór]
reto	ուղիղ	[uġíġ]
salgado	աղի	[aġí]
satisfeito	բավարարված	[bavararváʦ]
seco	չոր	[čor]
seguinte	հաջորդ	[haʤórd]
seguro	անվտանգ	[anvtáng]
similar	նման	[nman]
simples	հասարակ	[hasarák]
soberbo	գերազանց	[gerazánʦʰ]
sólido	ամուր	[amúr]
sombrio	մռայլ	[mrajl]
sujo	կեղտոտ	[keġtót]
superior	բարձրագույն	[barʣragújn]
suplementar	լրացուցիչ	[lraʦʰuʦʰíč]
terno, afetuoso	քնքուշ	[kʰnkʰuš]
tranquilo	հանգիստ	[hangíst]
transparente	թափանցիկ	[tʰapʰanʦʰík]
triste (pessoa)	տխուր	[tχur]
triste (um ar ~)	տխուր	[tχur]
último	վերջին	[verʤín]
único	յուրահատուկ	[jurahatúk]
usado	օգտագործված	[ogtagorʦváʦ]
vazio (meio ~)	դատարկ	[datárk]
velho	ծեր	[ʦer]
vizinho	հարևան	[hareván]

500 VERBOS PRINCIPAIS

252. Verbos A-B

aborrecer-se (vr)	ձանձրանալ	[ʣanʣranál]
abraçar (vt)	գրկել	[zrkel]
abrir (~ a janela)	բացել	[baʦ^{h}él]
acalmar (vt)	հանգստացնել	[hangstaʦ^{h}nél]
acariciar (vt)	շոյել	[šojél]
acenar (vt)	թափահարել	[t^{h}ap^{h}aharél]
acender (~ uma fogueira)	վառել	[varél]
achar (vt)	կարծել	[karʦél]
acompanhar (vt)	ուղեկցել	[uġekʦ^{h}él]
aconselhar (vt)	խորհուրդ տալ	[χorhúrd tal]
acordar (despertar)	զարթնացնել	[zart^{h}naʦ^{h}nél]
acrescentar (vt)	ավելացնել	[avelaʦ^{h}nél]
acusar (vt)	մեղադրել	[meġadrél]
adestrar (vt)	վարժեցնել	[varʒeʦ^{h}nél]
adivinhar (vt)	գուշակել	[gušakél]
admirar (vt)	հիանալ	[hianál]
advertir (vt)	զգուշացնել	[zgušaʦ^{h}nél]
afirmar (vt)	պնդել	[pndel]
afogar-se (pessoa)	խեղդվել	[χeġdvél]
afugentar (vt)	վռնդել	[vrndel]
agir (vi)	գործել	[gorʦél]
agitar, sacudir (objeto)	թափ տալ	[t^{h}áp^{h} tal]
agradecer (vt)	շնորհակալություն հայտնել	[šnorhakalut^{h}jún hajtnél]
ajudar (vt)	օգնել	[ognél]
alcançar (objetivos)	հասնել	[hasnél]
alimentar (dar comida)	կերակրել	[kerakrél]
almoçar (vi)	ճաշել	[čašél]
alugar (~ o barco, etc.)	վարձել	[varʣél]
alugar (~ um apartamento)	վարձել	[varʣél]
amar (pessoa)	սիրել	[sirél]
amarrar (vt)	կապել	[kapél]
ameaçar (vt)	սպառնալ	[sparnál]
amputar (vt)	անդամահատել	[andamahatél]
anotar (escrever)	նշագրել	[nšagrél]
anular, cancelar (vt)	չեղարկել	[čeġarkél]
apagar (com apagador, etc.)	ջնջել	[ʤnʤel]
apagar (um incêndio)	հանգցնել	[hangʦ^{h}nél]
apaixonar-se de ...	սիրահարվել	[siraharvél]

aparecer (vi)	հայտնվել	[hajtnvél]
aplaudir (vi)	ծափահարել	[tsapʰaharél]
apoiar (vt)	համաձայնել	[hamadzjnél]
apontar para ...	նշան բռնել	[nšán brnel]
apresentar (alguém a alguém)	ծանոթացնել	[tsanotʰatsʰnél]
apresentar (Gostaria de ~)	ներկայացնել	[nerkajatsʰnél]
apressar (vt)	շտապեցնել	[štapetsʰnél]
apressar-se (vr)	շտապել	[štapél]
aproximar-se (vr)	մոտենալ	[motenál]
aquecer (vt)	տաքացնել	[takʰatsʰnél]
arrancar (vt)	պոկել	[pokél]
arranhar (gato, etc.)	ճանկռել	[čankrél]
arrepender-se (vr)	ափսոսալ	[apʰsosál]
arriscar (vt)	ռիսկի գնալ	[riskí gnál]
arrumar, limpar (vt)	մաքրել	[makʰrél]
aspirar a ...	ձգտել	[dzgtel]
assinar (vt)	ստորագրել	[storagrél]
assistir (vt)	ընթերակայել	[əntʰerakajél]
atacar (vt)	հարձակվել	[hardzakvél]
atar (vt)	կապել	[kapél]
atirar (vi)	կրակել	[krakél]
atracar (vi)	կառանել	[karanél]
aumentar (vi)	մեծանալ	[metsatsnál]
aumentar (vt)	մեծացնել	[metsatsʰnél]
avançar (sb. trabalhos, etc.)	առաջ գնալ	[arádʒ gnál]
avistar (vt)	տեսնել	[tesnél]
baixar (guindaste)	իջեցնել	[idʒetsʰnél]
barbear-se (vr)	սափրվել	[sapʰrvél]
basear-se em ...	հիմնվել	[himnvél]
bastar (vi)	հերիքել	[herikʰél]
bater (espancar)	հարվածել	[harvatsél]
bater (vi)	թակել	[tʰakél]
bater-se (vr)	կռվել	[krvel]
beber, tomar (vt)	ըմպել	[əmpél]
brilhar (vi)	շողալ	[šoġál]
brincar, jogar (crianças)	խաղալ	[χaġál]
buscar (vt)	փնտրել	[pʰntrel]

253. Verbos C-D

caçar (vi)	որս անել	[vors anél]
calar-se (parar de falar)	լռել	[lrel]
calcular (vt)	հաշվել	[hašvél]
carregar (o caminhão)	բարձել	[bardzél]
carregar (uma arma)	լցնել	[ltsʰnel]

casar-se (vr)	ամուսնանալ	[amusnanál]
causar (vt)	պատճառ հանդիսանալ	[patčár handisanál]
cavar (vt)	փորել	[pʰorél]
ceder (não resistir)	զիջել	[zidʒél]
cegar, ofuscar (vt)	կուրացնել	[kuratsʰnél]
censurar (vt)	նախատել	[naχatél]
cessar (vt)	դադարեցնել	[dadaretsʰnél]
chamar (~ por socorro)	կանչել	[kančél]
chamar (dizer em voz alta o nome)	կանչել	[kančél]
chegar (a algum lugar)	հասնել	[hasnél]
chegar (sb. comboio, etc.)	ժամանել	[ʒamanél]
cheirar (tem o cheiro)	բուրել	[burél]
cheirar (uma flor)	հոտ քաշել	[hot kʰašél]
chorar (vi)	լացել	[latsʰél]
citar (vt)	մեջբերել	[medʒberél]
colher (flores)	պոկել	[pokél]
colocar (vt)	դնել	[dnel]
combater (vi, vt)	մարտնչել	[martnčél]
começar (vt)	սկսել	[sksel]
comer (vt)	ուտել	[utél]
comparar (vt)	համեմատել	[hamematél]
compensar (vt)	փոխհատուցել	[pʰoχhatutsʰél]
competir (vi)	մրցակցել	[mrtsʰaktsʰél]
complicar (vt)	բարդացնել	[bardatsʰnél]
compor (vt)	ստեղծել	[steġtsél]
comportar-se (vr)	պահել	[pahél]
comprar (vt)	գնել	[gnel]
compreender (vt)	հասկանալ	[haskanál]
comprometer (vt)	վարկաբեկել	[varkabekél]
concentrar-se (vr)	կենտրոնանալ	[kentronanál]
concordar (dizer "sim")	համաձայնվել	[hamadzajnvél]
condecorar (dar medalha)	պարգևատրել	[pargevatrél]
conduzir (~ o carro)	մեքենա վարել	[mekʰená varél]
confessar-se (criminoso)	խոստովանել	[χostovanél]
confiar (vt)	վստահել	[vstahél]
confundir (equivocar-se)	շփոթել	[špʰotʰél]
conhecer (vt)	ճանաչել	[čanačél]
conhecer-se (vr)	ծանոթանալ	[tsanotʰanál]
consertar (vt)	կարգի բերել	[kargí berél]
consultar ...	խորհրդակցել ... հետ	[χorhrdaktsʰél ... het]
contagiar-se com ...	վարակվել ինչ-որ հիվանդությամբ	[varakvél inč vor hivandutʰjámb]
contar (vt)	պատմել	[patmél]
contar com ...	հույս դնել ... վրա	[hujs dnel ... vra]
continuar (vt)	շարունակել	[šarunakél]

contratar (vt) վարձել [vardzél]
controlar (vt) վերահսկել [verahskél]
convencer (vt) համոզել [hamozél]
convidar (vt) հրավիրել [hravirél]

cooperar (vi) համագործակցել [hamagortsaktsʰél]
coordenar (vt) համակարգել [hamakargél]
corar (vi) կարմրել [karmrél]
correr (vi) վազել [vazél]
corrigir (vt) ուղղել [uġġél]

cortar (com um machado) հատել [hatél]
cortar (vt) կտրել [ktrel]
cozinhar (vt) պատրաստել [patrastél]
crer (pensar) հավատալ [havatál]
criar (vt) ստեղծել [steġtsél]

cultivar (vt) աճեցնել [ačetsʰnél]
cuspir (vi) թքել [tʰkʰel]
custar (vt) արժենալ [arʒenál]

dar banho, lavar (vt) լողացնել [loġatsʰnél]
datar (vi) թվագրված լինել [tʰvagrváts linél]
decidir (vt) որոշել [vorošél]
decorar (enfeitar) զարդարել [zardarél]
dedicar (vt) նվիրել [nvirél]

defender (vt) պաշտպանել [paštpanél]
defender-se (vr) պաշտպանվել [paštpanvél]
deixar (~ a mulher) թողնել [tʰoġnél]
deixar (esquecer) թողնել [tʰoġnél]

deixar (permitir) թույլատրել [tʰujlatrél]
deixar cair (vt) վայր գցել [vájr gtsʰel]
denominar (vt) անվանել [anvanél]
denunciar (vt) մատնել [matnél]
depender de … (vi) կախված լինել [kaχváts linél]

derramar (vt) թափել [tʰapʰél]
desaparecer (vi) անհետանալ [anhetanál]
desatar (vt) արձակել [ardzakél]
desatracar (vi) մեկնել [meknél]

descansar (um pouco) հանգստանալ [hangstanál]
descer (para baixo) իջնել [idʒnél]
descobrir (novas terras) հայտնագործել [hajtnagortsél]
descolar (avião) թռնել [tʰrnel]

desculpar (vt) ներել [nerél]
desculpar-se (vr) ներողություն խնդրել [neroġutʰjún χndrél]
desejar (vt) ցանկանալ [tsʰankanál]
desempenhar (vt) խաղալ [χaġál]

desligar (vt) հանգցնել [hangtsʰnél]
desprezar (vt) արհամարհել [arhamarhél]
destruir (documentos, etc.) ոչնչացնել [vočnčatsʰnél]

dever (vi)	պարտք լինել	[pártkʰ linél]
devolver (vt)	ետ ուղարկել	[et uġarkél]
direcionar (vt)	ուղղել	[uġġél]
dirigir (~ uma empresa)	ղեկավարել	[ġekavarél]
dirigir-se (a um auditório, etc.)	դիմել	[dimél]
discutir (notícias, etc.)	քննարկել	[kʰnnarkél]
distribuir (folhetos, etc.)	տարածել	[taratsél]
distribuir (vt)	բաժանել	[baʒanél]
divertir (vt)	զվարճացնել	[zvarčatsʰnél]
divertir-se (vr)	զվարճանալ	[zvarčanál]
dividir (mat.)	բաժանել	[baʒanél]
dizer (vt)	ասել	[asél]
dobrar (vt)	կրկնապատկել	[krknapatkél]
duvidar (vt)	կասկածել	[kaskatsél]

254. Verbos E-J

elaborar (uma lista)	կազմել	[kazmél]
elevar-se acima de ...	բարձրանալ	[bardzranál]
eliminar (um obstáculo)	հեռացնել	[heratsʰnél]
embrulhar (com papel)	փաթաթել	[pʰatʰatʰél]
emergir (submarino)	դուրս գալ ջրի երես	[durs gal dʒri erés]
emitir (vt)	տարածել	[taratsél]
empreender (vt)	նախաձեռնել	[naχadzernél]
empurrar (vt)	հրել	[hrel]
encabeçar (vt)	գլխավորել	[glχavorél]
encher (~ a garrafa, etc.)	լցնել	[ltsʰnel]
encontrar (achar)	գտնել	[gtnel]
enganar (vt)	խաբել	[χabél]
ensinar (vt)	սովորեցնել	[sovoretsʰnél]
entrar (na sala, etc.)	մտնել	[mtnel]
enviar (uma carta)	ուղարկել	[uġarkél]
equipar (vt)	սարքավորել	[sarkʰavorél]
errar (vi)	սխալվել	[sχalvél]
escolher (vt)	ընտրել	[əntrél]
esconder (vt)	թաքցնել	[tʰakʰtsʰnél]
escrever (vt)	գրել	[grel]
escutar (vt)	լսել	[lsel]
escutar atrás da porta	թաքուն լսել	[tʰakʰún lsél]
esmagar (um inseto, etc.)	ճխլել	[čχlel]
esperar (contar com)	սպասել	[spasél]
esperar (o autocarro, etc.)	սպասել	[spasél]
esperar (ter esperança)	հուսալ	[husál]
espreitar (vi)	պատահաբար տեսնել	[patahabár tesnél]

esquecer (vt)	մոռանալ	[moranál]
estar	դրված լինել	[drváʦ linél]
estar convencido	համոզվել	[hamozvél]
estar deitado	պառկել	[parkél]
estar perplexo	տարակուսել	[tarakusél]
estar sentado	նստել	[nstel]
estremecer (vi)	ցնցվել	[ʦʰnʦʰvél]
estudar (vt)	ուսումնասիրել	[usumnasirél]
evitar (vt)	խուսափել	[χusapʰél]
examinar (vt)	քննարկել	[kʰnnarkél]
exigir (vt)	պահանջել	[pahanʤél]
existir (vi)	գոյություն ունենալ	[gojutʰjún unenál]
explicar (vt)	բացատրել	[baʦʰatrél]
expressar (vt)	արտահայտել	[artahajtél]
expulsar (vt)	վտարել	[vtarél]
facilitar (vt)	հեշտացնել	[heštaʦʰnél]
falar com …	խոսել … հետ	[χosél … het]
faltar a …	բաց թողնել	[baʦʰ tʰoġnél]
fascinar (vt)	հմայել	[hmajél]
fatigar (vt)	հոգնեցնել	[hogneʦʰnél]
fazer (vt)	անել	[anél]
fazer lembrar	հիշեցնել	[hišeʦʰnél]
fazer piadas	կատակել	[katakél]
fazer uma tentativa	փորձել	[pʰorʣél]
fechar (vt)	փակել	[pʰakél]
felicitar (dar os parabéns)	շնորհավորել	[šnorhavorél]
ficar cansado	հոգնել	[hognél]
ficar em silêncio	լռել	[lrel]
ficar pensativo	մտածմունքի մեջ ընկնել	[mtaʦmunkʰí méʤ ənknél]
forçar (vt)	պարտադրել	[partadrél]
formar (vt)	կրթել	[krtʰel]
fotografar (vt)	լուսանկարել	[lusankarél]
gabar-se (vr)	պարծենալ	[parʦenál]
garantir (vt)	ոգեշնչել	[vogešnčél]
gostar (apreciar)	դուր գալ	[dur gal]
gostar (vt)	սիրել	[sirél]
gritar (vi)	բղավել	[bġavél]
guardar (cartas, etc.)	պահել	[pahél]
guardar (no armário, etc.)	վերցնել	[verʦʰnél]
guerrear (vt)	պատերազմել	[paterazmél]
herdar (vt)	ժառանգել	[ʒarangél]
iluminar (vt)	լուսավորել	[lusavorél]
imaginar (vt)	պատկերացնել	[patkeraʦʰnél]
imitar (vt)	նմանակել	[nmanakél]
implorar (vt)	աղաչել	[aġačél]
importar (vt)	ներմուծել	[nermuʦél]

indicar (orientar)	ցույց տալ	[tsʰújtsʰ tal]
indignar-se (vr)	վրդովվել	[vrdovvél]
infetar, contagiar (vt)	վարակել	[varakél]
influenciar (vt)	ազդել	[azdél]
informar (fazer saber)	հայտնել	[hajtnél]
informar (vt)	տեղեկացնել	[teġekatsʰnél]
informar-se (~ sobre)	տեղեկանալ	[teġekanál]
inscrever (na lista)	ներգրել	[nergrél]
inserir (vt)	մտցնել	[mttsʰnel]
insinuar (vt)	ակնարկել	[aknarkél]
insistir (vi)	պնդել	[pndel]
inspirar (vt)	ոգեշնչել	[vogešnčél]
instruir (vt)	հրահանգել	[hrahangél]
insultar (vt)	վիրավորել	[viravorél]
interessar (vt)	հետաքրքրել	[hetakʰrkʰrél]
interessar-se (vr)	հետաքրքրվել	[hetakʰrkʰrvél]
intervir (vi)	խառնվել	[χarnvél]
invejar (vt)	նախանձել	[naχandzél]
inventar (vt)	հայտնագործել	[hajtnagortsél]
ir (a pé)	գնալ	[gnal]
ir (de carro, etc.)	ընթանալ	[əntʰanál]
ir nadar	լողանալ	[loġanál]
ir para a cama	պառկել քնելու	[parkél kʰnelú]
irritar (vt)	ջղայնացնել	[dʒġajnatsʰnél]
irritar-se (vr)	ջղայնանալ	[dʒġajnanál]
isolar (vt)	մեկուսացնել	[mekusatsʰnél]
jantar (vi)	ընթրել	[əntʰrél]
jogar, atirar (vt)	գցել	[gtsʰel]
juntar, unir (vt)	միավորել	[miavorél]
juntar-se a ...	միանալ	[mianál]

255. Verbos L-P

lançar (novo projeto)	գործի գցել	[gortsí gtsʰél]
lavar (vt)	լվանալ	[lvanál]
lavar a roupa	լվացք անել	[lvátsʰkʰ anél]
lavar-se (vr)	լվացվել	[lvatsʰvél]
lembrar (vt)	հիշել	[hišél]
ler (vt)	կարդալ	[kardál]
levantar-se (vr)	վեր կենալ	[ver kenál]
levar (ex. leva isso daqui)	տանել	[tanél]
libertar (cidade, etc.)	ազատագրել	[azatagrél]
ligar (o radio, etc.)	միացնել	[miatsʰnél]
limitar (vt)	սահմանափակել	[sahmanapʰakél]
limpar (eliminar sujeira)	սրբել	[srbel]

limpar (vt)	մաքրել	[makʰrél]
lisonjear (vt)	շողոքորթել	[šoġokʰortʰél]
livrar-se de ...	ազատվել	[azatél]
lutar (combater)	պայքարել	[pajkʰarél]
lutar (desp.)	պայքարել	[pajkʰarél]
marcar (com lápis, etc.)	նշել	[nšel]
matar (vt)	սպանել	[spanél]
memorizar (vt)	հիշել	[hišél]
mencionar (vt)	հիշատակել	[hišatakél]
mentir (vi)	խաբել	[χabél]
merecer (vt)	արժանի լինել	[arʒaní linél]
mergulhar (vi)	սուզվել	[suzvél]
misturar (combinar)	խառնել	[χarnél]
morar (vt)	ապրել	[aprél]
mostrar (vt)	ցույց տալ	[ʦʰújʦʰ tal]
mover (arredar)	տեղափոխել	[teġapʰoχél]
mudar (modificar)	փոխել	[pʰoχél]
multiplicar (vt)	բազմապատկել	[bazmapatkél]
nadar (vi)	լողալ	[loġál]
negar (vt)	ժխտել	[ʒχtel]
negociar (vi)	բանակցություններ վարել	[banakʦʰutʰjunnér varél]
nomear (função)	նշանակել	[nšanakél]
obedecer (vt)	ենթարկվել	[entʰarkvél]
objetar (vt)	հակաճառել	[hakačarél]
observar (vt)	հետևել	[hetevél]
ofender (vt)	վիրավորել	[viravorél]
olhar (vt)	նայել	[naél]
omitir (vt)	բաց թողնել	[baʦʰ tʰoġnél]
ordenar (mil.)	հրամայել	[hramajél]
organizar (evento, etc.)	կազմակերպել	[kazmakerpél]
ousar (vt)	համարձակվել	[hamarʣakvél]
ouvir (vt)	լսել	[lsel]
pagar (vt)	վճարել	[včarél]
parar (para descansar)	կանգ առնել	[káng arnél]
parecer-se (vr)	նման լինել	[nmán linél]
participar (vi)	մասնակցել	[masnakʦʰél]
partir (~ para o estrangeiro)	մեկնել	[meknél]
passar (vt)	անցնել	[anʦʰnél]
passar a ferro	արդուկել	[ardukél]
pecar (vi)	մեղք գործել	[meġkʰ gorʦél]
pedir (comida)	պատվիրել	[patvirél]
pedir (um favor, etc.)	խնդրել	[χndrel]
pegar (tomar com a mão)	բռնել	[brnel]
pegar (tomar)	վերցնել	[verʦʰnél]
pendurar (cortinas, etc.)	կախել	[kaχél]
penetrar (vt)	ներթափանցել	[nertʰapʰanʦʰél]

pensar (vt)	մտածել	[mtatsél]
pentear-se (vr)	սանրվել	[sanrvél]
perceber (ver)	նկատել	[nkatél]
perder (o guarda-chuva, etc.)	կորցնել	[korts^hnél]
perdoar (vt)	ներել	[nerél]
permitir (vt)	թույլատրել	[t^hujlatrél]
pertencer a ...	պատկանել	[patkanél]
perturbar (vt)	անհանգստացնել	[anhangstats^hnél]
pesar (ter o peso)	կշռել	[kšrel]
pescar (vt)	ձուկ որսալ	[dzuk vorsál]
planear (vt)	պլանավորել	[planavorél]
poder (vi)	կարողանալ	[karoġanál]
pôr (posicionar)	տեղավորել	[teġavorél]
possuir (vt)	ունենալ	[unenál]
predominar (vi, vt)	գերակշռել	[gerakšrél]
preferir (vt)	նախընտրել	[naχəntrél]
preocupar (vt)	անհանգստացնել	[anhangstats^hnél]
preocupar-se (vr)	անհանգստանալ	[anhangstanál]
preocupar-se (vr)	անհանգստանալ	[anhangstanál]
preparar (vt)	պատրաստել	[patrastél]
preservar (ex. ~ a paz)	պահպանել	[pahpanél]
prever (vt)	կանխատեսել	[kanχatesél]
privar (vt)	զրկել	[zrkel]
proibir (vt)	արգելել	[argelél]
projetar, criar (vt)	նախագծել	[naχagtsél]
prometer (vt)	խոստանալ	[χostanál]
pronunciar (vt)	արտասանել	[artasanél]
propor (vt)	առաջարկել	[aradʒarkél]
proteger (a natureza)	հսկել	[hskel]
protestar (vi)	բողոքարկել	[boġok^harkél]
provar (~ a teoria, etc.)	ապացուցել	[apats^huts^hél]
provocar (vt)	հրահրել	[hrahrél]
publicitar (vt)	գովազդել	[govazdél]
punir, castigar (vt)	պատժել	[patʒél]
puxar (vt)	քաշել	[k^hašél]

256. Verbos Q-Z

quebrar (vt)	կոտրել	[kotrél]
queimar (vt)	հրկիզել	[hrkizél]
queixar-se (vr)	բողոքել	[boġok^hél]
querer (desejar)	ուզենալ	[uzenál]
rachar-se (vr)	ճաքել	[čak^hél]
realizar (vt)	իրականացնել	[irakanats^hnél]
recomendar (vt)	երաշխավորել	[erašχavorél]

reconhecer (identificar) ճանաչել [čanačél]
reconhecer (o erro) ճանաչել [čanačél]
recordar, lembrar (vt) հիշել [hišél]
recuperar-se (vr) ապաքինվել [apakʰinvél]
recusar (vt) մերժել [merʒél]

reduzir (vt) փոքրացնել [pʰokʰratsʰnél]
refazer (vt) ձևափոխել [dzevapʰoχél]
reforçar (vt) ամրապնդել [amrapndél]
refrear (vt) ետ պահել [et pahél]

regar (plantas) ջրել [dʒrel]
remover (~ uma mancha) հեռացնել [heratsʰnél]
reparar (vt) նորոգել [norogél]
repetir (dizer outra vez) կրկնել [krknel]

reportar (vt) զեկուցել [zekutsʰél]
repreender (vt) կշտամբել [kštambél]
reservar (~ um quarto) ամրագրել [amragrél]
resolver (o conflito) կարգավորել [kargavorél]
resolver (um problema) լուծել [lutsél]

respirar (vi) շնչել [šnčel]
responder (vt) պատասխանել [patasχanél]
rezar, orar (vi) աղոթել [aġotʰél]
rir (vi) ծիծաղել [tsitsaġél]

romper-se (corda, etc.) պատռվել [patrvél]
roubar (vt) գողանալ [goġanál]
saber (vt) իմանալ [imanál]
sair (~ de casa) դուրս գալ [durs gal]

sair (livro) լույս տեսնել [lújs tesnél]
salvar (vt) փրկել [pʰrkel]
satisfazer (vt) բավարարել [bavararél]
saudar (vt) ողջունել [voġdʒunél]
secar (vt) չորացնել [čoratsʰnél]

seguir ... հետևել [hetevél]
selecionar (vt) խլել [χlel]
semear (vt) ցանել [tsʰanél]
sentar-se (vr) նստել [nstel]

sentenciar (vt) դատապարտել [datapartél]
sentir (~ perigo) զգալ [zgal]
ser diferente տարբերվել [tarbervél]

ser indispensável պահանջվել [pahandʒvél]
ser necessário պետք լինել [pétkʰ linél]
ser preservado պահպանվել [pahpanvél]
ser, estar լինել [linél]

servir (restaurant, etc.) սպասարկել [spasarkél]
servir (roupa) սազել [sazél]
significar (palavra, etc.) նշանակել [nšanakél]
significar (vt) նշանակել [nšanakél]

simplificar (vt)	հեշտացնել	[heštatsʰnél]
sobrestimar (vt)	վերագնահատել	[veragnahatél]
sofrer (vt)	տառապել	[tarapél]
sonhar (vi)	երազներ տեսնել	[eraznér tesnél]
sonhar (vt)	երազել	[erazél]
soprar (vi)	փչել	[pʰčel]
sorrir (vi)	ժպտալ	[ʒptal]
subestimar (vt)	թերագնահատել	[tʰeragnahatél]
sublinhar (vt)	ընդգծել	[əndgtsél]
sujar-se (vr)	կեղտոտվել	[keġtotvél]
supor (vt)	ենթադրել	[entʰadrél]
suportar (as dores)	կրել	[krel]
surpreender (vt)	զարմացնել	[zarmatsʰnél]
surpreender-se (vr)	զարմանալ	[zarmanál]
suspeitar (vt)	կասկածել	[kaskatsél]
suspirar (vi)	հոգոց հանել	[hogótsʰ hanél]
tentar (vt)	փորձել	[pʰordzél]
ter (vt)	ունենալ	[unenál]
ter medo	վախենալ	[vaχenál]
terminar (vt)	ավարտել	[avartél]
tirar (vt)	հանել	[hanél]
tirar cópias	բազմացնել	[bazmatsʰnél]
tirar uma conclusão	եզրակացություն անել	[ezrakatsʰutʰjún anél]
tocar (com as mãos)	դիպչել	[dipčél]
tomar emprestado	պարտք անել	[pártkʰ anél]
tomar nota	գրառել	[grarél]
tomar o pequeno-almoço	նախաճաշել	[naχačašél]
tornar-se (ex. ~ conhecido)	դառնալ	[darnál]
trabalhar (vi)	աշխատել	[ašχatél]
traduzir (vt)	թարգմանել	[tʰargmanél]
transformar (vt)	ձևափոխել	[dzevapʰoχél]
tratar (a doença)	բուժել	[buʒél]
trazer (vt)	բերել	[berél]
treinar (pessoa)	մարզել	[marzél]
treinar-se (vr)	մարզվել	[marzvél]
tremer (de frio)	դողալ	[doġál]
trocar (vt)	փոխանակել	[pʰoχanakél]
trocar, mudar (vt)	փոխել	[pʰoχél]
usar (uma palavra, etc.)	օգտագործել	[ogtagortsél]
utilizar (vt)	օգտվել	[ogtvél]
vacinar (vt)	պատվաստում անել	[patvastúm anél]
vender (vt)	վաճառել	[vačarél]
verter (encher)	լցնել	[ltsʰnel]
vingar (vt)	վրեժ լուծել	[vreʒ lutsél]
virar (ex. ~ à direita)	թեքվել	[tʰekʰvél]
virar (pedra, etc.)	շուռ տալ	[šur tal]
virar as costas	երեսը շուռ տալ	[erésə šúr tál]

viver (vi) ապրել [aprél]
voar (vi) թռչել [t^{h}rčel]
voltar (vi) վերադառնալ [veradarnál]

votar (vi) քվեարկել [k^{h}vearkél]
zangar (vt) բարկացնել [barkats^{h}nél]
zangar-se com ... բարկանալ [barkanál]
zombar (vt) ծաղրել [tsaġrél]

www.ingramcontent.com/pod-product-compliance
Lightning Source LLC
Chambersburg PA
CBHW071332090426
42738CB00012B/2869
* 9 7 8 1 7 8 4 0 0 8 4 4 4 *